세익스피어와
함께 읽는
채근담

—

Reading Chae Geun Dam
with Shakespeare

세익스피어와 함께 읽는 채근담

1판 1쇄 · 2012년 3월 30일 | 1판 2쇄 · 2012년 5월 30일

지은이 · 이병국 · 이태주
펴낸이 · 한봉숙
펴낸곳 · 푸른사상
주간 · 맹문재 | 편집 · 김재호 | 마케팅 · 박강태

등록 · 1999년 7월 8일 제2−2876호
주소 · 서울시 중구 초동 42번지 아시아미디어타워 502호
대표전화 · 02) 2268−8706(7) | 팩시밀리 · 02) 2268−8708
이메일 · prun21c@hanmail.net / prun21c@yahoo.co.kr
홈페이지 · http://www.prun21c.com

ISBN 978−89−5640−902−3 03150
값 30,000원

셰익스피어와 함께 읽는

함께 읽는

채근담

이병국 · 이태주

푸른사상
PRUNSASANG

아프리카 수단에서 3년 여 동안 외교관으로 있으면서 많은 현지인을 만나게 되었다. 수단의 자연은 척박하고 날씨는 무더웠다. 사람들은 열악한 환경과 정치적 혼란 속에서 헐벗고 가난했다. 지구촌의 제반 모순과 갈등을 한 몸에 안고 있는 수단은 하버드대 헌팅턴(Samuel Huntington) 교수가 말한 대로 문명 간의 충돌이 진행되고 있는 바로 그 현장이다. 2011년 7월 수단은 분단이 되어 세계 195번째 남수단(South Sudan)이 탄생했다. 고(故) 이태석 신부가 계셨던 톤즈(Tonj)는 남수단의 시골 마을이다.

거듭되는 고난 속에서도 원주민들은 웃음을 잃지 않고 살아나갔다. 이들의 모습을 보고 많은 생각을 하게 되었다. 바로 이 시기에 다가온 한 권의 책이『채근담』이다.『채근담』은 충격적인 계시였다. 동양의 유불선 사상을 집대성한 처세의 길잡이요, 지혜의 보고를 수단에서 만난 것은 더 없이 값진 체험이었다. 그곳에서 약 2년 동안 틈틈이 채근담을 읽고 참뜻을 꼭꼭 씹으면서 자신을 반성하고 마음공부도 하면서 하루 이틀에 한 장(章)씩 정리하였다.

나일강의 문물은 수단의 수도 카르툼에서 시작되어 이집트를 적시고 지중해로 흘러들어 유럽에 이르고, 다시 중동으로 파급되다가 실크로드를 따라 아득한 동양, 중국에 당도한다. 굽이굽이 흘러간 서양 사상이 중국에서 발상된 『채근담』을 만나면 어떤 놀라운 융합이 이루어질 것인가라는 나의 궁금증은 뜻밖에도 귀국 후 이태주 교수를 만나서 구체화되었다. 연이은 토론과 협의 끝에 『채근담』을 셰익스피어 명언과 병치해보자는 구상이 최종적으로 성안되었다. 여기에 국·영문 성경을 추가로 포함시켜 서양과 동양이 아우러진 새로운 얼굴의 채근담이 탄생하였다.

『채근담』은 이웃과 더불어 살아가는 화합과 조화의 사상을 담고 있다. 도교는 몸의 조화, 불교는 마음의 조화, 그리고 유교는 인간사회의 조화를 가르치면서 이 세 가지를 갖추어야 비로소 고매한 인격이 완성된다는 것을 말하고 있다. 이 같은 유불선 삼교일치관(三敎一致觀)은 명나라 말기 홍응명이 『채근담』이란 책을 통해 전파한 것이다. 우리나라 신라시대 고운 최치원은 이보다 훨씬 전인 9세기에 '삼교관' 사상을 설파했다.

『채근담』은 오래 전부터 널리 알려진 동양적 지혜의 총서(叢書)이다. 따라서 새로운 해설을 붙이기보다는 조지훈, 한용운 등 저명한 분들의 해설을 소개하고, 『논어』와 『노자』 등 중국 고전과 불경, 그리고 성경 등의 명언을 추가하는 것이 더 바람직하다고 생각했다. 한 걸음 더 나아가 글로벌 문화시대의 교류를 위해 각 장별로 핵심내용을 영어로 옮겼다. 이 원고를 접할 때면 늘 '읽기만 하고 깊이 생각하지 않으면 깨달음에 이르지 못하느니' 읽지만 말고 깊이 생각하고, 배운 것은 꼭 행동으로 옮기라는 공자 가르침이 소중한 길잡이가 되었다. 아직도 부족한 점이 많지만, 독자 여러분께 이러한 마음으로 『셰익스피어와 함께 읽는 채근담』을 읽어주실 것을 권하고 싶다.

이 책을 출판하도록 이끌어 주신 이태주 교수님과 푸른사상사 한봉숙 사장님, 조지훈 선생님의 채근담 인용을 흔쾌히 허락해 주신 조태열 대사님께 감사드리고, 또한 원고 교정과 성경 구절 보완을 각각 도와준 KOICA의 지성태 박사와 임진호 박사, 영문을 교정해준 아들 정규에게 깊은 감사의 말을 전하고 싶다.

2012년 3월

이 병 국

21세기, 오늘의 세계는 폭력, 전쟁, 환경 파괴, 좌우이념 충돌, 분단, 실업, 기근, 착취, 타락, 부패 등으로 끝없는 혼돈 속에 빠져들고 있다. 특히 걱정스러운 것은 우리 사회를 지탱하고 있는 미덕과 도덕의 근간이 흔들리고 있다는 사실이다.

이런 험난한 세상을 올바르게 살아가는 힘은 어디서 오는가. 그 처세의 지혜는 어디서 찾아야 하는가. 이런 다급한 의문에 대해서 필자는 『채근담』과 "셰익스피어의 명언"에서 귀중하고도 명쾌한 해답을 찾을 수 있었다. 놀라운 것은 『채근담』의 필자 홍응명(洪應明)과 셰익스피어는 동시대인이라는 사실이다. 두 사람 모두 서양과 동양의 난세(亂世)를 살았고, 그런 시대를 체험한 이력을 통해 어록을 남겼다. 그 어록은 동양의 유교, 도교, 불교를 하나로 뭉친 것이었으며, 여기에 셰익스피어와 성서(聖書)가 포함되어 동서양 종교와 사상이 한 자리에 만나는 범세계적인 인생의 교과서가 탄생하게 된 것이다.

처세의 지혜를 설파한 중국 고전의 원류는 유교와 도교였다. 유교와 도교는 상호 대립하면서도 보완되어 중국인의 의식을 현재에 이르기까지 오랫

동안 지배해 왔다. 유교는 한마디로 "수신, 제가, 치국평천하"를 가르치는 교리였다. 즉, 학문을 익히고, 입신(立身)하여 나라를 다스리는 공명(功名) 위주의 엘리트 사상이요, 도덕이었다. 그러나 이것만으로는 난세의 험난한 파도를 넘을 수 없었다. 이를 보완하는 도덕이 필요하게 된 것인데, 이를 충족시켜 준 것이 도교요, 그 원형이었던 노장사상(老莊思想)이었다. 유교가 공명심의 철학이라면, 도교는 자족(自足)의 철학이요, 유교가 경쟁을 장려하는 윤리라면, 도교는 내실을 충족시키는 사상이라 할 수 있다. 이 때문에 유교는 선택받은 자들의 사상이요, 도교는 풀뿌리 민중의 사상이 된다.

현실적 문제를 해결하기 위한 방법으로서 유교와 도교는 효력이 있었다. 그러나 마음의 구제는 또 다른 문제였다. 속수무책의 상황에서 위기를 넘게 해준 것이 불교의 전래였다. 불교는 중국에서 독자적인 선(禪)사상으로 발전했다. 선사상은 유교와 도교를 압도하면서 무섭게 중국 사회에 확산되었다. 채근담의 중요성은 바로 이 세 가지 사상을 한 곳에 모아 조화롭게 집대성했다는 데 있다. 채근담은 편리하게도 경쟁의 윤리와, 고난의 조언, 그리고 불운의 위로 등을 골고루 나누어주면서 읽는 이의 상황과 마음에 따라 용의주도한 협조를 제공하는 위력을 지니고 있다. 채근담이 만인에게 폭넓은 호소력을 지닌 이유가 바로 이것이다.

윌리엄 셰익스피어는 1564년 태어나서 1616년 타계한 영국이 낳은 세계 최고의 극작가이다. 그는 "무덤 없는 기념비"요, "시대를 초월한 정신"이며, "21세기 글로벌 문화의 상징"이 되고 있다. 예나 지금이나 셰익스피어가 세계무대를 휩쓸면서 뜨거운 감동을 주는 이유는 그의 작품이 "최고의 정신개조 자료"가 되기 때문이다. 그가 남긴 작품은 구구절절이 명언인데다, 그 명언은 지혜와 지식의 보고가 되었다. 그 명언은 인생의 의미, 인간의 본성,

사랑과 자비, 덕행, 정의, 세상의 진상, 인간관계의 심연 등을 이해하는 데 큰 도움이 되는 인생 교과서이다.

셰익스피어 극 언어는 시 형식으로 되어 있고, 그 형식은 '블랭크 버어스(blank verse)'이다. '블랭크 버어스'는 운(韻)을 달지 않는 시를 말한다. 즉 압운(押韻)의 구속을 받지 않는 시가 된다. 시의 한 행은 강세(强勢, stress)가 있는 음절과 없는 음절이 규칙적으로 서로 맞물려 있는 법이다. 그 규칙적인 조합의 한 단위를 각(脚)이라고 한다. 가장 단순한 기초적 조합은 약강으로 반복되는 약강의 각이 된다. 한 시행 속에 약강이 다섯 번 반복될 때, 그 형식을 '약강오각'이라고 부른다. '블랭크 버어스'는 무운 '약강오각'의 시 형식이다. 이 형식은 영국 시 가운데서 가장 단순하고 자연스런 형식이 된다. 셰익스피어 시대에는 극의 대사를 '블랭크 버어스'로 한다는 것이 불문율이 되었다. 그의 명언의 원문을 소리 내어 읽으면 흐르는 리듬을 느낄 수 있다. 눈으로 읽지 말고 음독하면 감상에 좋은 이유가 된다. 물론 셰익스피어는 시로만 작품을 쓴 것이 아니고 산문으로도 썼다. 그러나 그 용도는 대사 내용, 인물, 극적 상황에 따라 달랐다.

셰익스피어 명언은 음악이요, 향기요, 마술적 황홀이다.

2012년 3월

이 태 주

셰익스피어와
함께 읽는
채근담 菜根譚

Reading Chae Geun Dam with Shakespeare

일러두기

1. **동양과 서양의 만남** | 동양의 지혜와 서양의 사상이 채근담에서 만나 삶의 길잡이가 된다. 채근담을 셰익스피어의 명언과 함께 수록하였다.

2. **홍응성 채근담** | 중국 명나라 홍응명(洪應明: 字 自誠)이 지은 채근담은 전집 225장, 후집 135장, 도합 360장(章)으로 구성되어 있으며, 원래 표제는 없다.

3. **표제 수록** | 이 책에는 각 장마다 한문 표제가 있다. 을력(乙力) 주역(註譯) 채근담(中國 三秦出版社)과 오가구(吳家駒) 역주(譯註) 채근담(臺灣 三民書局) 중에서 인용하고 우리말로 번역하였다.

4. **영어 해설** | 한문보다 영어에 더 익숙한 젊은 세대가 채근담에 담긴 지혜를 쉽게 이해할 수 있도록 영역하였다. 외국인에게 소개하는 데도 도움이 될 것이다.

5. **셰익스피어 명언 수록** | 셰익스피어 명언은 『원어와 함께 읽는 셰익스피어 명언집』(범우사)을 펴내신 이태주 교수가 선정하였다.

6. **현대어로 의역** | 저자 홍응명의 원의(原意)를 크게 벗어나지 않는 한도 안에서 원문을 현대어로 의역하여 한글세대들이 읽기 쉽도록 하였다. 원문은 대만(臺灣) 『채근담』을 참고하여 문단(쉼표 생략)을 나누고 한글 독음을 달아 권말 주에 모았다.

7. **도움말** | 이 책에는 지은이의 해설 대신 도움말에 조지훈, 한용운, 을력(乙力) 등이 역주한 『채근담』의 해설을 인용하거나, 중국 고전(『논어』, 『노자』, 『장자』 등), 불경, 『명심보감』 그리고 성경 등에서 도움이 될 문장을 골라 실었다. 그러나 인용부호는 생략하고 각 문장 앞 괄호 속에 출처를 명기하였으니, 이들 서적도 함께 읽기를 권한다. 성경은 영어본(New International Version)을 권말에 별도로 모았다.

권력의 쾌락은 한때이지만 그로 인한 처량함은 끝이 없다.

(弄權一時 凄凉萬古 농권일시 처량만고)

Do not be overly involved in worldly affairs:
Matters and bodies greater than themselves are the ones that count.

I love
The name of honor more than I fear death.
죽음을 두려워하는 것보다 나는 명예를 더 존중한다.

(Julius Caesar 줄리어스 시저: 1,2,88)

원문의역

■ 인간의 도리를 지키고 살다보면 간혹 외롭고 쓸쓸할 때도 있다. 그러나 비굴하게 살면 그 처량함은 끝이 없다.

■ 통달한 사람은 '사물 밖의 진리(物外之物)'와 '몸뚱이 뒤의 자신(身後之身)'을 생각하기 때문에, 때로는 외롭더라도 만고의 처량함은 취하지 않는다.

도움말

■ 물외지물(物外之物)은 '사물 밖의 사물(matters beyond matters)'이란 뜻으로 눈에 보이지 않는 불변의 진리나 삶의 가치관을, 신후지신(身後之身)은 '몸뚱이 뒤의 몸뚱이(the body beyond the body)'란 뜻으로 죽은 뒤의 명예와 평판(fame)을 의미한다. 달인(達人)은 영원한 진리와 사후의 이름에 뜻을 두기 때문에 도덕을 지키고 눈앞의 재물이나 공명을 탐내지 않는다.

■ (성경: 「잠언」 22: 1) 많은 재물보다 명예를 택할 것이요 은이나 금보다 은총을 더욱 택할 것이니라.

002. 단순하게 살자

소박하고 우둔하게 사는 것이 세상을 사는 요령이다.

(抱朴守拙 涉世之道 포박수졸 섭세지도)

Staying foolish and simple is better than putting on a clever, pretentious show.

Never anything can be amiss
When simpleness and duty tender it.

순박하고 충실하게 살면 무엇이든 일이 어긋나는 법이 없다.

(A Midsummer Night's Dream 한여름 밤의 꿈: 5,1,82)

원문의역

- 세상 풍파를 덜 겪으면 그 영향도 적게 받고,
- 세상 경험을 많이 하면 그 속임수도 그만큼 더 깊어진다.

도움말

- 내가 나의 주인인가? 나를 끌고 가는 너는 누구냐? 스티브 잡스(Steve Jobs: 1955~2011)는 '다른 사람의 삶을 사느라 시간을 낭비하지 말고 자신 내면의 진정한 목소리에 귀를 기울이고, 늘 우직하게 살라(Stay Foolish!)'고 하였다. 세상을 살아가면서 많이 배우고 많은 경험을 하는 것이 중요하다. 그러나 때로는 이 때문에 남의 속임수에 쉽게 그리고 더 깊이 빠지고, 자신도 어느새 권모술수와 간지(奸智)를 배우게 된다. 어떻게 살 것인가? 가슴을 열고 어깨를 펴고 자신이 원하는 대로 우직하게 살아보자.
- (조지훈) 지나치게 겸손하고 공손한 것도 남의 이목을 속이는 능란함에서 오는 것이니 군자는 차라리 세상일에 소활(疏闊)하여 꾀죄죄한 형식에 매이지 않는다. 세사(世事)에 거리낌이 없는 소광(疏狂)이 도리어 과공(過恭)의 비례(非禮)보다 낫다는 말이다.

마음속 걱정거리는 드러내고, 뛰어난 재능은 감추어라.

(心事宜明 才華須韞 심사의명 재화수온)

Share your concerns with others;
Hide your talents like treasures.

Pride must have a fall.

자랑하고 우쭐대면 넘어진다.

(Richard II 리차드 2세: 5,5,88)

원문의역

■ 마음 씀은 태양과 같이 밝게 드러내어 누구나 훤히 알게 하고,
■ 재주는 진주와 같이 은밀히 감추어 누구도 쉽게 알아채지 못하게 하라.

도움말

■ (조지훈) 군자의 마음은 항상 청천백일(靑天白日)과 같이 한 점의 구름도 가리우지 않아야 한다. 그러나 재주는 이와 반대로 감춰야 하는 법이다. 구슬이 광석(鑛石) 중에 묻히어 보이지 않는 것과 같은 것이 좋다. 감추어 놓은 재주는 그대로 덕이 되어 모르는 사이에 사람을 교화시키는 까닭이다.
■ (성경: 「전도서」 4: 4) 내가 또 본즉 사람이 모든 수고와 모든 재주로 말미암아 이웃에게 시기를 받으니 이것도 헛되어 바람을 잡는 것이로다.
■ 범사에 감사하면서 평범하게 살아라. 자신의 능력이나 존재이유를 구태여 드러내려 하지 말고, 평범하게 살다보면 문득 행복하게 미소 짓고 있는 자신의 참된 모습을 보게 될 것이다. 평소에 마음을 너그러이 가지고 남들을 위해 많이 베푸는 것이 사람됨의 기본이고, 뛰어난 재주는 감추고 자랑하지 않는 것이 세상을 살아가는 지혜이다.

004. 술수는 알아도 쓰지 말라

진흙탕에 빠져도 물들지 아니하고, 속임수를 알아도 쓰지 않는다.

(出汚泥而不染 明機巧而不用 출오니이불염 명기교이불용)

Do not engage in clever trickery, even if you know how to use it.

O serpent heart, hid with a flow'ring face!

아 꽃 같은 얼굴에 숨겨진 독사의 마음이여!

(Romeo and Juliet 로미오와 줄리엣: 3,2,73)

원문의역

- 권세와 이익, 부귀와 영화는 가까이 하더라도 물들지 말고,
- 지혜와 재주, 권모와 술수는 알아도 양심에 어긋나면 사용하지 말라.

도움말

- 정당하지 못한 수단으로 높은 지위와 명성을 얻거나 자신의 허영심을 채우는 것을 경계하여야 한다. 이러한 유혹을 완전히 도외시(度外視)할 수 없다고 하더라도 최소한 깊이 물들지는 말아야 한다. 돈과 명예, 허영심을 쫓아가는 것이 바로 패가망신(敗家亡身)으로 가는 지름길이다.
- (성경: 「잠언」 11: 1) 속이는 저울은 여호와께서 미워하시나 공정한 추는 그가 기뻐하시느니라.

몸에 좋은 약은 입에 쓰고, 진심어린 충고는 귀에 거슬린다.

(良藥苦口 忠言逆耳 양약고구 충언역이)

Good medicine is bitter;
Helpful advice is unpleasant.

The strawberry grows underneath the nettle.
딸기는 쐐기풀 아래서 자란다.

(Henry V 헨리 5세: 1,1,60)

원문의역

- 귀에 거슬리는 말을 듣거나 속상한 일이 생겨도 실망하지 마라. 이것이 덕을 쌓고 수양하는 숫돌(whetstone)이다.
- 좋은 말을 듣거나 기쁜 일이 생겨도 너무 기뻐하지 마라. 이것이 자신을 해치는 독약(poison)이다.

도움말

- (유교:『孔子家語』) 좋은 약은 입에 쓰지만 병에는 이롭고, 충고하는 말은 귀에 거슬리지만 처신(處身)을 하는 데 이롭다(良藥苦口利于病 忠言逆耳利于行).
- (『맹자』 告子章句下) 하늘에서 장차 큰일을 맡기려고 할 때에는 먼저 그 사람의 마음과 뜻을 괴롭히고 몸을 힘들게 하여 사람 됨됨이를 미리 시험을 해본다. (중략) 이는 불가능하던 일을 잘 할 수 있게 하고자 함이다(天將降大任於是人也 必先苦其心志 勞其筋骨 … 曾益其所不能).
- (성경:「잠언」 19: 20) 너는 권고를 들으며 훈계를 받으라. 그리하면 네가 필경은 지혜롭게 되리라.

006. 웃으면 복이 온다

서로 화합하고 기쁜 마음으로 살면 좋은 일이 많아진다.

(和氣致祥 喜神多瑞 화기치상 희신다서)

As Heaven and Earth need daily harmony, we need daily happiness.

A merry heart goes all the day,/ Your sad tires in a mile-a.

슬프게 걸어가면 지치지만, 즐겁게 걸어가면 몸도 가볍다.

(The Winter's Tale 겨울 이야기: 4,3,125)

원문의역

- 거센 폭풍우가 불어오면 온갖 새들과 짐승들이 불안해하지만, 햇살이 맑고 따스한 바람이 불어오면 풀과 나무도 기뻐한다.
- 하늘과 땅이 조화(harmony)를 이루지 않고는 단 하루도 유지될 수 없듯이, 인간도 마음속에 기쁨이 없이는 단 하루도 살아갈 수 없다.

도움말

- 많이 웃고 살자. 한국인들은 웃으면 복이 온다고 하고, 중국인들은 웃는 얼굴에서 재물이 생긴다(和氣生財)고 한다. 사람은 늘 온화하고 즐거운 마음을 가지고 웃으면서 살아가야 한다. 마음이 사랑과 기쁨으로 충만하면 언제 어디를 가도 좋은 일만 생기고 삶의 아름다운 향기가 전해질 것이다(心情好了 到處都是一片欣欣向榮之景 連空氣聞起來都是香的).
- (『소학』) 마음이 따뜻한 사람에게는 즐거운 빛이 있고, 늘 즐겁게 지내면 반드시 얼굴도 예뻐진다(有和氣者 必有愉色, 有愉色者 必有娥容).
- (성경: 「데살로니가전서」 5: 16) 항상 기뻐하라.

담백한 가운데 진정한 맛을 알고, 평범함 속에 영특함을 발견한다.

(淡中知眞味 常裏識英奇 담중지진미 상리식영기)

True flavor tastes unseasoned;
True nobility appears unexceptional.

O God! methinks it were a happy life,
To be no better than a homely swain;

아아, 하느님! 촌구석 양치기로 사는 것은 행복한 일입니다.

(Henry VI Part 3 헨리 6세 3부: 2,5,21)

원문의역

■ 맛있고 기름진 음식은 참다운 맛이 아니고, 그저 담백한 것이 참맛이다.
■ 슬기로운 사람은 특출하지 않고 그저 평범할 뿐이다.

도움말

■ 순수한 물에는 향기가 없다(眞水無香). 물이 없이는 어떤 생물도 살 수 없고, 이 생명의 물은 향기가 없는 순수한 물이다. 음식도 마찬가지다. 양념을 하지 않아 감칠맛이 나지 않는 음식이 건강에 좋다. 감사하는 마음으로 음식의 고유한 맛을 음미(吟味)하라. 지금 먹고 있는 음식이 내 몸과 하나라고 생각하면 고마운 마음이 생기지 않을 수 없다. 우주만물이 바로 나와 하나의 몸(物我一物)이고, 내가 이 우주의 일부인데 어떻게 내 이웃을 미워하고 자연을 함부로 훼손할 수 있겠는가.
■ (『노자』 63장) 함 없이 함을 실천하고, 일 없는 것을 일로 하고, 맛이 없는 것을 맛으로 하여야 한다(爲無爲 事無事 味無味).

한가할 때 긴장을 늦추지 말고, 바쁠수록 더욱 여유를 가져라.

(閑時吃緊 忙裡愈閑 한시흘긴 망리유한)

Be alert while relaxing;
Take your time while working.

An oven that is stopped, or river stayed,

Burned more hotly, swelleth with more rage.

멈춘 화덕은 더 뜨겁게 타고, 정지한 강물은 더 세게 솟는다.

(Venus and Adonis 비너스와 아도니스: 331)

원문의역

■ 하늘과 땅은 고요한 것 같아도 그 작용이 잠시도 멈춘 적이 없고, 해와 달은 바삐 움직여도 그 빛이 흐려진 적이 없다.

■ 이렇듯이 군자는 한가한 때 앞날에 대비하고, 바쁠수록 마음의 여유를 가져야 한다.

도움말

■ (윤홍식) '자연의 길'을 따르는 군자(君子)는 한가하여 고요한 중에도 정신을 풀어놓는 법이 없습니다. 늘 고요한 중에 생각과 감정과 오감을 다스리고, '호흡'을 고르게 하여 '기운(氣)'을 순환시키고 충전시킵니다. 특히 들이쉬고 내쉬는 '호흡'이 고르게 이루어지면, 머리의 '불기운(火氣)'이 아랫배를 따뜻하게 해주며, 배의 차가운 '물기운(水氣)'이 머리로 상승하여 머리를 시원하게 해주는 '수승화강(水升火降)'이 이루어집니다.

■ (성경:「마태복음」 25: 13) 그런즉 깨어 있어라 너희는 그 날과 그 때를 알지 못하느니라.

고요히 마음을 살피면 진실과 거짓이 반드시 보인다.

(靜中觀心 眞妄畢見 정중관심 진망필견)

Tell truth and illusion apart by following your heart;
Reach your inner self through quiet, soulful reflection.

I myself am best
When least in company.

나는 혼자 있을 때가 최고의 순간이다.

(Twelfth Night 십이야: 1,4,37)

원문의역

- 깊은 밤에 홀로 앉아 스스로를 돌아보면, 헛된 생각은 사라지고 참마음(free and responsive mind)이 오롯이 드러난다.
- 이렇게 참마음(眞我)이 드러났음에도 불구하고, 망령된 마음에서 벗어나지 못한다면 참으로 부끄러운 일이다.

도움말

- (안길환) 복잡한 일상에서 벗어나 홀로 앉아 스스로를 돌아보면 마음속에 상충되는 두 개의 마음, 진심(眞心)과 망념(妄念)이 있음을 알게 된다. 그런데 이 진심과 망념은 전혀 상반되는 것이 아니라, 본디는 일심(一心)인 것이다.
- (Eckart Tolle: A New Earth) '나(I=我)'라는 말에는 큰 오류(error)와 깊은 진리(truth)를 동시에 내포하고 있다. 따라서 자신이 환상을 환상(illusion as illusion)으로 인지하면 그 망령된 마음은 곧 사라질 것이다.

010. 잘 나갈 때 조심해라

만족스러울 때 되돌아보고, 언짢아도 쉽게 포기하지 말라.

(快意回頭 拂心莫放 쾌의회두 불심막방)

Contemplate your life, even when happy;
Do not give up, even when things do not go your way.

Sweet are the uses of adversity,/ Which like the toad,

ugly and venomous,/ Wears yet a precious jewel in his head.

역경을 극복하는 일은 중요하다. 역경은 두꺼비처럼 추하고
독(毒)이 있지만, 머리에는 귀중한 보석이 박혀 있다.

(As You Like It 당신이 좋으실 대로: 2,1,12)

원문의역

- 총애를 받을 때 재앙이 싹튼다. 뜻대로 잘 될 때는 자신을 되돌아보라.
- 실패 후에 성공할 수도 있다. 뜻대로 되지 않는다고 쉽게 포기하지 말라.

도움말

- 어려움이 오면 하늘의 뜻으로 받아들이고, 나쁜 일에 봉착하면 좋은 일로 바꾸려 노력하라(逆來受順 逢凶化吉). 왜냐하면 이러한 시련과 고난이 바로 당신을 시험하여 더욱더 크게 성장시키기 위한 '변장한 하느님의 은총(a blessing in disguise)' 일 수도 있기 때문이다.
- (『노자』 58장) 화(bad fortune)는 복(good fortune)이 기대고 있는 곳. 복이여, 네 속에 화가 엎드려 있구나. 어느 것이 먼저이고 어디에서 끝나는지 아무도 모르고, 무엇이 축복이고 어느 것이 재앙인지도 모르겠다. 옳다고 믿었던 것이 이상해지기도 하고, 착한 것이 끝에는 요망해지기도 한다(禍兮 福之所依, 福兮 禍之所伏. 孰知其極? 其無正也. 正復爲奇 善復爲妖).

소박한 삶은 의지를 강하게 하고, 부유한 삶은 절개를 잃게 한다.

(淡泊明志 肥甘喪節 담백명지 비감상절)

True ambition shines amidst simplicity and purity;
Integrity perishes through luxury and corruption.

Poor but honest.

가난하지만 정직하다.

(All's Well That Ends Well 끝이 좋으면 다 좋다: 1,3,197)

원문의역

■ 나물국으로 창자를 채우는 가난한 사람들은 맑고 깨끗한 마음을 지니고 있지만, 잘 사는 사람들 중에 종처럼 굽실거리는 사람이 많다.

■ 대개 소박한 삶을 살면 고상한 품격(integrity)을 지킬 수 있지만, 부귀를 좇으면 절개를 잃는다.

도움말

■ 채근(菜根)이란 말은 '사람이 언제나 나무뿌리를 씹으면 모든 일을 이루리라(人常咬得菜根 則百事可成)'는 『소학(小學)』에서 나왔다.

■ (『논어』 述而篇) 거친 밥 먹고 물마시고 팔베개하고 살아도 그 속에 즐거움이 있으니, 정의롭지 않는 부귀는 나에게 뜬구름과 같다(飯疏食飮水 曲肱而枕之 樂亦在其中矣. 不義而富且貴 於我如浮雲).

■ (성경: 「누가복음」 6: 20) 예수께서 눈을 들어 제자들을 보시고 이르시되 너희 가난한 자는 복이 있나니 하나님의 나라가 너희 것임이요.

012. 복을 많이 지어라

사는 동안 두루 베풀면 죽은 뒤에도 그 은덕이 오래 지속된다.

(眼前放得寬大 死後恩澤悠長 안전방득관대 사후은택유장)

Be generous to others while in this World;
Blessings will flow for a long time, even after you are gone.

For his bounty,/ There was no winter in't; an autumn it was
That grew the more by reaping.

그의 너그러움은 겨울이 없다.
거두면 거둘수록 풍성한 가을이다.

(Antony and Cleopatra 안토니와 클레오파트라: 5,2,86)

원문의역

■ 세상을 사는 동안 넉넉한 마음으로 두루 베풀고, 남의 불평을 사지 말라.
■ 그러면 죽은 뒤에도 그 은덕(blessings)이 오래도록 이어질 것이다.

도움말

■ 살아가면서 남들의 불만이나 원망을 사지 말고, 넓은 마음으로 남에게 많이 베풀어야 한다. 새해에 '복 많이 받으세요'라고 인사를 하지만 이보다는 '복을 많이 지으세요'라고 하는 편이 더 축복이다. 자업자득(自業自得)이라 복을 짓지 않으면 받을 복도 없기 때문이다. 많은 은혜를 후세에 남겨 죽은 후에도 세상 사람들이 모두 고마워하도록 하라. 공자께서는 이렇게 덕이 있는 사람은 외롭지 않고 반드시 이웃이 있다(德不孤 必有隣)고 하셨으니, 배워서 오로지 자신의 욕망만 채우지 말고, 어려운 이웃과 나누어 가져라. '배워서 남 주나'가 아닌 '배워서 남 주라'를 몸소 실천하기 바란다.

좁은 길에서는 한 걸음 양보하고, 맛있는 음식은 나눠 먹어라.

(路要讓一步 味須減三分 노요양일보 미수감삼분)

When walking narrow pathways, yield;
When eating delicious food, share.

Sweet mercy is nobility's true badge.

아름다운 자비심은 고결한 인간의 진정한 표시가 된다.

(Titus Andronicus 타이터스 앤드로니커스: 1,1,119)

원문의역

- 좁은 길에서는 한 걸음 양보하고, 맛있는 음식은 나눠 먹어라.
- 이것이 어려운 세상을 살아가는 가장 편안한 방법이다.

도움말

- 유교의 중심사상은 충서(忠恕)이다. 내 마음 깊은 곳(中心)으로부터 상대방과 같이 느끼는 마음(如心: sympathy)이 진실한 사랑이다. 맛있는 음식과 같이 자기가 좋아 하는 것은 조금씩이라도 남들과 나눠 먹고, '자기가 싫어하는 바는 남에게 강요하지 말아야 한다(己所不欲 勿施於人).
- (『주역』謙卦) 하늘은 가득 찬 것은 덜어 부족한 데를 보태고, 땅은 가득 차면 낮은 데로 흐르게 하며, 귀신은 욕심꾸러기를 해코지하고 착한 사람에게 복을 주고, 인간 은 오만한 사람을 싫어하고 겸허한 사람을 좋아한다. 겸손한 사람은 상대방을 높임 으로써 자신은 더 돋보인다. 그렇다고 해서 자신을 지나치게 낮추어서도 안 된다. 이것이 군자가 꼭 지켜야 할 덕목이다(天道虧盈而益謙 地道變盈而流謙 鬼神害盈而 福謙 人道惡盈而好謙. 謙尊而光 卑而不可踰 君子之終也).

014. 물욕을 덜어내라

세속적이지 않으면 세상에 이름을 날리고, 비범하면 성인의 경지에 이를 수 있다.

(脫俗成名 超凡入聖 탈속성명 초범입성)

Renown comes from rising above earthly concerns.

How quickly nature falls into revolt
When gold becomes her object!

황금이 목적이면 골육상쟁(骨肉相爭)이 곧 시작된다.

(Henry Ⅳ Part 2 헨리 4세 2부: 4,5,65)

원문의역

- 큰 업적을 이루지 않더라도 세속적인 감정을 털어내면 이름을 얻고,
- 학문이 특출하지 않더라도 물욕을 덜어내면 성인의 경지에 이를 수 있다.

도움말

- (성경:「잠언」23: 5) 네가 어찌 허무한 것에 주목하겠느냐. 정녕히 재물은 스스로 날개를 내어 하늘을 나는 독수리처럼 날아가리라.
- (조지훈) 사람은 명문이욕(名聞利欲)의 속정(俗情)에 사로잡혀서 정신을 못 차린다. 속정이란 얼마나 괴로운 것이기에 이것만 벗어던지면 명류(名流)가 된단 말인가. 물욕의 누(累)를 벗어던지는 공부, 그 공부가 바로 성학(聖學)이 아니냐. 선인(先人) 미발(未發)의 경지가 아니라 선인(先人)이 밟고 간 자취 그대로를 밟아도 자득(自得)의 안락경(安樂境)이 거기 따로 있으리라.

의리로 벗을 사귀고, 순수한 마음으로 사람노릇을 하라.

(義俠交友 純心作人 의협교우 순심작인)

Trust makes friends;
Innocence cultivates character.

The purest treasure mortal times afford
Is spotless reputations.

인생이 주는 가장 깨끗한 보물은 얼룩이 없는 명성이다.

(Richard II 리차드 2세: 1,1,177)

원문의역

- 친구를 사귈 때는 늘 정의로운 마음(chivalry)을 지녀야 하고,
- 인격을 만들 때는 늘 순수한 마음(artless mind)을 보존해야 한다.

도움말

- 의협심(義俠心)을 가져라. 어려운 처지에 있는 사람을 위해 희생을 무릅쓰는 정의로운 마음이 필요하다. 협(俠)자는 사람들(人人)을 품어주는 큰 사람(大人)이란 뜻이다. 장자(莊子)는 '군자의 사귐은 물처럼 사심 없이 깨끗하고, 소인들의 사귐은 단술같이 달콤하다(君子之交淡若水 小人之交甘若醴)'고 하였다. 성스러운 마음과 의로운 용기(忠肝義膽)를 가지고 친구를 사귀고, 순수하고 공평한 마음으로 세상을 대해야 한다.
- (『논어』 季氏篇) 좋은 친구와 나쁜 친구는 각각 세 부류가 있다. 좋은 친구는 정직하고, 성실하고, 많이 보고 들은 사람들이고, 나쁜 친구는 겉만 번지르르하거나 굽실거리기만 하거나, 빈말을 잘하는 놈들이다(益者三友 損者三友. 友直 友諒 友多聞 益矣. 友便辟 友善柔 友便佞 損矣).

016. 남보다 먼저 베풀어라

덕은 남보다 먼저 쌓고, 명리(名利)는 남보다 늦게 취하라.

(德在人先 利居人後 덕재인선 이거인후)

Lead others in virtuous endeavors;
Follow them in blessings and profits.

She cannot love,/ Nor take no shape nor project of affection.
She is so self-endeared.

그 여인은 사랑을 베풀 줄 모른다. 사람을 사랑하는 마음도, 해 본 적도 없는
오로지 자신만을 사랑한 사람이다.

(Much Ado About Nothing 헛소동: 3,1,54)

원문의역

- 은혜와 이익은 남보다 앞서 챙기지 말고, 좋은 일은 남보다 앞서 행하라.
- 혜택을 받을 때는 '자신의 몫 이상(beyond my share)'을 바라지 말고, 수양을 할 때는 '자신의 노력 이하(less than I should)'로 해서는 안 된다.

도움말

- 상황에 따라 나설 때와 나서지 말아야 할 때를 분명히 하고, 이해타산에 따라 남보다 앞서야 할 곳과 남에게 양보해야 할 곳을 명확히 구분하여, 자신의 자리를 분수에 맞게 정해야 한다. 북송 때 범중엄(范仲淹)은 '세상의 근심은 남보다 먼저 하고 세상의 즐거움은 남보다 나중 즐겨라(先天下之憂而憂 後天下之樂而樂)'고 하였다. 채근담은 '보수를 받을 때는 분수 밖(分外)을 벗어나지 말고, 행실을 닦을 때는 분수 안(分中)으로 물러나지 말라'고 가르치고 있다.
- (성경: 「잠언」 1: 19) 이익을 탐하는 모든 자의 길은 다 이러하여 자기의 생명을 잃게 하느니라.

양보하는 것이 곧 나아가는 것이고, 베푸는 것이 곧 얻는 것이다.

(退則是進 與則是得 퇴즉시진 여즉시득)

Yield a step, move forward one;
Benefit others, help yourself.

Fling away ambition. By that sin fell the angels.

야심을 버려라, 그 죄로 천사는 추락했다.

(Henry Ⅷ Part 3 헨리 8세 3부: 2,4,40)

원문의역

- 한 걸음 양보하라. 한 걸음 물러남이 한 걸음 나아가는 발판이다.
- 남을 너그럽게 대하라. 남을 이롭게 함이 곧 자신을 이롭게 하는 토대이다.

도움말

- (『명심보감』 繼善篇) 착한 일을 하는 사람에게는 하늘이 복을 주고, 착하지 않은 사람에게는 하늘이 재앙을 준다(爲善者 天報之以福, 爲不善者 天報之以禍).
- (불교:『般若心經』) 모든 우주만물의 현상은 인연에 따라서 일어난다(諸法由因緣而起). 따라서 사람의 모든 행위도 인연에 따라 원인과 결과가 나타난다. '착함'이라는 원인이 있어 '복(福)'이라는 결과가 생기고, '악함'이라는 원인이 있어 '재앙(災殃)'이라는 결과가 생긴다.
- (성경:「빌립보서」 4: 5) 너희 관용을 모든 사람에게 알게 하라. 주께서 가까우시니라.

교만하면 공을 잃게 되고, 진심으로 뉘우치면 죄가 줄어든다.

(驕矜無功 懺悔滅罪 교긍무공 참회감죄)

Lose your merit by boasting;
Ease your burden by repenting.

O'erstep not the modesty of nature.
중용(中庸)을 지켜라.

(Hamlet 햄릿: 3,2,22)

원문의역

■ 아무리 위대한 업적을 쌓아도 뽐내면 그 의미를 잃게 되고,
■ 아무리 큰 죄를 지어도 진정으로 뉘우치면 용서받을 수 있다.

도움말

■ (조지훈) 공로를 자랑하는 마음이 생기면 그 공훈(功勳)은 물거품이 되고 만다. 어떤 죄악도 진심으로 뉘우치고 개과(改過)하면 그 죄업은 사라진다. 선악도 근본은 일심(一心)이니 그 한 마음이 악을 회오(悔悟)한다면 선심(善心)으로 돌아간 까닭이라.
■ (불교:『金剛經』4分) 남에게 베풀 때는 순수한 마음으로 베풀고, 아무것도 마음에 담아두지 말아야 한다. 자신의 오감(五感)도 모르게 하고, 마음속에 오가는 물건도 주는 대상자조차도 없어야 한다. 이것이 '형상에 머물지 않는 보시'로서 그 복덕이 헤아릴 수 없이 크다(菩薩於法應無所住 行於布施. 所謂不住色布施 不住聲香味觸法布施. 須菩提 菩薩應如是布施 不住於相. 何以故? 若菩薩不住相布施 其福德不可思量).

명예는 남에게 양보해야 재앙이 멀어지고, 허물은 자기 탓으로
돌려야 덕이 쌓인다.

(讓名遠害 咎己養德 양명원해 구기양덕)

Share fame and honor with others;
Accept responsibility for your mistakes.

Superfluous branches
We lop away, that bearing boughs may live.

열매 맺는 가지를 살리기 위해
우리는 불필요한 가지를 잘라냅니다.

(Richard II 리차드 2세: 3,4,63)

원문의역

- 명성과 명예를 홀로 차지하지 말라. 조금이라도 나누어 주어야 해를 입지 않는다.
- 잘못된 일이나 불명예를 남의 탓으로만 돌리지 말라. 자신도 일말의 책임을 져야
  자신의 빛을 갈무리하여 덕(virtue)을 키울 수 있다.

도움말

- 공적과 명예는 혼자 독차지하지 말고 남과 나누어야 한다. 어느 정도 양보할 줄
  알아야 남이 부러워하거나 질투하지 않는다. 반면에 실패에 대한 책임과 허물(ill
  repute)은 남에게 떠넘기지 말고 자신도 어느 정도의 책임을 질 줄 알아야 한다. 특히
  봉사하는 사회지도층(servant leader)은 늘 솔선수범(率先垂範)하고, 거드름을 피우거
  나 남을 깔보지 말고 주변 사람들에게 책임감 있는 사람, 어려울 때 함께 하는 사람
  이라는 인식을 심어주어야 한다.

020. 달도 차면 이지러진다

하늘은 가득 채우기를 꺼려하고, 『주역』은 미완성으로 끝난다.

(天道忌盈 卦終未濟 천도기영 괘종미제)

Heaven envies fullness;
Demons block total success.

... from hour to hour, we ripe and ripe,
And then, from hour to hour, we rot and rot;

…시시각각으로 우리는 여물고 성숙해진다.
그런 다음, 시시각각으로 우리는 시들고 삭아버린다.

(As You Like It 당신이 좋으실 대로: 2.7.26)

원문의역

■ 무슨 일이든 어느 정도 여지를 남겨두어라. 그래야 하느님도 미워하지 않고 귀신도 해코지하지 못한다.
■ 만약 일마다 완벽하고 성공하기를 고집한다면, 안에서 변고(disaster)가 생기거나 바깥으로부터 우환(trouble)이 닥칠 것이다.

도움말

■ 서양의 교육은 완벽주의를 추구하지만, 동양의 지혜는 오히려 매사에 어느 정도 여유(餘裕)와 여운(餘韻)을 두라고 가르친다. 사람이 자신의 욕망을 채우기 위해 정신 없이 뛰어다니다 졸지에 불행한 일을 당하는 경우가 있다. 이는 귀신과 재앙은 탐욕에 빠져 제정신이 아닌 사람에게 찾아오기 때문이다.
■ (Le Guin: 『노자』 9장) Brim-fill the bowl, it'll spill over. Keep sharpening the blade, you'll soon blunt it. Nobody can protect a house full of gold and jade. 그릇을 가득 채우면 넘친다. 날을 계속 세우면 곧 무디어 진다. 집안 가득 찬 금은 보배는 아무도 지킬 수 없다. * 원문은 109장 참조.

평소에 화목하게 지내는 것이 의도적으로 관심을 갖는 것보다 낫다.

(誠心和氣 勝於觀心 성심화기 숭어관심)

The truth of the Way is in your daily life;
The true Buddha is in your own house.

Be thou familiar, but by no means vulgar;
The friends thou hast, and their adoption tried,
Graple them to thy soul with hoops of steel;

사람들과 절친하게 지내라. 그러나 허술하면 못써,
사귄 친구가 진실하다고 인정되면 절대로 놓치지 말라.

(Hamlet 햄릿: 1,3,61)

원문의역

- 가정마다 참 부처가 하나씩 있듯이, 하루하루 삶 속에 참된 진리가 있다.
- 평소에 밝은 얼굴과 부드러운 말씨로 부모형제가 한몸같이 뜻이 통하도록 하라. 이렇게 하는 것이 산속에서 참선하는 것보다 훨씬 낫다.

도움말

- 집안이 화목하면 모든 일이 다 잘 된다(家和萬事成). 그러나 이것은 참선 수도하는 것보다도 어렵다. 참 부처는 깊은 산속에 있는 것이 아니라 편안한 가정에 있고, 참된 도(道)도 일상생활 속에 있다. 공자(顏淵篇)는 '임금은 임금답고, 신하는 신하답고, 어버이는 어버이답고, 자식은 자식다워야 한다(君君臣臣父父子子).'고 했다.
- (성경: 「디모데전서」 5: 8) 누구든지 자기 친족 특히 자기 가족을 돌보지 아니하면 믿음을 배반한 자요 불신자보다 더 악한 자니라.

022. 구름 위로 솟구치는 솔개

움직임과 고요함이 어우러진 것이 도(道)의 참 모습이다.

(動靜合宜 道之眞體 동정합의 도지진체)

To enter the mind and the body of the Way,
Be like a hawk soaring among tranquil clouds or a fish leaping in still waters.

Beware/ Of entrance to a quarrel, but, being in,
Bear't that th'opposed may beware of thee.

싸움판에 끼어들지 말고 조용히 있어라. 그러나 일단
끼어들면, 그들이 너를 알아보도록 철저히 해치워라.

(Hamlet 햄릿: 1,3,65)

원문의역

- 움직이는 것만 좋아하는 사람은 구름 속 번개나 바람 앞 등불과 같고, 고요한 것만 좋아하는 사람은 불 꺼진 재나 말라 죽은 나무와 같다.
- 도를 깨우친 사람은 고요한 구름과 잔잔한 물과 같으면서도, 내면에는 솔개(hawk)와 물고기와 같은 활기찬 기상을 함께 지녀야 한다.

도움말

- 군자는 중용의 도를 지켜 처신하여야 한다. 고요함 속에 움직임이 있는 정중동(靜中動)의 기상(the spirit of activity in tranquility)을 가진 사람이라야 도(道)의 경지에 이를 수 있다. 그렇지 않고 지나치게 움직이기만 하거나 지나치게 고요하기만 한 것은 모두 중용(中庸)의 정신에 어긋난다. 움직이면서도 고요함을 잃지 않고, 고요하면서도 생기를 잃지 않는 참된 도(道)를 얻어야 비로소 군자가 될 수 있다.

남을 너무 엄하게 몰아세우거나 과도하게 가르치려 하지 말라.

(攻人毋太嚴 敎人毋過高 공인무태엄 교인무과고)

Do not attack others' faults severely;
Do not preach what is good overly.

He does me double wrong
That wounds me with the flatteries of his tongue.

허끝으로 아양 떠는 사람은 기만과 위선의 해를 끼친다.

(Richard Ⅱ 리차드 2세: 3,2,215)

원문의역

■ 남의 허물을 꾸짖을 때 너무 엄격하게 하지 말고, 상대가 받아들 수 있는지를 먼저 생각해야 한다.

■ 남에게 선행을 가르칠 때 지나치게 큰 기대를 갖지 말고, 상대가 따를 수 있을 만큼만 권해야 한다.

도움말

■ 남을 비판할 때는 물론 자신이 솔선수범할 때도 상대가 어떻게 받아들일지, 얼마만큼 따를지를 먼저 생각해야 한다. 늘 그 사람의 입장이 되어 생각하라는 것이다. 이러한 배려도 없이 무조건 자신의 생각과 잣대만을 내세우면 오히려 역효과를 낸다. 이것은 상대를 납득시키는 것이 아니라 나무라는 것이고, 건전한 비판이 아니라 비난이 된다.

■ (『명심보감』 省心篇) 작은 배는 너무 무겁게 실으면 견디기 어렵고, 깊은 길은 혼자 다니기에 적당하지 않다(小船難堪重載 深逕不宜獨行).

■ (성경: 「잠언」 9: 8) 거만한 자를 책망하지 말라 그가 너를 미워할까 두려우니라 지혜 있는 자를 책망하라 그가 너를 사랑하리라.

순결함은 불결한 곳에서 더 돋보이고, 빛은 어둠 속에서 더 밝다.

(淨從穢生 明從暗出 정종예생 명종암출)

Pureness comes from dirtiness;
Brightness is born from darkness.

All's well that ends well; still the fine's the crown.
What'er the course, the end is the crown.

끝이 좋으면 다 좋다. 왕관이면 더 좋다.
가는 길이 험해도, 끝나는 곳이 명예가 된다.

(All's Well That Ends Well 끝이 좋으면 다 좋다: 4,4,35)

원문의역

■ 굼벵이는 더럽지만 깨끗한 매미가 되어 가을바람 속 이슬을 마시고, 썩은 풀은 빛이 없지만 반딧불을 불러 모아 여름밤에 빛난다.
■ 깨끗함은 더러움에서 나오고, 빛은 깜깜한 어둠 속에서 더욱더 밝다.

도움말

■ 실패의 과정 역시 성공으로 가는 길이며, 실패 후 성공이 더 값지다. 매미는 17년 동안 땅 속에 굼벵이로 산다고 한다. 이렇게 오랜 시련을 겪은 후에 굼벵이가 허물을 벗고 매미가 되듯이(金蟬脫殼), 사람도 곤경을 스스로 극복해야 자신의 원대한 포부를 실현할 수 있다. 스스로를 단련시키고(自强), 스스로를 존중하고(自尊), 스스로를 사랑하고(自愛), 자신의 능력이나 가치를 믿고(自信), 자기의 의지로 자신을 통제(自律)하여야 비로소 큰사람이 될 수 있을 것이다.
■ (성경: 「야고보서」 1: 12) 시험을 참는 자는 복이 있나니. 이는 시련을 견디는 자가 주께서 자기를 사랑하는 자들에게 약속하신 생명의 면류관을 얻기 때문이라.

교만을 다스리고 허황된 생각을 버려라.

(降伏客氣 消殺妄心 항복객기 소쇄망심)

Subdue hubris, ennoble the spirit;
Cut through pretense, express sincerity.

Sin of self-love possesseth all mine eye,
And all my soul, and all my every parts;
And for this sin there is no remedy,
It is so grounded inward my heart.

죄스러운 자만심이 내 눈과 영혼, 그리고 온몸에 펴지고,
그 죄는 내 마음 깊은 곳에 있어서 치유의 길이 없구나.

(Sonnet 소네트: 62,1,4)

원문의역

■ 자만(lofty pride)과 오만(arrogance)은 모두 일종의 객기(false courage)이다. 이러한 객기를 없애야 바른 기품이 자란다.

■ 욕망과 분별은 모두 잘못된 생각(妄心, wrongful mind)이다. 이러한 망심을 없애야 진실한 마음(眞心, true mind)이 드러난다.

도움말

■ (조지훈) 정기(正氣)는 천지정대(天地正大)의 기(氣)이니 사람의 신체는 소천지(小天地) 소우주(小宇宙)라 사람 안에 본디부터 있을 뿐 아니라 사람의 몸을 지배하는 주인공이다. 객기와 정기의 관계는 망심(妄心)과 진심(眞心)의 관계와 같으니 편의상 분별한 것이요. (중략) 본래 같은 것이다.

■ (성경: 「잠언」 16: 18) 교만은 패망의 선봉이요 거만한 마음은 넘어짐의 앞잡이니라.

일의 진의(眞意)를 파악하면 어리석음이 없어지고, 본성을 안정
시키면 행동을 바르게 할 수 있다.

(事悟而痴除 性定而動正 사오이치제 성정이동정)

Realize the heart of the matter and avoid folly;
Pursue the correct course of mind and action.

Woe, that too late repents!
아, 너무나 때늦은 후회여!

(King Lear 리어왕: 1,4,237)

원문의역

- 배부르게 먹은 뒤를 한 번쯤 먼저 생각해 봐라. 일단 배가 부르면 더 이상 음식이 짠
  지 싱거운지 구별할 수 없음을 알게 되리라.
- 성관계(sexual relations)가 끝난 뒤를 한 번쯤 먼저 생각해 봐라. 일단 흥분이 가라앉
  으면 이성(異姓)에 대한 관념이 없어짐을 알게 될 것이다.
- 어떤 일을 할 때는 욕망을 채운 이후에 어떤 느낌일지 후회는 하지 않을지를 한 번
  쯤 미리 생각해 봐라. 그러면 강박관념(obsession)이 없어져 마음이 안정되고 행동이
  바르게 될 것이다.

도움말

- 선견지명(先見之明, foresight)을 가져라. 뒤늦은 지혜(hindsight)는 소용이 없다. 일에
  임할 때나 과식(過食)하거나 불륜(不倫)을 저지를 때, 사후(事後)에 후회하지는 않을
  지 먼저 생각해 봐라. 그러면 한순간의 흥분이나 집착(執着)으로부터 벗어나 뒤늦은
  후회를 하지 않아도 될 것이다.

언제 어디서나 산속에 사는 즐거움도 가지고, 나라를 걱정하는
마음도 가져라.

(山林氣味 廊廟經綸 산림기미 낭묘경륜)

Submit to natural law while in position of power;
Remember the greater world, even while in the mountains.

Here is my journey's end, here is my butt
And very sea-mark of my utmost sail.

나의 인생 여로(旅路)는 끝났다.
나의 종착지, 항로의 마지막 항구로구나.

(Othello 오셀로: 5,2,267)

원문의역

■ 높은 지위에 있어도 마음속에는 산속에 묻혀 사는 즐거움이 있어야 하고,
■ 자연에 묻혀 살아도 가슴속에는 나라를 걱정하는 큰 뜻을 품고 있어야 한다.

도움말

■ 자연만 벗 삼아 초연히 산다고 하더라도 우리가 현재 발을 딛고 숨을 쉬고 있는 이
지구와 세상을 잊어서는 안 된다. 숭고한 선비는 초야에 묻혀 자신의 명예와 이익
을 구하지 않는다 할지라도 세상 사람들의 고통을 걱정하는 뜻까지 버려서는 안 된
다. 현실로부터 도피한다고 해서 인간으로서의 책무조차도 완전히 피할 수 있는 것
은 아니다.
■ (조지훈) 입신출세하여 고위고관의 자리에 있는 사람은 마땅히 산림에 한거(閑居)
하여 명리(名利)를 구하지 않는 은사(隱士)의 취미가 있어야 하나니, 이것이 없으면
몸을 바쳐서 국가에 봉사할 수 없을 뿐 아니라 마땅히 은퇴할 시기를 놓치고 욕(辱)
을 볼 수가 있다.

허물없이 살 수 있다면 그것이 곧 성공이고, 남으로부터 원한
을 사지 않는다면 그것이 바로 덕(德)이다.

(無過便是功 無怨便是德 무가변시공 무원변시득)

Keep fault at bay, succeed;
Defuse resentment, gain.

The smallest worm will turn, being trodden on.
지렁이도 밟히면 꿈틀거린다.

(Henry VI Part 3 헨리 6세 3부: 2,2,17)

원문의역

- 일마다 칭찬을 받아야 하는 것은 아니다. 큰 허물이 없으면 성공이다.
- 베풀고 남이 고마워하기를 바라지 마라. 원망만 듣지 않아도 은덕이 된다.

도움말

- (조지훈) 공이 따로 있는가, 허물이 없으면 곧 공(功)인 것이다. 덕(德)이 따로 있는
  가, 원망 듣지 않으면 곧 큰 덕이라고 할 것이다.
- 국조(國祖) 단군(檀君)의 건국이념을 받들어 널리 인간을 이롭게 하는 홍익인간(弘
  益人間)이 되어라. 우리 단군의 자손은 남(人)을 나와 같이(=) 생각하는 큰 사랑(仁)
  을 가져야 한다. 남의 원성을 사지 말고 또한 자신도 남을 원망하는 마음을 가지지
  마라. 우리가 세상을 이롭게 하면 온 세상이 모두 우리에게 미소로 화답할 것이다.
- (성경:「빌립보서」 2: 14) 모든 일을 원망과 시비가 없이 하라.

너무 힘들게 일하지 말고, 너무 모질게 남을 대하지 말라.

(做事勿太苦 待人勿太枯 주사물태고 대인물태고)

Work hard, but not overly;
Let others be imperfect.

You must confine yourself within the modest limits of order.
중용(中庸)의 질서 속에 자신을 둬야 한다.

(Twelfth Night 십이야: 1,3,8)

─────────────

원문의역

■ 열심히 일하는 것도 좋지만, 너무 힘들게 일하면 스스로 즐겁지 않다.

■ 차분하고 깨끗한 마음도 좋지만, 지나치게 깔끔하면 다른 사람과 사물에게 도움이 되지 않는다.

도움말

■ 부지런함에도 지나침이 없고, 세심하고 깔끔함에도 지나침이 없어야 한다. 너무 지나치면 남에게는 물론 자신에게도 도움이 되지 않는다. 중용의 길(中庸之道)은 인간을 포함한 모든 사물이 어느 한쪽으로도 치우치지 않는 균형 상태를 유지하는 것이다.

■ (『명심보감』 省心篇) 너무 많이 사랑하면 헛되이 잃는 것도 그만큼 많고, 칭찬을 너무 많이 받으면 심한 훼방이 따르고, 기쁨이 너무 크면 근심도 그만큼 많이 생기고, 물욕이 너무 많으면 잃는 것도 그만큼 많다(甚愛必甚費 甚譽必甚毁 甚喜必甚憂 甚臟必甚亡).

어려우면 당초의 의도를 돌이켜보고, 성공하면 말로를 살펴라.

(窮原初心 成觀末路 궁원초심 성관말로)

Recall original intent in trying times;
Prepare for the road ahead in success.

Men must endure.

Their going hence, even as their coming hither.

Ripeness is all.

사람은 참아야 한다.
오는 것도, 가는 것도 마음대로 안 된다.
때가 무르익어야 한다.

(King Lear 리어왕: 5,2,9)

원문의역

- 일을 추진하다 어려움에 처한 사람은 당초의 의도를 다시 생각해 봐야 하고,
- 성공한 사람은 앞으로 나아가야 할 길을 미리 조심스레 살펴야 한다.

도움말

- 인간의 삶은 좋은 것과 나쁜 것의 연속이다. 그런데 사람들은 습관적으로 성공, 행운 등 좋은 것에만 삶의 의미를 부여하고 있다. 그러나 좋은 것은 실패, 불운 등 나쁜 것으로부터 계속적인 위협을 받고, 때로는 아무리 보험을 많이 들어도 소용이 없다. 따라서 현재 일어나고 있는 일이나 사물에 대한 주관적 분별은 일단 유보하고, 자신의 의식(consciousness)을 높은 차원의 체계와 조율하는 것이 현명하다. 하나님의 입장에서 보면 이 세상의 가치관이나 지혜는 결코 불변의 진리가 아니다(The wisdom of this world is folly with God).

가진 자는 많이 베풀고, 학식이 있는 자는 뽐내지 말아야 한다.

(富者應多施舍 智者宜不炫耀 부자응다시사 지자의불현요)

A wealthy man must be generous and kind;
A wise man must be modest and reserved.

They are as sick that surfeit with too much
as they that starve with nothing.
It is no mean happiness therefore to be seated in the mean.

과식하는 사람은 굶는 사람처럼 똑같이 병든 사람이다.
중용을 지키는 사람은 중간 정도의 행복만을 차지하는 사람이 아니다.

(The Merchant of Venice 베니스의 상인: 1,2,5)

원문의역

- 부유한 사람은 늘 너그럽고 친절해야 한다. 남을 무시하고 인색하게 살면 배부르고 편하겠지만 즐거움은 느끼지 못하리라.
- 총명한 사람은 겸손하고 과묵(reserved)해야 한다. 드러내어 자랑만 하고 다니는 허풍쟁이는 바보병에 걸려 실패할 것이다.

도움말

- 언행(言行)과 생각은 사람의 신분 및 지위에 걸맞아야 한다. 부유한 사람은 가난한 사람들을 배려하고 도와야 그 부귀가 오래토록 유지될 수 있다. 총명한 사람은 재능을 드러내지 않고 묵묵히 일을 처리해야 한다. 총명함으로 인하여 오해를 받을 수도 있다.
- (성경: 「잠언」 18: 12) 사람의 마음의 교만은 멸망의 선봉이요 겸손은 존귀의 길잡이니라.

032. 지난날을 돌아보라

평화로울 때 위기를 생각하고, 혼란스러울 때 안정을 생각한다.

(居安思危 處亂思治 거안사위 처난사치)

Prepare for trouble in peace;
Find solace in chaos.

Men may construe things after their fashion,
Clean from the purpose of the things themselves.

인간은 곧잘 자기편에서 사물을 판단하기 때문에
사물 본래의 의미와는 동떨어진 해석을 하게 된다.

(Julius Caesar 줄리어스 시저: 1,3,24)

원문의역

■ 윗자리에 오른 자여, 낮은 지위에 있었을 때를 생각해 봐라. 그러면 지금의 그 자리
가 얼마나 높고 위태로운지를 알게 될 것이다.

■ 세상에 이름을 날리는 자여, 외딴 곳에서 이름 없이 지내던 때를 돌이켜 봐라. 그러
면 유명세를 타는 것이 얼마나 위험한지를 알게 될 것이다.

■ 정신없이 일하는 자여, 편안하고 고요하게 지내던 때를 회상해 봐라. 그러면 분주
하게 뛰어다니는 것이 얼마나 부질없는지 알게 될 것이다.

■ 말 많은 자여, 침묵하면서 수양하던 때를 생각해 봐라. 그러면 지금 지껄이는 말들
이 얼마나 시끄럽고 남을 불쾌하게 하는지 알게 될 것이다.

도움말

■ 상대편의 처지에서 생각해 봐라(易地思之). 그러면 자신의 삶을 보다 객관적이고
정확하게 이해할 수 있다. 높은 지위에 있을 때 하층민들의 삶을 생각해라. 그래야
교만에 빠지지 않는다.

마음의 욕심을 내려놓으면 비범해져 성인의 경지에 오를 수 있다.

(放得心下 超凡入聖 방득심하 초범입성)

Become wise by letting go of your desire for fame and fortune.

A light heart lives long.

가벼운 마음은 장수한다.

(Love's Labor's Lost 사랑의 헛수고: 5,2,18)

원문의역

- 명성과 행운을 바라는 마음(mind)을 버려야 비로소 범속(the ordinary)의 굴레에서 벗어날 수 있다.
- 도덕과 어짊, 그리고 의로움을 추구하는 마음(mind)을 버려야 비로소 성인(the sages) 의 경지에 오를 수 있다.

도움말

- (성경: 「잠언」 4: 23) 모든 지킬 만한 것 중에 더욱 네 마음을 지키라. 생명의 근원이 이에서 남이니라.
- (慧能 禪宗六祖) 깃발이 움직이는 것이 아니고, 바람이 움직이는 것도 아니다. 움직 이는 것은 바로 어진 삶의 마음이다.
- (『노자』 18장) 대도(大道)가 폐기되어 인간이 자신의 양심(clean conscience)에 따라 살 아가지 않아 어짊과 의로움이라는 인위적인 틀이 생겨났다. 인위적인 지혜가 생기 자 마치 군자인 양 행세하는 위선자(僞君子)도 나오고, 가정에 부자(父子), 형제(兄 弟), 부부(夫婦), 육친 간에 불화가 생기자 효도와 자애(慈愛)를 가르치고, 나라가 혼 란해져 충신도 필요하게 되었다(大道廢 有仁義; 智慧出 有大僞; 六親不和 有孝慈; 國家昏亂 有忠臣).

아집(我執)은 마음을 해치고, 총명은 길을 가로막는다.

(我見害於心 聰明障於道 아견해어심 총명장어도)

Be free from self-centered stubbornness and cleverness.

Have more than thou showest,

Speak less than thou knowest.

자랑하는 것 이상으로 갖고 있어야 한다,

알고 있는 것보다는 덜 말해야 한다.

(King Lear 리어왕: 1,4,118)

원문의역

- 명예와 욕망을 추구하는 것이 반드시 나쁜 것은 아니다. 오히려 독선이 마음을 해치는 나쁜 벌레다.
- 도를 닦는 데 노래와 여자가 반드시 나쁜 것은 아니다. 오히려 자신의 총명함이 도를 가로막는 가장 큰 장애물이다.

도움말

- (乙力) 술이 사람을 취하게 하는 것이 아니라 사람이 스스로 취하는 것이다. 여색(女色)이 사내를 홀리는 것이 아니라 사내가 스스로 홀리는 것이다(酒不醉人人自醉 色不迷人人自迷).
- (조지훈) 이욕(利欲)의 마음이 진심을 흐린다 하니 진심을 흐리는 장본(張本)은 이욕이 아니라 아견(我見)이다. 아견은 불교에서 이르는 바 정지(正智), 정견(正見)의 대어(對語)이니 아집(我執)을 이름이다. (중략) 도(道)의 장애가 되는 것은 여색(女色)이라 하지만 여색이 반드시 도를 막는 것은 아니다. 그보다도 도의 장(障)은 총명이라 할 것이니 설익은 총명이 도의 장해물(障害物)이 된다.

한 걸음 물러설 줄 알고, 공적을 양보할 줄도 알아야 한다.

(知退一步之法 加讓三分之功 지퇴일보지법 가양삼분지공)

Yield a step;
Share credit with others.

It(mercy) blesseth him that gives and him that takes.

자비는 주는 자와 받는 자에 내리는 이중의 축복이다.

(The Merchant of Venice 베니스의 상인: 4,1,183)

원문의역

■ 사람 마음은 변덕스럽고 공정하지 않으며, 세상살이는 힘들고 기복도 많다.

■ 따라서 가는 길이 어려울 때는 한 걸음 물러설 줄 알고, 가는 길이 순탄할 때는 일이 잘된 공로의 일부를 주변 사람들에게 양보할 줄도 알아야 한다.

도움말

■ (『노자』 7장) 하늘과 땅은 영원하다. 영원한 까닭은 스스로를 위해 살지 않기 때문이다. 성인도 마찬가지로 자신이 양보하고 뒤로 물러섬으로써 결국 앞에 서게 되고, 자신을 밖으로 내세워 희생하기 때문에 오히려 온전하게 보존할 수 있다(天長地久. 天地所以能長且久者 以其不自生 故長生. 是以聖人後其身而身先 外其身而身存).

■ (『논어』 里仁篇) 군자는 마땅한 옳은 길을 따르지만 소인은 사사로운 이익만 좇는다. 군자는 덕을 생각하지만 소인은 자신의 봉토만 생각하고, 군자는 바른 규율과 법도를 생각하지만 소인은 혜택만 생각한다(君子喻於義 小人喻於利; 君子懷德 小人懷土; 君子懷刑 小人懷惠).

소인배를 혐오하지 말고, 군자를 대함에 예를 갖추어라.

(對小人不惡 待君子有禮 대소인불오 대군자유례)

Do not hate the petty;
Do not put the noble on a pedestal.

Love thyself last.
Cherish those hearts that hate thee.

자신을 사랑하는 일은 마지막 일이다.
미운 사람을 먼저 가슴에 품어라.

(Henry Ⅷ 헨리 8세: 3,2,443)

───────※───────

원문의역

- 소인배를 엄하게 대하는 것보다 미워하지 않는 것이 더 어렵다.
- 군자를 공손하게 대하는 것보다 적절하게 예를 갖추는 것이 더 어렵다.

도움말

- 소인배라 할지라도 그의 잘못을 지적할 것이지 그 사람 자체를 미워하지 말라. 예수께서 이르기를 '너희 원수를 사랑하며 너희를 박해하는 자를 위해 기도하라.'(「마태복음」 5: 44)하시지 않았는가. 군자를 대할 때는 지나치게 겸손하거나 아첨하는 일이 없어야 한다. 지나친 공경은 예의가 아니다(過恭非禮).
- (『논어』 學而篇) 예(禮)는 인간관계를 원만하고 조화롭게 해주는 일종의 윤활유 역할을 한다. 화합(和合)을 위하여 솔선수범하라. 때로는 조화를 위하여 절제할 줄도 알아야 하며, 그 절제는 예의로서 해야 한다. 이렇게 하면 세상에서 안 되는 일이 없을 것이다(禮之用 和爲貴. … 知和而和 不而禮節之 亦不可行也).

세상에 올바른 정신과 깨끗한 명성을 세상에 남겨라.

(正氣天地 淸名乾坤 정기천지 청명건곤)

Return an upright spirit to Heaven;
Leave a blameless name on Earth.

His legs bestrid the ocean, his reared arm/ Crested the world.
두 다리는 바다에 놓고, 치켜 올린 두 팔은 세상 지붕을 가렸다.

(Antony and Cleopatra 안토니와 클레오파트라: 5.2.82)

원문의역

- 총명함을 버리고 차라리 우직함(simplicity)을 견지하여 그 올바른 정신을 하늘에 돌려주어라.
- 화려함을 버리고 차라리 소박한 삶(artlessness)에 자족하여 그 깨끗한 명성을 세상에 남겨라.

도움말

- 사람이 이상(理想)만 가지고 땅 위에 서지 않으면 몽상가일 뿐 현실성이 없고, 땅에만 머물면서 하늘의 뜻을 따르지 않으면 현실주의자일 뿐 높은 이상이 없다. 사람은 마땅히 현실에 충실하면서 하늘을 우러러보고 살아야 한다.
- (于丹 『論語心得』) 성인(聖人)은 사람을 끌어당기는 매력을 가진 훌륭한 인격의 소유자로서 항상 솔선수범한다. 성인은 하늘에서 뚝 떨어진 존재가 아니라, 우리와 마찬가지로 이 세상에서 태어나고 자란 사람들이다.

귀신을 항복시키려면 자기 마음부터 먼저 항복시켜야 하고, 외
부횡포를 제어하려면 자기 객기부터 다스려야 한다.

(伏魔自心 馭橫氣平 복마자심 어횡기평)

To subdue the devil, overcome your temptations first;
To manage a bad situation, control your emotions first.

... to thine own self be true,/ And it must follow, as the night the
day,/ Thou canst not then be false to any man.

자기 자신에 충실하라. 그러면 밤이 지나 낮이 오듯이,
타인에게도 자연히 충실해진다.

(Hamlet 햄릿: 1,3,59)

원문의역

- 귀신을 항복시키려면 자신의 마음부터 항복시켜야 한다. 마음이 항복하면 모든 악
마가 스스로 물러간다.
- 외부의 횡포를 제압하려면 자기 마음속의 객기부터 제압해야 한다. 자신의 감정이
누그러지면 포악함이 침입하지 못한다.

도움말

- (Blaise Pascal: 1623~62) 모든 사람의 불행은 방 안에서 혼자 조용히 앉아 있는 시간
을 가지지 않기 때문에 생긴다.
- 귀신이 실제로 존재하는지는 중요하지 않다. 성경(「누가복음」 11: 36)은 '그러므로
네 속에 있는 빛이 어둡지 아니한가 보라.'고 하였으니, 자신의 잘못을 귀신에게 돌
리지 말고, 자기 마음의 진정한 주인이 되라. 그래서 마음이 바르면 수고롭게 밖에
서 도움을 구할 필요도 없을 것이다.

농사를 지을 때는 잡초를 제거해야 하고, 제자를 교육시킬 때
는 교제를 단속해야 한다.

(種田地須除草艾 敎弟子嚴謹交游 종전지수제초애 교제자엄근교유)

Sow your seeds on land without weeds.
Educate by instilling discipline.

Wisdom and goodness to the vile seem vile;
Filths savour but themselves.

지혜도 미덕도 악인에게는 악이다.
더러운 것은 더러운 것을 좋아한다.

(King Lear 리어왕: 4,2,38)

원문의역

- 제자를 교육시킬 때는 자기 어린 딸을 양육하는 것같이 해야 한다. 외부출입을 엄
  하게 하고 교제를 단속해야 한다.
- 만약 한번 나쁜 사람과 가까워지면 이는 기름진 논밭에 나쁜 씨앗을 뿌리는 것과
  같아 평생 좋은 곡식을 거두기 어렵다.

도움말

- (성경: 「잠언」 13: 20) 지혜로운 자와 동행하면 지혜를 얻고 미련한 자와 사귀면 해
  를 받느니라.
- (于丹 『論語心得』) '집 안에서는 부모님께 의지하고, 밖에 나가면 친구에 의지하라
  (在家靠父母 出外靠朋友).'는 말이 있다. 친구는 사회활동에서 매우 중요하다. 친구
  는 한 권의 책과 같아 친구를 통하여 세계 전체를 열 수 있다(朋友像一本書 通過他
  可以打開整個世界).

040. 어렵다고 피하지 말라

욕망을 향한 길에서는 함부로 손가락을 담그지 말고, 지성을
향한 길에서는 절대 물러서지 말라.

(欲路上勿染指 理路上勿退步 욕로상물염지 이로상물퇴보)

Be guided not by personal agenda, but sincerity.
There is no way back on the principle road.

We are born to do benefits.

우리는 이웃에 이득을 주기 위해 태어났다.

(Timon of Athens 아테네의 타이몬: 1,2,101)

원문의역

- 욕정(desire)의 항아리(pot)에 손가락을 담그지 마라. 한번 욕정을 맛보면 이내 깊은
  구렁텅이에 빠지고 만다.
- 도의(principle)의 길(road)에서는 절대 물러서지 마라. 한 발짝이라도 물러서면 한없
  이 멀어진다.

도움말

- (조지훈) 욕정(欲情)의 길은 가기가 쉬울 뿐 아니라 그 유혹이 꿀보다 더 달다. 그 쉽
  고 달콤함에 반하여 맛보지 말라. 한번 맛보면 만인(萬仞)의 절벽에 떨어진다. 도의
  (道義)의 길은 험하고 그 괴로움이 소태보다 쓰다. 이해하기 어렵고 실행이 어렵다
  하여 그것을 꺼려서 물러서선 안 된다.
- (성경: 「마태복음」 7: 13~14) 좁은 문으로 들어가라. 멸망으로 인도하는 문은 크고
  그 길이 넓어 그리로 들어가는 자가 많고 생명으로 인도하는 문은 좁고 길이 협착하
  여 찾는 자가 적음이라.

지나치게 친절하거나 후덕하지 말고, 지나치게 쌀쌀하거나 무관심해서도 안 된다.

(不流於濃艶 不陷於枯寂 불류어농염 불함어고적)

Be prudent in your daily life:
Do not be overly charming or generous;
Do not be excessively dry or indifferent.

Wisely and slow./ They stumble that run fast.

현명하게, 그리고 천천히. 급히 뛰면 넘어진다.

(Romeo and Juliet 로미오와 줄리엣: 2,3,94)

원문의역

- 인정이 많은 사람은 자신은 물론 남에게도 너무 착하기만 하여 답답하고, 무심한 사람은 남은 물론 자신에게도 도무지 관심을 기울이지 않아 너무 차갑다.
- 그러므로 군자는 평소에 지나치게 화려하거나 친절하지 않고, 또한 지나치게 쌀쌀하거나 무심하지 않도록 신중하게(prudent) 처신한다.

도움말

- (조지훈) 후덕(厚德)은 좋지만 농후(濃厚)가 병이요, 담박(淡泊)은 좋으나 무심(無心)이 병이다. 군자는 항상 즐기고 좋아하되 한곳에 집착하지 않고 편협하지 않는 법이니 지나친 농염과 고적을 취하지 않는 것이다.
- (성경: 「잠언」 4: 27) 좌로나 우로나 치우치지 말고 네 발을 악에서 떠나게 하라.

세상일에 초연하고, 명예와 실리에 얽매이지 않는다.

(超越天地之外 不入名利之中 초월천지지외 불입명리지중)

Give me virtue and integrity over wealth and nobility.

My crown is in my heart, not on my head;

Not decked with diamonds and Indian stones,

Nor to be seen. My crown is called content.

> 내 왕관은 머리 위가 아니라 마음속에 있다.
> 그 왕관에는 다이아몬드와 인도 보석이 없다.
> 그 왕관은 눈에 보이지 않는다.
> 내 왕관은 만족이라는 이름을 갖고 있다.

(Henry VI Part 3 헨리 6세 3부: 3,1,62)

원문의역

■ 상대방이 부유함을 내세우면 인간다움을, 지위를 내세우면 정의를 내보여라. 그러면 권력자도 함부로 하지 못할 것이다.

■ 불굴의 정신(persistency)으로 하늘을 감동시키고 극진한 마음을 지켜라. 그러면 조물주도 이 호연지기(浩然之氣)를 틀에 가두지 못할 것이다.

도움말

■ (『맹자』公孫丑上) 호연지기(浩然之氣)는 지극히 크고 지극히 굳세다. (중략) 이 기운을 올바름으로 길러 해(害)가 없으면 하늘과 땅 사이에 가득 채워진다(我善養吾浩然之氣. … 其爲氣也 至大至剛 以直養而無害 則塞於天地之間).

입신을 위해서는 뜻은 한 단계 높이 세우고, 처세를 위해서는
한 걸음 물러서야 한다.

(立身要高一步 處世須退一步 입신요고일보 처세수퇴일보)

Set wholehearted goals one level higher;
Set worldly ambitions one level lower.

Plead what I will be, not what I have been;
Not my deserts, but what I will deserve.

나의 과거가 아니라, 나의 앞날로서 호소하고,
나의 공적이 아니라, 나의 가치로 승부하라.

(Richard Ⅲ 리차드 3세: 4,4,414)

원문의역

■ 입신(立身)을 위해서는 뜻을 남보다 한 단계 높은 곳에 초연하게 세워야 한다. 먼지
속에서 옷 털고 진흙탕 속에서 발 씻어서야 어찌 초탈할 수 있겠는가?
■ 처세(處世)를 위해서는 남보다 한 걸음 물러서는 겸손과 여유가 있어야 한다. 나
방이 촛불에 타죽고 숫양 뿔이 울타리에 걸리듯이 살아서야 어찌 편안하고 즐겁
겠는가?

도움말

■ (조지훈) 입신출세(立身出世)에는 보통사람보다 한 걸음 높은 곳에 서지 않으면 이
는 마치 티끌 속에서 의복의 먼지를 털고 진흙 속에서 발을 씻음과 같아서, 아무리
털고 씻어도 먼지와 진흙은 더욱 묻을 따름이다. (중략) 입신에는 고매(高邁), 처세에
는 겸양(謙讓) 이것이 초탈안락(超脫安樂)의 비법이다.
■ (『논어』 東仁篇) 군자는 세상일에 대해 자신만이 옳다거나 그르다고 주장하지 않고,
오로지 바른 길을 좇을 뿐이다(無適也 無莫也 義之與比).

044. 헛된 공명심을 버려라

수양을 할 때는 공명심을 버리고, 배울 때는 마음을 집중해야 한다.

(修德須忘功名 讀書定要深心 수덕수망공명 독서정요심심)

Forget fame and fortune when cultivating virtue;
Focus on studying when learning.

A golden mind stoops not to shows of dross.

훌륭한 사람은 가치 없는 일에 몸을 굽히지 않는다.

(Merchant of Venice 베니스의 상인: 2,7,20)

원문의역

- 학문을 하는 자는 온 정신과 에너지를 마음 한곳에 모아야 한다.
- 만일 덕을 쌓으면서 자신의 사업이나 명예를 생각하면 소용이 없다.
- 만일 책을 읽을 때 읊조림(recitation)이나 최근 유행(stylishness)에 신경을 쓰면 마음
으로 이해하지 못한다.

도움말

- (乙力) 책 읽는 산에는 길이 있으니 늘 책을 가까이 하는 부지런함이 지름길이고, 배
움의 바다에는 끝이 없으니 오로지 뼈를 깎는 고통으로 배를 만들어야 한다(書山有
路勤爲徑 學海无涯苦作舟).
- (『논어』 學而篇) 배우고 때로 익히니 또한 기쁘지 않겠는가? 벗이 멀리서 찾아오니
또한 즐겁지 않겠는가? 남이 나를 알아주지 않아도 섭섭하지 않으니 또한 군자가
아니겠는가(學而時習之 不亦說乎? 有朋自遠方來 不亦樂乎? 人不知而不慍 不亦君
子乎)?

참된 길과 거짓된 길은 단지 마음먹기에 달렸다.

(眞僞之道 只在一念 진위지도 지재일념)

All men have the capacity for great benevolence;
There is a thin line between virtuous and dishonest choices.

While you live, tell the truth and shame the devil!
살아있는 동안 진실을 말하고 악을 저주하라!

(Henry Ⅳ Part 1 헨리 4세 1부: 3,1,61)

원문의역

- 사람은 누구나 태어나면서부터 선량한 자비심을 지니고 있다. 성자(sage)와 망나니 (executioner)도 서로 다른 심성(two nature)을 가지고 있지 않다.
- 어디든지 곳곳에 나름대로의 숨은 멋과 참된 즐거움이 있다. 호화주택도 누추한 초 가집도 모두 같은 땅 위에 지어진 것이다.
- 자신의 욕심에 눈이 멀어 동정심을 잃게 되면, 자비심과 사랑(mercy and compassion) 도 멀리 사라져버린다.

도움말

- (『맹자』) 사람은 누구나 인(仁: 惻隱之心), 의(義: 是非之心), 예(禮: 辭讓之心), 지(智: 羞惡之心)의 양심(良心)을 지니고 있다. 인의예지(仁義禮智) 사단(四端)은 하늘이 우리 모두에게 내려준 선한 마음이다. 매사에 감사하고, 만족할 줄 알고, 그리고 사랑하라! 그러면 비록 초가집에 살아도 마음은 늘 기쁨으로 충만할 것이다.
- (성경: 「야고보서」 4: 17) 그러므로 사람이 선을 행할 줄 알고도 행하지 아니하면 죄니라.

046. 목석같이 구름처럼 살아라

도(道)를 닦는 자는 목석같은 마음을 가지고, 정치를 하는 자는 구름과 바람의 멋을 가져야 한다.

(道者應有木石心 名相須具雲水趣 도자응유목석심 명상수구운수취)

Be unassuming like wood or stone when cultivating virtue;
Be selfless like the clouds or water when serving the public.

That which ordinary men are fit for, I am qualified in,
and the best of me is diligence.

보통 인간이 할 수 있는 일이면 무엇이든 합니다.
저의 장점은 부지런하다는 것입니다.

(King Lear 리어왕: 1,4,34)

───────────✦───────────

원문의역

■ 덕(德)을 쌓고 심성을 닦을 때는 나무나 돌을 본받아야 한다. 일단 다른 부귀영화를 부러워하면 이내 물욕의 세계에 빠지게 된다.

■ 공무(公務)를 수행할 때는 구름이나 물을 본받아야 한다. 일단 무엇을 갖고 싶은 욕심이 생기면 이내 위험에 처하게 된다.

도움말

■ 부귀에 대한 유혹은 사람을 탐욕스럽게 만들고, 권력에 대한 유혹은 사람을 부패시킨다. 따라서 심신을 수양하든 공무를 수행하든, 사람은 누구나 외부 유혹에 흔들리지 않는 깨끗하고 굳은 신념을 가져야 한다. 목석처럼 견고한 의지를 가지고 명리와 지위를 뜬구름과 흐르는 물처럼 여겨야 한다. 그래야만 유혹의 물결에 휩쓸리지 않아 물욕의 세계에 떨어지지 않고 신상의 위험도 면할 수 있다.

선한 사람은 조화를 잘 이루고, 악한 자는 살기(殺氣)가 등등하다.

(善人和氣一團 惡人殺氣騰騰 선인화기일단 악인살기등등)

The righteous emit warmth at all times;

The evil are filled with insidious intent.

But wherefore do you droop? Why look you sad?

Be great in act as you have been in thought.

왜 소침한가? 왜 슬퍼 보이나? 마음먹었듯이 용감하게 행동하라.

(King Lear 리어왕: 5,1,44)

원문의역

■ 선한 사람(good men)은 평소의 몸가짐이 온화할 뿐 아니라 심지어 꿈속의 영혼조차 도 평화롭다.

■ 악한 사람(bad men)은 하는 짓거리가 사나울 뿐 아니라 심지어 노랫소리와 웃음에 도 흉악한 기운이 가득하다.

도움말

■ (안길환) 갓난아이의 잠든 모습은 마냥 평화로워 보인다. 악이 스며들지 않았기 때 문이다. 사람은 누구나 양심의 가책을 받을 행위를 저질렀을 경우, 그 정신과 영혼 에 타격을 입어서 숙면(熟眠)조차 취하지 못한다. 또한 불안과 긴장 속에 살게 되기 때문에, 제아무리 평온을 가장하려 해도 그 사람의 태도와 표정에 본심이 나타나기 마련이다.

■ (乙力) 꼼꼼히 살펴 친구를 사귀어야 한다. 좋은 벗은 훌륭한 스승이 곁에 있는 것과 같지만, 나쁜 친구는 흉악한 호랑이와 늑대를 곁에 두는 것과 같다(益友猶如良師在 側 惡友如伴惡虎凶狼).

048. 숨어서 죄짓지 말라

허물 드러나는 것이 싫다면 어두운 곳에서 죄를 짓지 말라.

(欲無禍於昭昭 勿得罪於冥冥 욕무화어소소 물득죄어명명)

If you do not want your misdeeds exposed,
Do not commit them when no one is looking.

O, my offense is rank, it smells to heaven.
아, 나의 죄는 썩어서 악취가 하늘에 닿는구나.

(Hamlet 햄릿: 3,3,36)

원문의역

- 간이 나쁘면 눈이 잘 보이지 않고, 콩팥이 나쁘면 귀가 잘 들리지 않는다.
- 병은 보이지 않는 몸속에서 생겨 결국 남이 볼 수 있는 곳에 나타난다.
- 따라서 군자는 자신의 잘못이 외부에 알려지는 것을 원치 않기 때문에, 우선 남이 보지 않는 곳에서부터 잘못을 저지르지 않는다.

도움말

- 혼자 있을 때 도리에 어긋남이 없도록 언동을 조심해야 한다. 남들이 보지 않고 듣지 않는다고 나쁜 일을 해서는 안 된다. 하늘이 내려보고, 여호와의 눈이 감찰하고 있다. 신독공부(愼獨功夫)를 하라. 중국 한나라 육가(陸賈)는 '천하에 큰 공덕을 세울 사람은 반드시 먼저 안방에서 수양되어 나온다(建大功於天下者 必先修於閨門之內 漢)'고 하였다.
- (성경: 「잠언」 15: 3) 여호와의 눈은 어디서든지 악인과 선인을 감찰하시느니라.
- (『황제내경』 陰陽應象大論) 노여움은 간을, 기쁨은 심장을, 사려는 비장을, 근심은 폐를, 그리고 두려움은 콩팥을 상하게 한다.

걱정이 많으면 화(禍)를 부르고, 일을 간소히 하면 복이 찾아온다.

(多心招禍 少事爲福 다심초화 소사위복)

Nothing is happier than an uncomplicated existence;
Nothing is unhappier than a worry-filled life.

I earn that I eat, get that I wear,
Owe no man hate, envy no man's happiness,
Glad of other men's good, content with my harm.

내가 벌어서 먹고, 옷을 사 입고,
남의 미움 사지 않고, 남의 행복 부러워 않고,
남 잘 되는 것 시기하지 않고, 내 괴로움은 껴안고 산다.

(As You Like It 당신이 좋으실 대로: 3,2,73)

원문의역

■ 일이 적은 것보다 더 큰 복이 없고, 마음 쓸 일이 많은 것보다 더 큰 불행은 없다.

■ 일에 많이 시달려 본 사람은 안다, 일이 적은 것이 정말로 복이라는 것을! 마음이 편안한 사람은 안다, 마음 쓸 일이 많은 것이 재앙임을!

도움말

■ 일이 많다는 것(多事)은 고생의 원천이고, 마음을 많이 쓰는 것(多心)은 말다툼의 뿌리이다. 따라서 일과 마음 씀은 적어야 행복하다.

■ (『노자』 20장) 배움을 멈추면 근심이 없어진다. 다른 사람들은 많이 가져 여유가 있는데 나만 홀로 없는 것 같다. 정말 바보같이! 다른 사람은 무언가 해내려고 하는데 나는 그저 주어진 것만 받아들인다. 적게 벌어 적게 쓰니 나만 홀로 바보같이 보인다(絶學無憂. 衆人皆有餘 而我獨若遺 我愚人之心也哉! 衆人有以 而我獨頑似鄙).

처세할 때는 강직함과 유연함을, 타인을 대함에 있어서는 관대함과 유연함을 적절히 활용해야 한다.

(方圓處世 寬嚴待人 방원처세 관엄대인)

Be strong or supple, depending on the situation;
Be kind or strict, depending on the other person.

There is no virtue like necessity.
필요에 응하는 것이 미덕이다.

(Richard II 리차드 2세: 1,3,278)

원문의역

■ 세상이 태평할 땐 곧게(uprightly), 어지러울 땐 원만하게(flexibly) 살아야 하지만, 세상이 기울 땐 곧으면서도 원만하게 처신해야 한다.
■ 착한 사람은 너그럽게(generous), 몹쓸 사람은 엄격하게(severe) 대하여야 하지만, 일반적으로는 너그러우면서도 엄격함을 적절히 아울러야 한다.

도움말

■ (조지훈) 평화한 시대에는 몸가짐을 마땅히 모나게 할 것이요, 어지러운 세상에는 둥글게 살 것이며, 말세에는 마땅히 모날 때는 모나고 둥글 때는 둥글어 물이 그릇을 따르듯 해야 한다. 착한 사람을 대함에는 너그러워야 하고, 몹쓸 사람 대함에는 엄해야 하며, 범상(凡常)한 사람들을 대할 때는 너그러움과 엄격함을 아울러 써야 하나니 그 자리와 곳을 따라서 바꿔야 한다.

타인에게 베푼 일은 잊되 나의 과오는 잊지 말며, 타인에 대한 원한은 잊되 은혜는 잊지 말라.

(忘功不忘過 忘怨不忘恩 망공불망과 망원불망은)

Forget the service you've done for others, not your wrong-doings;
Forget the offenses others have done unto you, not their kindness.

Freeze, freeze, thou bitter sky,
Thou dost not bite so nigh/ As benefits forgot.

불어라, 불어라, 겨울바람아,
네가 아무리 쌀쌀 맞은들 은혜를 저버린 사람만 하겠느냐.

(As You Like It 당신이 좋으실 대로: 2,7,184)

원문의역

- 남에게 잘한 일은 잊어버리고, 내가 잘못한 일은 마음 깊이 새겨두어라.
- 남이 나에게 베푼 은혜는 잊지 말고, 남에 대한 원망은 잊어버려라.

도움말

- (조지훈) 내가 만일 타인에게 공로(功勞)가 있으면 그것을 염두에 두어 보수(報酬)가 있기를 바라지 말 것이지만, 이와 반대로 내가 타인에게 과실이 있거든 항상 이를 염두에 두어 언제든지 그 잘못을 갚도록 힘쓰지 않으면 안 된다. (중략) 항상 자기를 다스림에 엄격하고 남을 대함에는 관대해야 한다는 말이다.
- (불교:『金剛經』4分) 보살은 그 물건에 대한 형상에 머물지 않고 보시해야 한다. 그러면 그 복덕은 헤아릴 수 없을 만큼 클 것이다(Bodhisattvas should give a gift without being attached to the perception of an object. The body of their merit is not easy to measure).

베풀 때는 대가를 바라지 말라. 대가를 바라면 공덕이 없다.

(施不求報 求報無功 시불구보 구보무공)

If you do not ask for anything in return, even an insignificant deed will be met with gratitude;

If you have ulterior motives, even great deeds will be met with scorn.

The eyes sees not itself/ But by reflection, by some other things.

자기 눈은 자신을 볼 수 없다. 다른 사물을 통해 반영된다.

(Julius Caesar 줄리어스 시저: 1,2,52)

원문의역

■ 은혜를 베풀 때 속으로 자신을 생각지 않고 밖으로 남에게 드러내지 않아야 한다. 그래야 한 줌의 좁쌀(millet)도 큰 은혜가 된다.

■ 만약 베풀 때 준 것을 따지면서 남이 갚기를 바란다면, 아무리 많은 재물을 주어도 한 푼어치의 공덕조차 이루기 어렵다.

도움말

■ (불교: 『法句經』忿怒品) 진실만을 말하고, 남에게 화내지 말며, 가진 것이 부족해도 어려운 사람에게 베풀고 보답을 구하지 마라. 이 세 가지를 지키면 죽어서도 하늘나라에 다시 태어난다(不欺不怒 意不求多 如是三事 死則生天: One should utter the truth. One should not be angry. One should give even from a scanty store to him who asks. Along these three paths one may go to the presence of the gods).

■ (『명심보감』 存心篇) 은혜를 베풀 때 그 보답을 바라지 말고, 남에게 줄 때 후에 뉘우쳐 아깝다 여기지 말라(施恩勿求報 與人勿追悔).

자기 처지라 생각하고 남의 형편을 헤아리는 것이 최선의 길이다.

(推己及人 方便法門 추기급인 방편법문)

When helping others, put yourself in their shoes.

We wound our modesty, and make foul the clearness
of our deservings, when of ourselves we publish them.

우리들 스스로 자신의 업적을 나열하는 것은 겸손함을 해치고
우리들의 깨끗한 공적을 더럽히는 일이 된다.

(All's Well That Ends Well 끝이 좋으면 다 좋다: 1,3,5)

원문의역

■ 사람마다 생각과 형편이 다른데 어떻게 혼자만 옳다고 하느냐?

■ 내 마음도 때로는 사리에 어긋날 수 있는데 어떻게 남에게 사리에 맞게만 처신하라
고 하겠느냐?

■ 상대방의 처지를 헤아려 균형을 유지하는 것이 세상을 사는 방법이다.

도움말

■ 자기 마음대로 남을 훈련시킬 수 없고, 모든 사람이 어느 때든 똑같은 반응을 보일
것으로 기대할 수도 없다. 이때 나와 상대방의 입장을 바꾸어 놓고 생각해 보면(易
地思之) 보다 올바른 판단을 할 수 있을 것이다.

■ (『노자』 22장) 자신을 내세우지 않으면 더 빛나고, 자신만 옳다고 하지 않으면 더 명
확하고, 자신을 자랑하지 않으면 목적을 이룰 수 있고, 다투지 않으면 세상에 싸울
상대가 없다(不自見 故明, 不自是 故彰, 不自伐 故有功, 不自矜 故長, 夫唯不爭 故天
下莫能與之爭).

054. 배움보다 사람됨이 먼저다

악한 자가 배움을 가지면 악행을 저지르는 데 악용한다.

(惡人讀書 適以濟惡 악인독서 적이제악)

The selfish will quote great words to further their greed.

He was a scholar, and a ripe ad good one;
Exceeding wise, fair-spoken, and persuading.

그는 학자입니다. 지식이 풍부하고, 성품이 좋으신 분입니다.
그지없이 현명하고, 부드러운 말씨에 설득력이 있습니다.

(Henry VIII 헨리 8세: 4,2,51)

원문의역

- 마음의 바탕이 깨끗해야 비로소 옛 성현들의 좋은 글을 배울 수 있다.
- 나쁜 마음을 가진 사람은 선행을 보면 이것을 자신의 욕심을 채우는 데 악용하고, 착한 말을 들으면 이것을 자신의 단점을 덮어 감추는 데 이용할 것이다.
- 이것은 마치 적에게 무기를 빌려주고, 도둑에게 양식을 바치는 것과 같다.

도움말

- (조지훈) 입으로 학문을 설(說)하면서도 하나도 실천함이 없으면 말로만 참선하는 앵무지배(鸚鵡之輩)가 될 것이다. 뜻을 세우고도 덕을 심을 줄 모르는 이는 눈앞에 어지러이 피고 지는 공화(空花)가 되리라. 두려울 진저, 인생 공부여!
- (Aitken/ Kwok) 이기적인 사람으로부터는 어떤 선행도 기대할 수 없다. 그들은 남을 난처하게 하게 만들기 위하여 좋은 문장을 인용하게 될 것이다(However, those who are secretly selfish can't be expected to do a single virtuous deed. They will quote virtuous words to make false points).

검소하고 청렴하게, 그리고 우둔하고 진실하게 삶을 살라.

(崇儉養廉 守拙全眞 숭검양렴 수졸전진)

Live frugally and humbly;
Live simply and thus, truthfully.

The fool doth think he is wise,

but the wise man knows himself to be a fool.

바보는 자신이 현인(賢人)이라 생각한다.
현인은 자신이 바보라고 생각한다.

(As You Like It 당신이 좋으실 대로: 5,1,30)

원문의역

- 헤프게 쓰면 아무리 돈이 많아도 항상 부족하다. 사치하는 사람보다 가난한 생활조차도 과분(more than necessary)하게 생각하는 청빈한 사람이 낫다.
- 재주가 많으면 애써 수고하고도 남의 원망을 산다. 유능한 사람보다는 여유로움(leisure)을 온전한 삶으로 받아들이는 서투른 사람이 낫다.

도움말

- (乙力) 만족을 알고 항상 즐겁고, 평범한 것이 좋은 생활이다(知足常樂 平凡是眞). 종종 욕망이 커지면 고통도 그만큼 커진다.
- (조지훈) 사치에는 한도가 없으니 사치하려고 들면 어떠한 부자라도 밤낮 모자랄 것이다. 검소한 사람이 가난하면서 항상 유여(有餘)한 것과 어느 것이 낫겠는가. 위만 쳐다보고 살면 마음 족할 날이 하루도 없을 것이다. 일은 아무리 잘 해도 한 가지만 어긋나면 백공(百功)이 모두 원(怨)으로 바뀌는 법이다.

배운 것은 몸소 실천해야 하고, 사업을 할 때는 공덕을 베풀어야 한다.

(學尚躬行 立業種德 학상궁행 입업종덕)

Study to become a sage; Teach to become a role model;
Serve people with love; Work to build character.

Suit the action to the word, the word to the action.

말을 하면 행동하라. 행동은 말에 충실하라.

(Hamlet 햄릿: 3,2,17)

원문의역

■ 공부하는 사람은 성현들의 지혜를 깨달아야 한다. 그렇지 않으면 남의 글이나 베껴 쓰는 필경사(scribe)이다.

■ 국가를 위해 일하는 공직자는 백성을 사랑해야 한다. 그렇지 않으면 관복 입은 도둑놈이다.

■ 학문을 가르치는 스승은 가르치는 것을 몸소 실천해야 한다. 그렇지 않으면 입으로만 참선하는 위선자이다.

■ 사업을 시작하는 사람은 공덕을 베풀 생각을 해야 한다. 그렇지 않으면 잠깐 피었다 지는 꽃처럼 덧없는 것이 될 뿐이다.

도움말

■ 맹자는 '책에 기록된 것을 모두 믿으면 책이 없는 편이 낫다. 서경(書經)도 믿을만한 구석은 20~30%에 지나지 않는다.'고 하였고, 공자(子路篇)는 '말을 하면 반드시 실행에 옮기고, 실행에 옮기면 반드시 성과를 거두어야 한다(言必行 行必果)'고 가르쳤다.

■ (성경: 「요한일서」 3: 16) 자녀들아 우리가 말과 혀로만 사랑하지 말고 행함과 진실함으로 하자.

마음속에 있는 좋은 글을 읽고, 책 속에 있는 오묘한 진리의 소
리를 들어라.

(讀心中之名文 聽本眞之妙 독심중지명문 청본진지묘)

Read the literature from your soul;
Listen to the profound truth from your heart.

The devil can cite Scripture for his purpose.
악마는 자신의 목적을 위해 성경을 인용한다.

(The Merchant of Venice 베니스의 상인: 1,3,98)

원문의역

- 사람마다 마음속에 한 편의 참된 문장(true literature)이 있다. 그러나 낡은 책 속의 몇 마디 때문에 모두 갇혀 버린다.
- 사람마다 가슴속에 한 가락의 참된 음악(true music)이 있다. 그러나 세상의 유혹적인 노래와 요염한 춤 속에 모두 묻혀 버린다.
- 그러므로 외부 사물의 유혹을 쓸어내고 본래의 마음을 찾아라. 그래야 비로소 자신의 진면목(authenticity)을 붙잡을 수 있다.

도움말

- (조지훈) 먼저 너 스스로의 가슴속에 있는 참 문장을 읽으라. 그리고 너의 가슴속에서 울려나오는 참 음악을 들어라. 그 문장과 그 음악을 보고 듣기 위해서 너는 모름지기 외물(外物)을 쓸어내고 바로 본래 마음자리로 직입(直入)하라. 거기에 크나큰 빛이 있으리라.

고통 속에 기쁨이 있고, 즐거움 속에 괴로움이 있다.

(苦中有樂 樂中有苦 고중유락 낙중유고)

In the midst of suffering, happiness comes;
In the midst of joy, sadness springs.

Affliction may one day smile again,
and till then sit thee down, sorrow!

슬픔은 어느 날 웃음이 될 것이다.
그때까지 슬픔이여 가만히 있어라!

(Love's Labor's Lost 사랑의 헛수고: 1,1,309)

원문의역

- 역경 중에도 마음을 기쁘게 하는 여유를 가질 수 있고,
- 뜻대로 잘 되다가도 이따금 자신을 실망시키는 슬픔이 생겨날 수 있다.

도움말

- (성경: 「로마서」 8: 18) 생각하건대 현재의 고난은 장차 우리에게 나타날 영광과 비교할 수 없도다.
- (팝송─〈Why Worry〉) 왜 걱정하나요? 고통 뒤에 웃음이 있고, 비 온 뒤엔 햇살이 비칩니다. 지금까지 늘 그래 왔는데, 왜 지금 와서 걱정하나요?(Why worry? There should be laughter after the pain. There should be sunshine after rain. These things have always been the same. So why worry now?)
- (『주역』 繫辭傳下) 양괘(陽卦)에는 음(陰)이 많고, 음괘(陰卦)에는 양(陽)이 많다. 그 까닭이 무엇인가? 손(損)은 먼저는 어렵지만 나중에는 쉽고, 익(益)은 자라서 여유롭지만 억지로 지속시킬 수 없다.

부귀와 명예는 도덕에 뿌리를 내려야 한다.

(富貴名譽 植根道德 부귀명예 식근도덕)

As a flower in a vase withers,
Wealth and glory without virtue are short-lived.

Fair flowers that are not gathered in their prime
Rot and consume themselves in little time.

한창 때 잘 보살피고 따지 않으면,
아름다운 꽃은 곧 썩어서 시들어버린다.

(Venus and Adonis 비너스와 아도니스: 129)

원문의역

■ 도덕적으로(ethically) 얻은 부귀와 명예는 마치 산속 수풀 속에 핀 들꽃과 같이 자연스럽게(naturally) 자라나 번성한다.

■ 인위적으로(artificially) 얻은 부귀와 명예는 마치 꽃밭 화분에 심은 꽃과 같이 이리저리 옮겨져 피기도 하고 시들기도 한다.

■ 힘으로(forcibly) 얻은 부귀와 명예는 마치 꽃병에 꽂아둔 꽃과 같이 뿌리가 없어 오로지 시들기만 기다린다.

도움말

■ (乙力) 옛사람들이 인생을 이야기할 때 우선 덕(德)을 세우고 그 다음에 공(功)을 세우라 하였다. 도덕적 역량에 의지하여 얻은 사회적 지위는 오래 유지되고, 힘든 노력으로 모은 재물이라야 잘 보존할 수 있다. 쉽게 얻은 횡재에는 큰 재앙이 따르고, 거짓 영예는 곧 드러난다. 부귀영화란 한 점씩(一點) 한 방울씩(一滴) 쌓여야 하는 것이다.

사람은 죽어 이름을 남기고, 표범은 죽어 가죽을 남긴다.

(人死留名 豹死留皮 인사유명 표사유피)

People leave their names;
Leopards leave their skins.

What pleasure, sir, find we in life, to lock it
From action and adventure?

만약에 행동과 모험이 없는 인생을 보낸다면
우리는 어떤 기쁨을 인생에서 찾을 수 있는가?

(Cymbeline 심벌린: 4,4,2)

원문의역

- 봄이 되니 꽃들은 아름답게 피어나고, 새들은 고운 노래를 지저귄다.
- 운 좋게 출세해서 편하게 살면서도, 남들에게 좋은 일을 하지 않는다면 비록 백년을 산다고 해도 하루도 못 산 것과 같을 것이다.

도움말

- 항구에 정박해 있는 배는 안전하지만 그것이 배를 만든 목적이 아니다(A ship in harbour is safe, but that is not what ships are built for-William Shedd). 우리가 인간으로 이 세상에 태어난 것도 편하게 살다 가는 것이 아닐 것이다. 항구에 머무르지 말고 멋지고 보람 있는 항해(航海)를 하여 이 세상에 발자국을 남겨라. 계절도, 꽃도, 새들도 모두 봄을 만나니 나름대로 좋은 일을 하는데, 인간으로서 어찌 일생을 허송하려는가?
- (Abraham Joshua Heschel) 삶 자체를 초월하는 목표를 추구하지 않고 타인에게 도움이 되지 않는다면 그 삶은 의미가 없다(Life is not meaningful … unless it is serving an end beyond itself; unless it is of value to someone else).

관대함과 엄격함을 겸비하되 어느 한쪽에 치우치지 말라.

(寬嚴得宜 勿偏一方 관엄득의 물편일방)

Balance tolerance and sternness;
Harmonize reservation and freeness.

We do pray for mercy,
And that same prayer doth teach us all
to render the deeds of mercy.

우리는 자비를 베풀어 달라고 기도한다,
그 기도는 자비로운 행동을 가르칠 것이다.

(The Merchant of Venice 베니스의 상인: 4,1,199)

원문의역

- 배우는 사람은 항상 조심하면서도, 따뜻하고 서글서글한 취향도 함께 지녀야 한다.
- 만약 너무 청렴결백하여 차갑기만 하면(秋殺) 만물을 길러 꽃을 피우고 세상을 구제할 수 없다. 그러므로 사람은 만물을 소생시키는 따뜻한 봄기운(春生)도 함께 지녀야 한다.

도움말

- (『노자』 28장) 강함(秋殺)을 알고 동시에 부드러움(春生)을 지켜 세상의 계곡이 되라. 세상의 계곡이 되어야 낮은 곳으로 임하는 하늘의 뜻이 함께 하니 하느님의 갓난아이가 된다(知其雄 守其雌 爲天下溪, 爲天下溪 常德不離 復歸於嬰兒).
- (성경: 「마태복음」 18: 3) 이르시되 진실로 너희에게 이르노니 너희가 돌이켜 어린 아이들과 같이 되지 아니 하면 결코 천국에 들어가지 못하리라.

매우 지혜로운 사람은 어리석한 바보처럼 보이고, 재주가 뛰어
난 자는 어쩐지 서툴러 보인다.

(大智若愚 大巧似拙 대지약우 대교사졸)

Great wisdom appears foolish;
Fine skill looks clumsy.

The world is still deceived with ornament.

세상은 아직도 겉모습 치장에 속고 있다.

(The Merchant of Venice 베니스의 상인: 2,2,611)

원문의역

- 정직하다고 알려진 사람은 참으로 정직한 사람이 아니다. 왜냐하면 이러한 명성 (reputation)이 바로 이름을 드러내려는 욕심의 소산이기 때문이다.
- 빼어난 솜씨에는 능숙한 기교(clever devices)가 없다. 왜냐하면 이러한 솜씨가 바로 서투른 기교를 사용하는 것이기 때문이다.

도움말

- (『노자』 45장) 진정 완벽한 것은 모자라 보이고, 가득 찬 것은 텅 비어 보이고, 완전히 곧은 것은 굽은 듯하고, 빼어난 솜씨는 어리석은 듯하고, 훌륭한 웅변은 어눌한 듯하다(大成若缺 其用不弊, 大盈若沖 其用不窮. 大直若屈, 大巧若拙, 大辯若訥).
- (Wayne W. Dyer) 새로운 눈으로 세상을 보라. 겉으로 보이는 것으로 평가하지 마라. 노자는 이제 더 이상 에고가 지배하는 문화를 통해 바라보기를 멈추라고 요구한다. 그 대신 모든 것의 내면에 존재하는 고요하고, 평온한, 그 보이지 않는 공간에 주목하라고 이른다.

겸손하면 이익을 얻고, 가득 채우면 손해를 부른다.

(謙虛受益 滿盈招損 겸허수익 만영초손)

Humility brings gains, fullness losses;
Be content with lack.

Make less thy body hence and more thy grace.
몸을 줄이고 덕을 쌓아라.

(Henry Ⅳ Part 2 헨리 4세 2부: 5,5,52)

원문의역

■ 반쯤 차야 바로 서 있는 기기(攲器) 물그릇은 가득 차면 쓰러지고, 가득 차면 깨트려지는 박만(撲滿) 저금통은 속이 비어 있을 때 되레 온전하다.

■ 그러므로 군자는 무엇을 채우기보다는 불필요한 것은 모두 버리고, 완벽함(completeness)을 추구하기보다는 오히려 모자란 상태(lack)에 만족한다.

도움말

■ (법정스님) 크게 버리는 사람만이 크게 얻을 수 있다는 말이 있다. 아무것도 갖지 않을 때에 비로소 온 세상을 다 가질 수 있다는 것은 무소유(無所有)의 또 다른 의미이다. 먼 길을 가려면 짐이 가벼워야 합니다.

■ (Steve Jobs) 최고의 부자로 무덤에 가는 건 내게 중요하지 않다. (중략) 잠들기 전에 오늘 무언가 중요한 걸 했다고 말할 수 있는 것이 중요하다(Being the richest man in the cemetery doesn't matter to me. Going to bed at night saying we've done something wonderful-that's what matters to me).

■ (『주역』 謙卦) 군자는 너무 많은 것은 덜고, 너무 적은 것은 보탠다. 또한 물건의 양을 저울질하여 고르게 분배한다(The noble man lessons what is too much and increase what is too little; he weighs the amounts of things and makes their distribution even).

명예와 재물은 모두 속된 것이 되고, 의지와 기개도 결국 부질
없는 것이 되고 만다.

(名利總墮庸俗 意氣終歸剩技 명리총타용속 의기종귀잉기)

Transcend your desire for fame and glory.

He's sudden if a thing comes in his head.

그는 생각이 떠오르면 즉시 행동에 옮긴다.

(Henry VI Part 3 헨리 6세 3부: 5,5,8)

원문의역

■ 명리(名利)를 탐하는 생각을 버려라. 그렇지 않으면 겉으로 제아무리 큰 재물을 가
벼이 여기고 소박한 음식에 만족한다고 해도 실상은 여전히 욕심을 부리고 있는 것
이다.

■ 쓸데없이 객기(客氣)를 부리지 마라. 그렇지 않으면 제아무리 온누리에 은혜를 베
풀고 많은 이익을 준다고 해도 결국은 쓸모없는 재주를 부리고 있는 것이다.

도움말

■ 오늘날 우리 사회는 일의 동기나 진행과정을 무시하고 오로지 결과만을, 그것도 눈
에 띄는 물질적 성과만을 평가하는 경향이 짙다. 결과만 보지 말고 일을 시작하게
된 동기와 중간과정, 주변상황 등도 함께 평가하여야 한다. 불순한 동기를 가진 사
람은 상황이 바뀌면 어떻게 변할는지 도저히 알 수가 없다.

■ (성경: 「고린도전서」 3: 18) 아무도 자신을 속이지 말라. 너희 중에 누구든지 이 세
상에서 지혜 있는 줄 생각하거든 어리석은 자가 되라. 그리하여야 지혜로운 자가
되리라.

마음의 바탕이 밝아야 생각이 어두워지지 않는다.

(心地須要光明 念頭不可暗昧 심지수요광명 염두불가암매)

Keep your heart bright;
Doing so keeps dark thoughts away.

The jewel that we find, we stoop and take it
Because we see it; but what we do not see
We tread upon and never think of it.

보석을 발견하면 우리는 허리를 굽혀 줍는다.
왜냐하면 보았기 때문이다. 그러나 우리가
못 보면, 그냥 밟고 지나가고 잊어버린다.

(Measure for Measure 자에는 자로: 2,1,24)

원문의역

■ 마음 바탕이 밝으면 어두운 방 안에서도 희망의 푸른 하늘을 볼 수 있다.
■ 그러나 생각이 어둡고 우매하면 밝은 대낮에도 도깨비가 나타난다.

도움말

■ 하늘을 우러러 한 점 부끄럼이 없는 양심으로 살아간다면 하늘에서 천둥 번개가 몰아쳐도, 한밤중에 귀신이 문을 두드려도 조금도 무섭지 않을 것이다. 늘 몸가짐을 바르게 하고 도의에 맞게 당당하게 행동하라. 그러면 남들이 무어라 비판해도 내가 개의(介意)할 바가 아니다.
■ (윤동주 「序詩」) 죽는 날까지 하늘을 우러러/ 한 점 부끄럼이 없기를,/ 잎새에 이는 바람에도/ 나는 괴로워했다. 별을 노래하는 마음으로/ 모든 죽어가는 것을 사랑해야지/ 그리고 나한테 주어진 길을/ 걸어가야겠다. 오늘 밤에도 별이 바람에 스치운다.

066. 걱정 위한 걱정은 말라

영달을 부러워 말고, 배고픔을 걱정하지 말라.

(勿羨貴顯 勿慮饑餓 물선귀현 물려기아)

Even the poorest life has its enjoyments;
True joy is in spite of poverty, cold and hunger.

Care is no cure, but rather corrosive.
For things that are not to be remedied.

근심 · 걱정은 치유가 아니라 파멸이다.
그것은 고칠 수 없는 것이기 때문이다.

(Henry Ⅵ Part 1 헨리 6세 1부: 3,3,3)

원문의역

- 이름도 관직도 없는 평범한 삶이 참된 즐거움이다. 그런데 세상 사람들은 명예와 높은 지위만이 즐거움인 줄 안다.
- '걱정을 위한 걱정'이 큰 걱정이다. 그런데 세상 사람들은 배고프고 추운 것만이 걱정인 줄 안다.

도움말

- (성경: 「마태복음」 6: 30~31) 오늘 있다가 내일 아궁이에 던져지는 들풀도 하나님이 이렇게 입히시거늘 하물며 너희일까 보냐. 믿음이 작은 자들아 그러므로 염려하여 이르기를 무엇을 먹을까 무엇을 마실까 무엇을 입을까 하지 말라.
- (법정스님, 『산에는 꽃이 피네』) 우리가 선택한 맑은 가난은 부(富)보다 훨씬 값지고 고귀한 것이다.

악행은 숨길수록 그 과오가 커지고, 선행은 드러낼수록 그 공덕이 작아진다.

(陰惡之惡大 顯善之善小 음악지악대 현선지선소)

Remorse mitigates sin;
Humility illuminates good.

The raven chides blackness.

까마귀는 남들이 검다고 야단이다.

(Troilus and Cressida 트로일러스와 크레시다: 2,3,211)

원문의역

■ 나쁜 짓을 하면 남이 알까 두려워한다. 그러나 남이 아는 것이 착한 일을 하는 데 오히려 도움이 된다.
■ 착한 일을 하면 남이 알아주기를 바란다. 그러나 알아주기 바라는 마음이 바로 나쁜 행동의 뿌리이다.

도움말

■ 누구에게나 양심이 있듯이 누구에게나 이기심(ego)이 있다. 군자라고 해서 이기심이 아주 없지는 않다. 그러나 군자는 나와 남을 둘로 보지 않고(自他不二) 선행을 하고 이것이 악의 뿌리가 되지 않도록 한다. 좋을 일을 하고 그 선행을 자기선전의 도구로 삼는 것은 거짓군자(僞君子)의 위선으로 악행의 뿌리이자 악인들의 온상이다. 혹시 자신의 행동이 위선(僞善)이 아닌지 늘 살펴보아라.
■ (『맹자』) 누구에게나 부끄러운 마음(羞惡之心)이 있다. 사람은 잘못을 저지르면 마음속으로 그 잘못을 자각하면서 혹시 남이 알까 두려워하고 그것이 개사귀정(改邪歸正)의 계기가 된다. 나쁜 짓을 하고도 부끄러움을 모르는 후안무치(厚顔無恥)는 구제불능이다.

군자는 편할 때 위기에 대비하며, 하늘도 그러한 재주를 어찌
하지 못한다.

(君子居安思危 天亦無用其伎 군자거안사위 천역무용기기)

As the noble man is not complacent in times of peace,
Even Heaven cannot threaten the prepared with its worst wrath.

What cannot be avoided,
Twere childish weakness to lament or fear.

어쩔 수 없다고 일을 개탄하며
두려워하는 것은 어린이 같은 투정이다.

(Henry VI Part 3 헨리 6세 3부: 5,4,37)

원문의역

■ 하늘의 뜻은 아무도 예측할 수 없다. 때로는 풀어주었다가 때로는 억누르고, 영웅
호걸을 농락하기도 한다.
■ 그렇지만 군자는 역경이 닥치면 순리를 따르고 평화로울 때 위태로움을 생각하기
때문에 하늘도 어찌하지 못한다.

도움말

■ 현명한 사람은 편안할 때도 안주하지 않고 늘 경계하면서 앞날을 염려하기 때문에
어떠한 재앙이 닥쳐도 능히 대처할 수 있다. 운세가 역(逆)으로 오면 순(順)으로 받으
면서 늘 위태로움에 대비하는 사람은 하늘도 함부로 취급하지 않고 복을 준다. 하늘
은 스스로 돕는 자를 돕는다.
■ 『春秋左氏傳』 평안히 지낼 때 위태로움을 생각하고, 생각하면 준비하고, 준비하면
근심이 없다(居安思危 思則有備 有備則無患).

중립적이고 화합을 잘하면 복을 받고, 치우치고 극단적이면 재앙을 부른다.

(中和爲福 偏激爲災 중화위복 편격위재)

Harmonize and be blessed;
Create discord and be cursed.

Beauty lives with kindness.
친절은 아름다움과 함께 있다.

(Two Gentlemen of Verona 베로나의 두 신사: 4,2,45)

원문의역

■ 성미 급한 사람은 불과 같아 만나는 것마다 태우고, 인정 없는 사람은 얼음과 같아 부딪치는 것마다 얼려 죽인다.
■ 옹졸하고 고집 센 사람은 썩은 물과 나무토막 같아 사물을 생육시킬 힘이 없다.
■ 이런 사람들은 공훈을 세우기 어렵고, 설사 세운다 해도 그 복을 오래 누리지 못한다.

도움말

■ (법정스님) 이 세상에서 가장 위대한 종교는 친절이라는 것을 마음에 거듭 새겨두시기 바랍니다. 직선은 조급하고 냉혹하고 비정합니다. 곡선은 여유와 인정과 운치가 있습니다. 이와 같은 곡선(曲線)의 묘미에서 삶의 지혜를 터득할 수 있어야 합니다.
■ (성경:「에베소서」 4: 32) 서로 친절하게 하며 불쌍히 여기며 서로 용서하기를. 하나님이 그리스도 안에서 너희를 용서하심과 같이 해라.

070. 복을 달라고 기도하지 말라

기뻐하는 마음에서 행복이 싹트고, 악한 마음을 없애면 화(禍)가
멀어진다.

(多喜養福 去殺遠禍 다희양복 거살원화)

Do not pray for happiness, but instead cultivate a joyous mind;
Joy gives birth to happiness and dissipates misfortune.

'Tis deeds must win the prize.
상복(賞福)은 행동에서 얻어진다.

(Taming of the Shrew 말괄량이 길들이기: 2,1,342)

원문의역

- 복 달라 기도하지 마라. 대신 스스로 기뻐하는 마음을 길러 행복의 샘터(basis of happiness)로 삼아라.
- 화(禍)를 피하려 하지 마라. 대신 남을 원망하는 나쁜 마음을 없애면 화도 멀어진다.

도움말

- (한용운) 복을 부르는 원인을 쌓지 않고서 행복한 결과만을 억지로 구한다고 얻어지지 않습니다. 선량하고 베풀 줄 아는 정신을 길러 복을 부르는 근본을 삼아야 합니다. 재난과 화의 원인을 만들어 놓고서 그 과보를 요행히 피하려 하면 피해지지 않습니다.
- 복을 달라고 기도하는 것을 기복신앙(祈福信仰)이라고 한다. 기복신앙에 빠진 사람들은 기회만 나면 복 달라고 기도하고, 재앙이 오지 않게 해달라고 빌기도 한다. 하지만 그건 모두 헛수고이다. 복(福)과 화(禍)란 스스로 뿌린 씨앗을 거두는 것이니 오로지 바르게 살아라. 그러면 화는 근처에도 얼씬 못하고 복이 절로 들어올 것이다.

말과 행동을 신중히 하는 것이 군자의 도리이다.

(謹言愼行 君子之道 근언신행 군자지도)

Be silent rather than hasty, speak humbly;
Be foolish rather than clever, act prudently.

'Tis a kind of good deed to say well,/ And yet words are no deeds.
신중한 말은 올바른 행동이다. 하지만 말은 행동이 아니다.

(Henry VIII 헨리 8세: 3.2.153)

원문의역

- 열 마디 말 가운데 아홉이 옳아도 칭찬을 받지 못하고, 자칫 단 한마디만 틀려도 사방에서 온갖 비판이 들끓는다.
- 열 가지 일 가운데 아홉을 성공해도 알아주지 않고, 단 한 번만 실패해도 이곳저곳에서 비난을 받는다.
- 이 때문에 군자는 차라리 침묵할지언정 알아도 아는 체하지 않는다.

도움말

- (중국 속담) 좋은 일은 좀처럼 문 밖으로 알려지지 않지만, 나쁜 일에 대한 소문은 순식간에 멀리까지 퍼져간다(好事不出門 壞事傳千里).
- (George Washington) 잘못을 저지르는 것보다 변명하는 것이 더 나쁘다(It is better to offer no excuse than a bad one).
- (성경: 「잠언」 13: 3) 입을 지키는 자는 자기의 생명을 보전하나 입술을 크게 벌리는 자에게는 멸망이 오느니라.

072. 매정하면 복 달아난다

남을 배척하는 사람은 소외되고, 남과 화합하는 사람은 복을
받는다.

(殺氣寒薄 和氣福厚 살기한박 화기복후)

The cold are poor, the warm blessed:
Coldness will draw indifference; Warmth will be bring happiness.

Humble as the ripest mulberry
That will not hold the handling.

만질 수도 없을 만큼 부드럽고 무르익은
뽕나무 열매처럼 겸손하게 행동하라.

(Coriolanus 코리올레이너스: 3,2,79)

원문의역

- 날씨가 따뜻하면 생물이 자라나고, 차가우면 시들어 죽는다.
- 그러므로 남을 차갑게 대하면 남도 냉담하게 겉치레로 대할 것이고, 따뜻하게 대하면 비로소 복을 받고 또한 그 복이 두텁고 오래간다.

도움말

- (조지훈) 자연의 이치를 보라. 사람의 성질도 차가우면 받아들이는 것이 모두 차고 메마르며, 심정이 따뜻하고 화(和)한 사람은 그 누리는 복도 두텁고 그 베푸는 은택(恩澤)도 장구(長久)한 것이다.
- (『皇帝內經』) 봄에는 낳고, 여름에는 기르고, 가을에는 거두어들이고, 겨울에는 저장한다. 이것이 기의 법칙이다. 사람 또한 그에 반응한다(春生 夏長 秋收 冬藏. 是氣之常也, 人亦應之).

정의롭고 공정한 길은 넓고, 욕망을 쫓아가는 길은 매우 좁다.

(正義路廣 欲情道狹 정의로광 욕정도협)

Safety lies ahead for the righteous;
Danger lies ahead for the greedy.

Thou seek'st the greatness that will overwhelm thee.

너는 큰 것을 쫓지만 그것은 결국 너를 눌러버릴 것이다.

(Henry IV Part 2 헨리 4세 2부: 4,5,97)

원문의역

- 하늘의 도리(天理)를 따르는 길은 매우 넓다. 마음이 여기에 조금만 머물러도 가슴 속이 확 트이고 밝아지는 것을 느낄 수 있다.
- 그러나 인간 욕망(人欲)을 쫓아가는 길은 매우 좁다. 발을 거기에 일단 들이면 눈앞이 온통 가시밭길이고 진흙길이 된다.

도움말

- (한용운) 하늘의 도리란 본연의 도리를 말합니다. 그 도리를 행하는 길은 넓고 거칠 것이 없어서 왜곡되고 막힐 걱정이 없습니다. 하늘의 도리에 상반되는 탐욕은 길이 열악해서 이쪽을 택하면 앞길이 막히고 곤궁해 가시덤불과 진흙구덩이 속을 걷는 것과 같습니다. 그러므로 가시나 진흙 같은 욕망을 없애고 넓고 거리낌이 없는 하늘의 도리를 따라야 할 것입니다.
- (성경: 「갈라디아서」 5: 16) 내가 이르노니 너희는 성령을 따라 행하라. 그리하면 육체의 욕심을 이루지 아니하리라.

074. 고난 속 행복이 오래간다

역경을 감내하고 얻은 행복이 오래가고, 몸소 체득한 지식이라
야 진실하다.

(磨練之福久 參勘之知眞 마련지복지 참감지지진)

The happiness after suffering and anguish lasts long;
The knowledge after questioning and scrutiny is true.

The fire in the flint/ Shows not till it be struck.

부싯돌도 부딪쳐야 불이 난다.

(Timon of Athens 아테내의 타이몬: 1,1,22)

원문의역

■ 행복(happiness)은 괴로움과 즐거움을 번갈아(alternately) 갈고 닦아 얻어야 한다. 이
렇게 얻은 행복이 오래간다.

■ 지식(understanding)은 의심과 믿음을 번갈아(alternately) 서로 참작하고 헤아려 터득
해야 한다. 이렇게 몸소 터득한 지식이 진실하다.

도움말

■ (조지훈) 괴로움과 즐거움을 섞어 맛보아 고락(苦樂)이 서로 연마(練磨)하여 복을 이
룬 이는 그 복이 비로소 오래 가며, 의심과 믿음이 서로 참조(參照)한 다음에 지식을
이룬 이는 그 지식이 비로소 참된 법이다.

■ 젊었을 때 고생은 돈을 주고도 살 수 없으니, 실패를 두려워하지 말고 부단히 도전
하라. 땀을 흘려 농사를 지어보지 않고 어떻게 쌀의 소중함을 알며, 배를 고파보지
않고 어떻게 남의 배고픔을 알 수 있겠는가. 배울 때도 마찬가지다. 남의 글이나 말
을 무조건 믿지 말고 한 번쯤 의심해 보는 것이 중요하다. 맹자께서도 '책에 기록된
것을 모두 믿으면 책이 없는 편이 낫다. 서경(書經)도 믿을 구석은 20~30%밖에 되지
않으니 자신이 직접 몸으로 배우라.'고 하셨다.

마음을 비우면 정의가 빛나고, 마음이 진실하면 물욕이 사라진다.

(虛心明義理 實心却物慾 허심명의리 실심각물욕)

Empty minds shine justice;
Honesty clears indulgence.

How far that little candle throws his beams!
So shines a good deed in a naughty world.

저 작은 촛불도 멀리 빛을 던질 수 있지 않는가!
마찬가지로 착한 행동은 어두운 세상을 밝힐 수 있다.

(The Merchant of Venice 베니스의 상인: 5,1,90)

원문의역

- 탐하는 마음(慾心)은 텅 비어야 한다. 그래야 정의와 진리가 와서 머문다.
- 착한 마음(善心)은 꽉 채워야 한다. 그러면 물질적 유혹이 들어오지 못한다.

도움말

- (조지훈) 물욕과 사념(邪念)이 없는 것은 공허(空虛)라 하고 진리가 가득 찬 것을 충실이라 하였다. 마음이 가득 차야 한다는 것은 정의와 진리로써 채우란 것이니, (중략) 그래야만 거기에 욕념(欲念)이 들어앉을 자리가 없다.
- (윤흥식) '에고의 마음'이 텅 빈다는 것은 '참 나의 양심'이 충만해진다는 것입니다. 그래서 조금의 '결핍감'도 느낄 수가 없으며, 나와 남이 둘이라는 '차별감'도 느낄 수가 없습니다. 오직 텅 빈 중에 '충만감'과 '합일감'만이 우리 마음에 가득 차게 됩니다. (중략) 그러니 외부 사물에 대한 욕구가 사라지며, 자신의 이익을 추구하는 욕구도 자취를 감추게 됩니다.

덕이 많아야 재물을 모으고, 아량이 넓어야 사람을 포용한다.

(厚德載物 雅量容人 후덕재물 아량용인)

Life grows from fertilized soil;
Fish live in dim water.

A giving hand, though foul, shall have fair praise.

베푸는 손은 누추해도 값진 칭찬을 받는다.

(Love's Labor's Lost 사랑의 헛수고: 4,1,23)

원문의역

- 더러운 흙은 많은 생물을 키우지만, 너무 맑은 물에는 고기가 없다.
- 그러므로 군자(mature person)는 적당히 때묻고 더러운 것도 받아들일 수 있는 아량을 지녀야 한다. 유독 혼자만 깨끗하고 고상해서는 안 된다.

도움말

- (『孔子家語』) 물이 너무 맑으면 물고기가 없고, 사람이 너무 살피면 따르는 무리가 없다(水至淸則無魚 人至察則無徒).
- (성경: 「누가복음」 14: 10~11) 청함을 받았을 때에 차라리 가서 말석에 앉으라. 그러면 너를 청한 자가 와서 너더러 벗이여 올라앉으라 하리니 그때에야 함께 앉은 모든 사람 앞에 영광이 있으리라. 무릇 자기를 높이는 자는 낮아지고 자기를 낮추는 자는 높아지리라.

근심하고 노력하면 나라를 흥하게 하고, 안일하게 지내면 스스로를 망친다.

(憂勞興國 逸豫亡身 우로흥국 일예망신)

Having lived carefree is nothing to be proud of.

Adversity's sweet milk, philosophy,
To comfort thee, thou art banished.

고난이 주는 달콤한 꿀물인 가르침은
그대가 유배를 가도 그대를 위로할 것이다.

(Romeo and Juliet 로미오와 줄리엣: 3,3,55)

―――――∽⌒∾―――――

원문의역

■ 사나운 말도 길들일 수 있고, 용광로 쇳물도 유용하게 만들 수 있다.
■ 그렇지만 노력하지 않고 놀기만 하면 아무것도 이룰 수 없다.
"사람으로서 건강이 나쁜 것은 그리 부끄럽지 않다. 그러나 내가 일생토록 마음의 병을 앓지 않고 지내는 것을 깊이 걱정한다."는 말은 참으로 옳다.

도움말

■ (『맹자』 告子下) 하늘이 큰일을 맡길 때는 먼저 그 사람의 마음과 몸을 아프게 하고, 배고프고 궁핍하게 하고, 하는 일마다 실패하고 어긋나게 하여, 이를 참아내고 분발하게 한다(天將降大任於是人也 必先苦其心志 勞其筋骨 餓其體膚 空乏其身 行拂亂其所爲 所以動心忍性).
■ (출처 미상) 이루려 노력하지 않으면 그 어떤 성공비결도 소용이 없다(None of the secrets of success will work unless you do).

한순간의 사사로운 탐욕으로 모든 것을 잃게 된다.

(一念私貪 萬劫不復 일념사탐 만겁불복)

Greed undermines character;
A single greedy thought taints an entire dignified life.

The blessedness of being little.

무소유는 축복이다.

(Henry VIII 헨리 8세: 4,2,66)

원문의역

- 사람이 한순간 사사로운 탐욕이 생기면 강한 기상이 꺾이고, 지혜도 혼미해지며, 자비로운 마음은 사라지고, 깨끗한 마음은 더럽혀져 한평생 인품을 망친다.
- 따라서 성인들은 '탐하지 않는 마음(不貪)'을 보배로 삼아 초연하게 한평생을 살았다.

도움말

- 사사로운 욕심은 과감히 버려야 한다. 자신의 몫이 아니면 아예 눈길도 돌리지 않아야 한다. 특히 정치인, 공직자, 기업인 등 사회지도층은 높은 도덕심을 가지고 청렴하게 살아야 한다. 개인적 욕심은 훌륭한 인품(dignity)을 한순간에 망가뜨리고, 한번 망가진 이성(理性)은 일생을 무너뜨린다. 물욕(物慾)이 이와 같으니 차라리 탐욕 부리지 않음을 보배로 삼고, 무소유(無所有)를 축복으로 생각하라.
- (성경:「잠언」 21: 26) 어떤 자는 종일토록 탐하기만 하나 의인은 아끼지 아니하고 베푸느니라.

마음이 공정하면 우매하지 않게 되어 온갖 유혹이 종적을 감춘다.

(心公不昧 六敵無踪 심공불매 육적무종)

Do not clutter your mind:
What you hear and see can be thieves outside;
What you feel and desire can be thieves inside.

False face must hide what false heart doth know.
거짓 얼굴은 거짓 마음을 감춘다.

(Macbeth 맥베스: 1,7,82)

원문의역

■ 귀와 눈으로 보고 듣는 것은 바깥 도둑이고, 감정과 욕심은 내부 도둑이다.
■ 하지만 참 주인(마음)이 맑게 깨어서 욕심이 없으면 의젓하게 방안에 앉아 있으면, 도둑이 들어와도 착해져서 하인(servant)이 된다.

도움말

■ (윤흥식) '에고'는 '참 나'가 등장하지 않을 때만 세력을 지니고 권력을 부립니다. (중략) 그러니 '의식'과 '오감'이 '도적'이라고 무시하고 없애려 해서는 안 됩니다. 그들을 도적으로 내몬 것은 '참마음'을 놓친 우리의 책임입니다. '주인공'(양심)만 제자리를 찾으면 만사가 자유자재가 됩니다.
■ (『노자』12장) 다섯 가지 색은 사람의 눈을 멀게 하고, 다섯 가지 음은 사람의 귀를 멀게 하고, 다섯 가지 맛은 사람의 입맛을 잃게 한다. 따라서 성인은 욕심꾸러기 눈은 위하지 않고 절제를 아는 몸을 따르고, 외물(外物)이 오고 가도록 내버려두며, 밖의 것은 버리고 자신의 내적 신념을 지킨다(五色令人目盲 五音令人耳聾 五味令人口爽. 是以聖人爲腹不爲目 故去彼取此).

080. 어려움에 미리 대비하라

현재 당면한 일에 충실하고, 미래의 공적을 도모하라.

(勉勵現前之業 圖謀未來之功 면려현전지업 도모미래지공)

Prevent making future mistakes:
Live with purpose, not with regrets.

Thrift, thrift, Horatio.
호레이쇼, 절약이다, 절약이다.

(Hamlet 햄릿: 1,2,180)

원문의역

- 시작되지 않은 일을 도모하기보다는 이미 세운 업적을 지킴이 낫고,
- 지나간 잘못을 후회하기보다는 앞으로 다가올 실수를 예방함이 낫다.

도움말

- (조지훈) 아직 착수하지도 않은 사업을 계획하기보다는 이미 이루어 놓은 사업을 힘써 지켜 나가는 것이 낫고, 지나간 과실을 지나치게 후회하는 것보다는 그것을 거울삼아 장래에 다시 그런 과실을 거듭하지 않도록 조심하는 것이 더 나은 일이다.
- (乙力) 과거를 정리하고(總結過去), 현재에 서서(立足現在), 미래를 살펴라(着眼未來). 그러면 지난 잘못을 되풀이하는 것을 막고, 미래의 성공을 위하여 나아갈 수 있을 것이다.
- (혜자스님, 「행복의 지름길」) 지나간 일에는/ 후회가 따르기 마련입니다./ 하지만 지나간 일은 고칠 수 없습니다./ 불행의 대부분이 후회에서 비롯됨을 아는 순간/ 우리는 행복으로 가는 첫걸음을 내딛게 될 것입니다.// 오지 않는 미래에 대한 걱정 또한 마찬가지입니다./ 실체가 없는 것에 마음을 쏟고 있는 것보다/ 지금 이 자리에서 최선을 다하는 것이/ 행복의 지름길입니다.

세상의 바른 기운을 배우고, 고금의 귀감이 되는 사람을 본받아라.

(養天地正氣 法古今完人 양천지정기 법고금완인)

Cultivate positive energy;
Follow in the footsteps of the noble.

What a piece of work is a man, how noble in reason,/ How infinite in faculties, in form and moving,/ How express and admirable in action,/ How like an angel in apprehension,/ How like a god!

인간이란 얼마나 훌륭한 걸작품이냐. 그 숭고한 이상, 무한한 가능성을 지니고 있는 능력과 모습과 거동, 적절하고 탁월한 행동력, 천사와 같은 이해력, 인간은 하느님을 닮고 있다!

(Hamlet 햄릿: 2,2,303)

원문의역

- 정신은 고상하고 원대해야 하지만, 너무 무심하거나 애매모호해서도 안 된다.
- 생각은 치밀해야 하지만, 지나치게 자잘해서도 안 된다.
- 취미는 꾸밈이 없어야 하지만, 너무 소심하거나 무미건조해서도 안 된다.
- 의지는 적극적이어야 하지만, 너무 성급하거나 즉흥적이어서도 안 된다.

도움말

- (출처 미상) 지나치게 진지하면 답답해 보이고, 지나치게 유쾌하면 경박해 보이고, 지나치게 검소하면 인색해 보이고, 지나치게 깔끔하면 오만해 보인다(認眞過了頭就顯得呆板 快樂過了頭就顯得輕浮 節約過了頭就顯得吝嗇 清高過了頭就顯得傲慢).

082. 자신을 낮추어야 행복하다

체면을 세우려 하지 말고, 명성을 남기려 하지 말라.

(不著色相 不留名聲 불저색상 불유명성)

Your mind should be like a shiny mirror;
Leave things as you found them.
Act like you have been there before.

To entertain the lag end of my life/ With quiet hours.
인생의 마지막 조용한 시간을 즐겁게 마무리한다.

(Henry Ⅳ Part 1 헨리 4세 1부: 5,1,23)

원문의역

- 바람이 지나가도 대나무 숲에는 그 소리가 남지 않고, 기러기가 지나가도 깊은 연못에는 그 그림자가 남지 않는다.
- 이와 같이 군자는 일이 생기면 그때 마음이 드러나고, 일이 끝나면 마음도 따라서 비워진다.

도움말

- 작가 박경리(1926~2008)는 평소에 소중한 것들을 버리고 버려 '이 세상 끝의 끝'에 왔을 때는 단지 버리고 갈 것만 남아서 참 홀가분하다고 하였다. 버리고 또 버려라. 그렇게 버려서 단지 버리고 갈 것만 남도록 마음을 비우면 그만큼 기쁨도 커질 것이다. 재물과 명예에 얽매이지 마라. 이것들은 모두 내 것이 아니고 그냥 스쳐가는 바람이고 '그림자 밖의 그림자(影外之影)'일 뿐이다. '몸뚱이 뒤의 몸뚱이(身後之身)'을 생각하라. * 제1장 및 237장 참조
- (성경:「잠언」 23: 4) 부자 되기에 애쓰지 말고 네 사사로운 지혜를 버릴지어다.

군자는 덕을 행하고, 중용의 길을 걷는다.

(君子德行 其道中庸 군자덕행 기도중용)

Demonstrate tolerance and benevolence;
Lead a balanced life.

Heaven give thee joy!
What cannot be eschewed must be embraced.

하늘은 너에게 기쁨을 주었다!
피할 수 없는 것은 끌어안아라.

(The Merry Wives of Windsor 윈저의 즐거운 아낙네들: 5,5,236)

원문의역

- (중용의 길을 따르는 군자는) 청렴하면서도 너그럽고, 어지면서도 결단력이 있고, 총명하면서도 지나치게 살피지 않고, 강직하면서도 바른 것에 치우치지 않는다.
- 이런 인품을 달지 않은 꿀 혹은 짜지 않은 해산물에 비유한다.

도움말

- (『논어』 子張篇) 군자에게는 세 가지 다른 모습이 있다. 멀리서 바라보면 근엄(謹嚴)하고, 가까이 다가가면 온화(溫和)하고, 그 말을 들으면 엄정(嚴正)하다(君子有三變 望之儼然 卽之也溫 聽其言也厲).
- (조지훈) 청백(淸白)하면서 포용의 도량이 있고 관인(寬仁)하면서 결단의 힘이 있으며, 총명해도 어질고 강직해도 너그러우면, 이는 상승(上乘)의 인품이니 마치 꿀 바른 음식이 꿀 냄새가 없고 해물이 소금 맛이 없어진 것과 같은 격이다. 너무 달지도, 너무 짜지도 말아야 한다.

084. 자신의 기품을 잃지 말라

군자는 곤궁할 때도 학문에 정진하고, 고상한 기품을 잃지 않는다.

(君子窮當益工 勿失風雅氣度 군자궁당익공 물실풍아기도)

Stay the course, rain or shine.
Stay dignified, fortunate or not.

The better part of valor is discretion, in the which
better part I have saved my life.

신중은 용기의 기본이다. 그 덕분으로 나는 살아났다.

(Henry Ⅳ Part 헨리 4세 1부: 5,4,119)

원문의역

- 가난한 집도 깨끗이 청소하고, 가난한 집 여자라도 단정히 빗질하면, 그 모습이 화려하지는 않아도 그 기품은 스스로 우아하다.
- 그런데 어찌 선비가 한때 어렵다고 하여 스스로 자신을 포기하고 수양을 게을리 할 수 있겠는가!

도움말

- (성경: 「갈라디아서」 6: 9) 우리가 선을 행하되 낙심하지 말지니. 포기하지 아니하면 때가 이르매 거두리라.
- (Elbert Hubbard) 인생에서 저지를 수 있는 가장 큰 실수는 실수를 저지를 것을 끊임없이 걱정하는 것이다(The greatest mistake you can make in your life is to be continually fearing that you can make one).
- (『맹자』自暴自棄) 자기를 스스로 해치는(自暴) 사람과는 말을 나누기 어렵고, 자기를 스스로 버리는(自棄) 사람과는 더불어 일하기 어렵다(自爆者不可與有言也 自棄者不可與有爲也).

비 오기 전에 지붕 고치는 것처럼 미리 대비하면 뒷걱정이 없다.

(未雨綢繆 有備無患 미우주무 유비무환)

Do not pass time thoughtlessly when at leisure;
Do not sit there idly when at peace;
Do not deceive yourself when alone.

I wasted time, and now doth Time waste me.
나는 시간을 낭비했다. 지금은 시간이 나를 버리고 있다.

(Richard Ⅱ 리차드 2세: 5,5,49)

원문의역

- 한가할 때 헛되이 세월을 보내지 않으면 바쁠 때 도움이 되고,
- 고요할 때 촌음을 아껴 실력을 쌓아두면 중책을 맡아도 거뜬히 수행할 수 있고,
- 남이 보지 않는 곳에서 자신을 속이지 않으면 남들 앞에서 떳떳하다.

도움말

- (조지훈) 목마를 때 샘을 파는 것은 틀린 수작이다. '움츠리는 것은 펼 뜻'이라는 말도 있거니와, 사람은 불우할 때에 절로 한가하고 그 한가할 때에 무슨 공부라도 쌓아서 자기의 포부(抱負)와 경륜(經綸)으로 때를 기다려야 한다.
- (乙力) 오늘 일을 오늘 모두 끝내야 바쁜 중에도 여유를 가질 수 있다(當日之事當日完 就可以做到忙中有閑).
- (성경: 「에베소서」 5: 16) 세월을 아껴라 때가 악하니라.

086. 재앙이 축복으로 바뀐다

벼랑에 가까워 말을 멈추면 죽음을 면한다.

(臨崖勒馬 起死回生 임애륵마 기사회생)

Let action follow awareness.
Let awareness bless your luck.

Strike now, or else the iron cools.

지금 때리자, 그렇지 않으면 쇠가 식는다.

(Henry VI Part 3 헨리 6세 3부: 5,1,49)

───────

원문의역

- 탐욕의 길로 향한다고 깨닫거든 즉시 자신을 바른 길로 되돌려라.
- 나쁜 마음이 일어나면 바로 알아차리고, 알아차리면 바로 고쳐라.
- 이것이 재앙을 돌려서 축복으로 만들고(轉禍爲福), 죽음에서 일어나 삶으로 돌아가는(起死回生) 요령이다. 꼭 명심하라.

도움말

- (조지훈) 무슨 생각이 일어날 때 그것이 사욕(私慾) 쪽으로 향해가는 듯하거든 곧 붙잡아서 도리(道理) 쪽으로 오게 하라. 생각이 일어나면 이내 어느 방향으로 가는지 깨닫고 깨달으면 그 자리에서 붙잡아 돌려라. 이렇게 하면 재앙을 돌이켜 복이 되게 하고 죽음에서 일으켜 삶으로 돌리는 방도를 알 것이니, 진실로 쉽게 가볍게 여겨 방득(放得)하지 말라.
- 생각을 한번 잘못하면 그 차이가 평생의 불행을 가져올 수 있고, 발을 한번 잘못 내딛으면 그 실수가 천추(千秋)의 한(恨)이 될 수 있다. 하늘을 따르는 길(天理)과 인간이 욕망을 따르는 길(人欲)은 한 생각이 문득 일어남에서 갈라진다. 실패는 대체로 탐욕에서 비롯되니, 늘 마음을 살펴 탐욕이 생기는 순간에 이를 깨닫고, 깨닫는 그 순간에 마음을 바로잡아라. 그러면 재앙도 복이 되고 목숨도 구할 수 있을 것이다.

평온하고 담담할 때 마음의 참 모습이 보인다.

(寧靜淡泊 觀心之道 녕정담박 관심지도)

Serenity and clarity sense the mind's true nature.

Honesty coupled to beauty is to have sauce to sugar.

정직하고 아름다우면 설탕에 꿀 탄 맛이다.

(As You Like It 당신이 좋으실 대로: 3,3,29)

원문의역

- 고요한 가운데 생각이 맑으면 마음의 참된 실체(nature)를 볼 수 있고, 한가한 가운데 정신이 편안하면 마음의 참된 작용(workings)을 느낄 수 있고, 담담한 가운데 생각이 솟구쳐 나올 때 마음의 참된 맛(flavor)을 찾을 수 있다.
- 이 세 가지의 조건이 마음을 관찰하고 도를 터득하는 데 가장 바람직하다.

도움말

- (조지훈) 고요할 때에 생각이 맑게 가라앉으면 마음은 본바탕을 볼 것이요, 한가할 때에 기상이 조용하면 마음의 오묘한 본 움직임을 알 것이며, 담박(淡泊)한 가운데 취미가 깨끗하고 평안하면 마음의 참다운 맛을 알 것이니, 마음을 관하고 도를 체험하는 길은 이 세 가지보다 나은 것이 없다. 고요하면 움직이기 쉽고 한가하면 초조하기 쉽고 담박하면 하려하고 싶은 것이 사람의 상정(常情)이니 이 상정이 망심(妄心)의 장본(張本)이다.
- (원문해석) 淡中意趣沖夷의 '沖夷'를, 을력(乙力)은 조지훈님과 같은 맥락에서 고요하고 파도 없는 호수와 같이 '속마음이 겸허하고 텅 비어야 (謙沖)'로 해석하고 있으나, Aitken/ Kwok은 '생각들이 솟구쳐 나올 때(when your thoughts soar)'로 달리 영역하였다. 여기서는 후자로 해석하였다.

088. 소란함 가운데 고요함을 찾아라

음직임 가운데 고요함이 참된 고요함이요, 고난 가운데 즐거움
이 참된 즐거움이다.

(動中靜是眞靜 苦中樂是眞樂 동중정시진정 고중낙시진락)

True serenity is serenity amidst chaos;
True pleasure is pleasure amidst sorrow.

When thou hast leisure, say thy prayers;
When thou hast none, remember thy friends.

시간이 나면 기도를 하라.
그러지 못하면 친구를 생각하라.

(All's Well That Ends Well 끝이 좋으면 다 좋다: 1,1,212)

원문의역

- 고요함 속 고요함은 진짜 고요함이 아니다. 소란함 가운데서 고요할 수 있어야 하늘의 참 모습(heavenly nature)을 얻을 수 있다.
- 즐거움 속 즐거움은 참된 즐거움이 아니다. 고난 가운데서 즐거울 수 있어야 사람 마음의 작용을 제대로 알 수 있다.

도움말

- (한용운) 굶주림과 추위 같은 곤경이 뼈에 사무치는 절박한 역경에 처해서도 조금도 근심하지 않고 태연자약할 수 있어야 비로소 마음의 진정한 즐거움과 오묘한 작용을 볼 수 있습니다.
- (성경: 「로마서」 5: 3~4) 다만 이뿐 아니라 우리가 환난 중에도 즐거워하나니 이는 환난은 인내를, 인내는 연단을, 연단은 소망을 이루는 줄 앎이로다.

자신을 희생할 때 명분을 따지지 말고, 남에게 은혜를 베풀 때
보답을 바라지 말라.

(舍己毋處疑 施恩勿望報 사기무처의 시은물망보)

Give thyself without reservation;
Ask for nothing when giving.

Let us be sacrificers, but not butchers, Caius.

카이우스, 우리는 희생자들이 되자. 살육자는 되지 말자.

(Julius Caesar 줄리어스 시저: 2,1,166)

원문의역

■ 자신을 희생하기로 했거든 더 이상 머뭇거리지 말라. 의구심을 가지고 머뭇거리면
처음의 희생정신이 부끄러워진다.

■ 남에게 베풀기로 했거든 어떠한 보답도 바라지 말라. 보답을 바라거나 따지게 되면
처음의 순수성조차 그르치게 된다.

도움말

■ (성경: 「마태복음」 6: 3~4) 너는 구제할 때에 오른손이 하는 일을 왼손이 모르게 하
여 내 구제함이 은밀하게 하라 은밀한 중에 보시는 너의 아버지가 갚으시리라.

■ (불교: 『金剛經』 제4) 보살은 마땅히 어떤 법(法: 色聲香味觸法)에도 머물지 않고 보
시를 행하여야 한다. 왜냐하면, 어떤 형태(相: 我 · 人 · 衆生 · 壽者相)에도 머물지
않고 베풀어야 그 복덕이 생각으로 헤아릴 수 없을 만큼 크다(菩薩於法 應無所住 行
於布施. 所謂不住色布施 不住聲 香 味 觸 法布施. 須菩提! 菩薩應如是布施 不住於
相. 何以故? 若菩薩不住相布施 其福德不可思量).

마음을 편안하게 하여 피로를 덜고, 도를 닦아 액운을 해소하라.

(逸心補勞 修道解厄 일심보로 수도해액)

Build goodwill by building virtue.
Ease burdens by easing the mind.
Rise above hardship by raising self-awareness.

It is the stars,/ The stars above us, govern our conditions.
그것은 별이다. 우리들 운명을 결정짓는 것은 저 하늘의 별이다.

(King Lear 리어왕: 4,3,33)

원문의역

- 하늘이 복을 적게 주면, 좋은 일을 많이 하여 복을 쌓고, 하늘이 힘들게 하면, 마음을 편하게 하여 몸을 건강하게 유지하고, 하늘이 나쁜 환경을 주면, 도(道)를 닦아서 막힌 길을 뚫을 것이다.
- 내가 이렇게 하는데 하늘인들 나를 어찌하겠는가?

도움말

- (Edith Wharton) 행복을 찾아 헤매지만 않아도 우리는 행복한 시간을 가질 수 있을 것이다 (If only we'd stop trying to be happy, we'd have a pretty good time).
- (성경: 「마태복음」 11: 28) 수고하고 무거운 짐 진 자들아 다 내게로 오라. 내가 너희를 쉬게 하리라.
- 세상의 모든 일은 오로지 마음이 만들고(一切唯心造), 그 마음가짐이 모든 것을 결정한다(心態決定一切). 따라서 마음가짐(attitude)이 바르면 모든 일이 마음먹은 대로 일이 이루어질 것이다. 신년인사로 중국인은 심상사성(心想事成)이라고 하고, 서양에서는 "May all your wishes come true!"라 말한다.

하늘이 참으로 신묘하여 인간의 지혜와 기교로는 어쩔 수 없다.

(天機最神 智巧何益 천기최신 지교하익)

Heaven rewards humility and punishes cowardice.

We are in God's hand, brother, not in theirs.

형제여, 우리는 그들의 손에 있는 것이 아니라 하느님 그물 안에 있다.

(Henry V 헨리 5세: 3,6,177)

원문의역

- 곧은 선비는 복을 구하지 않지만, 하늘이 그의 마음 없는 곳을 찾아가 복을 준다.
- 교활한 자는 불행을 피하려 애쓰지만, 하늘이 그의 애쓰는 곳에 들어가 넋을 빼앗는다.
- 이처럼 신비한 하늘의 힘 앞에 인간의 지혜와 재주는 소용이 없다.

도움말

- 세상 사람들은 대체로 하늘에 복을 빌고 재앙은 피하려 한다. 그러나 하늘이 하는 역할과 힘은 참으로 신묘(神妙)하여 어떤 사람들이 선량(善良)하고 어떤 사람이 사악(邪惡)한지를 낱낱이 시시각각으로 감시하고 있다가, 착한 사람에게는 복을 주고 나쁜 사람에게는 재앙을 준다. 그래서 천하신기(天下神器)이기에 부귀재천(富貴在天)이라고 한다. 욕심에 눈먼 사람은 결국 스스로 무서운 재앙을 불러들이는 셈이다. 이는 사악한 사람의 집착하는 마음이 재앙의 박테리아가 스며들어 기생하는 데 가장 좋은 곳이기 때문이다.
- (성경: 「잠언」 3: 7) 스스로 지혜롭게 여기지 말지어다. 여호와를 경외하며 악을 떠날지어다.

092. 인생은 끝이 중요하다

인생은 끝이 중요하고, 농사는 수확이 중요하다.

(人生重結果 種田看收成 인생중결과 종전간수성)

Judge a life by reviewing its second half.

All's well that ends well.

끝이 좋으면 다 좋다.

(All's Well That Ends Well 끝이 좋으면 다 좋다: 4.4,35)

원문의역

- 한때 기생이었더라도 말년에 한 남자를 만나 지조를 지키고 살면 젊었을 때의 부끄러움도 거리낄게 없지만,
- 아무리 정숙한 여자라도 늘그막에 행실을 조심하지 않으면 그간의 순결한 애씀이 모두 허사가 된다.
- 옛말에 '사람을 볼 때 인생의 후반부만 본다.'고 하였다. 참으로 명언이다.

도움말

- (정민의 『世說新語』) 열녀와 음녀의 거리는 멀지가 않다. 한때의 환호와 박수가 차디찬 냉소와 모멸로 변하는 것은 잠깐 사이이다. 물러날 때는 제 탓으로 돌리는 것이 옳다.
- 시작은 거창하고 좋았지만 결과가 좋지 않은 경우도 있고, 반대로 시작은 보잘 것 없었으나 마무리가 좋은 경우도 있다. 사람에 대한 평가는 '관 뚜껑을 덮은 후에 하라(蓋棺事定)'했으니 후자의 삶이 바람직하다.
- (성경: 「누가복음」 17: 3) 너희는 스스로 조심하라. 만일 형제가 죄를 범하거든 경계하고 회개하거든 용서하라.

남에게 덕을 많이 베풀고, 권세와 지위를 탐하지 말라.

(多種功德 勿貪權位 다종공덕 물탐권위)

An official who abuses power and erodes goodwill is
no different than a titled beggar.

Banish the canker of ambitious thoughts.

지나친 야망의 해독에서 벗어나라.

(Henry VI Part 3 헨리 6세 3부: 1,2,16)

원문의역

■ 평민이라도 기꺼이 덕을 쌓고 친절을 베풀면 '벼슬 없는 재상'이 되지만,

■ 아무리 신분이 높은 사대부라도 헛되이 권세와 재물을 탐내면 결국 '벼슬 있는 거지'가 된다.

도움말

■ (조지훈) 마음 나라에서는 덕(德) 높은 사람이 가장 높고, 권력을 자랑하는 놈이 거지다. 평민이라도 덕을 쌓고 은혜를 베풀면 이는 곧 지위 없는 왕공재상(王公宰相)이요 비록 벼슬 사는 사대부(士大夫)라도 권력이나 탐내고 총애나 사고파는 놈은 작위(爵位) 있는 거지가 된다는 말이다.

■ (성경: 「잠언」 11: 25) 구제를 좋아하는 자는 풍족하여질 것이요, 남을 윤택하게 하는 자는 자기도 윤택해지리라.

■ (『노자』 2장) 성인은 낳고도 가지려 하지 않고, 베풀고도 바라지 않고, 공을 이루어도 그 자리에 머물지 않는다. 머물지 않기에 영원히 존경을 받는다(生而不有 爲而不恃 功成而不居. 夫唯弗居 是以不去). * Le Guin의 영문은 35장 참조.

쌓는 것의 어려움을 생각하고, 무너지는 것의 용이함을 기억하라.

(念積累難 思傾覆易 염적루난 사경복이)

Be grateful to what our ancestors left us;
The fruit of our labor is for our descendants.

To you your father should be as a god;
One that compos'd your beauties.

소녀여, 너에게 어버이는 하느님과 같다.
너의 아름다움을 만들어 주셨기 때문이다.

(A Midsummer Night's Dream 한여름 밤의 꿈: 1,1,46.)

원문의역

- 조상이 남긴 은덕(blessing)이 무엇인가? 이는 바로 지금 우리가 몸으로 누리고 있는 삶의 기쁨이다. 조상이 어렵게 덕을 쌓았음을 늘 고마워하라.
- 자손에게 남길 축복(benefits)은 무엇인가? 이는 바로 지금 우리 삶의 결과이다. 운세는 쉽게 기울 수 있으니 넉넉하게 베풀어라.

도움말

- (조지훈) 이 몸이 오늘 이 세상에 있어 받아 누리는 것이 모두 다 조상의 덕택이니 자손을 위하여 조상들이 무릅쓴 그 곤란을 생각하여 감사해야 할 것이다. 결코 모자람을 원망해서는 안 된다. 자손이 받아 누리는 복지가 무엇인가 하면 이 몸이 자손에게 끼쳐 주는 바가 그것이다. 가운(家運)이 기울고 엎어지기 쉬움을 알아서 여경(餘慶)에 힘써야 할 것이다. 운이 기울어짐을 원망하지 말고 내 자신의 덕을 쌓기에 힘쓰라.

단지 위선적인 군자가 두려울 뿐 진실한 소인배는 두렵지 않다.

(只畏僞君子 不怕眞小人 지외위군자 불파진소인)

A noble person who pretends to be good is far worse than
a petty person who misbehaves openly.

One may smile, and smile, and be a villain.
사람은 겉으로 웃고, 웃으면서 속으로는 악한이 되는구나.

(Hamlet 햄릿: 1,5,108)

원문의역

■ 겉으로 착한 척하는 군자는 함부로 나쁜 짓을 하는 소인보다 더 나쁘고,
■ 군자가 도덕심을 버리면 소인이 잘못을 뉘우치는 것보다 못하다.

도움말

■ 우리 주변에는 늘 양가죽을 뒤집어쓴 늑대가 있기 마련이다. 이런 거짓 군자는 진정한 소인배들보다 훨씬 잘 속이고 위험하다. 국가와 민족, 이웃과 아랫사람을 위한다고 입으로만 떠벌리는 사람을 조심하라. 이런 사람은 유자(儒者)인 체하면서 남을 팔아 자신의 명예를 얻고 싶어하는 위험한 위선자(僞君子)이다. 눈에 보이는 창은 피하기 쉬워도 보이지 않는 화살은 막기 어렵다(明槍易躱 暗箭難防)는 말이 있듯이 군자가 위선적이면 소인배보다 더 위험하다. 인도 속담에도 '친구의 키스는 적의 주먹보다 더 무섭다'는 말이 있다.
■ (성경: 「갈라디아서」 6: 3) 만일 누가 아무것도 되지 못하고 된 줄로 생각하면 스스로 속임이라.

096. 가정을 편안하게 하는 방법

봄바람에 추위가 풀리고, 따뜻한 기운에 얼음이 녹는다.

(春風解凍 和氣消冰 춘풍해동 화기소빙)

Point out the faults of others as gently as Spring melts ice;
Wait another day for them to take up your advice.

Give every man thine ear, but few thy voice;
Take each man's censure, but reserve thy judgment.

남의 말에 귀를 기울이되, 말을 삼가라.
남의 의견을 듣고, 너의 판단은 신중히 하라.

(Hamlet 햄릿: 1,3,68)

원문의역

- 가족이 잘못을 저질렀을 때 버럭 화를 내지 말고, 가볍게 지나치지도 말라.
- 가족의 잘못을 바로 말하기 어렵거든 다른 일에 빗대어 넌지시 일깨워주고, 오늘 깨닫지 못하거든 하루 더 기다려 다시 깨우쳐 줘라.
- 봄바람이 언 땅을 녹이고 따뜻한 기운이 얼음을 녹이듯 해야 한다. 이것이 가정을 편안하게 하는 규범이다.

도움말

- 자식을 가르칠 때는 사랑과 엄격함, 그리고 인내심이 필요하다. 귀엽다고 제멋대로 방임하거나, 엄하게 교육한다고 자꾸 혼내기만 하면 자녀의 장래를 망칠 수 있다. 부모가 잘못의 원인은 생각해보지 않고 무조건 꾸중만 하면 아이들은 나약해지거나 반항심이 커지고, 반면에 전혀 관심도 없이 내버려두면 나쁜 습관이 생겨 더 많은 잘못을 저지른다. 잘못을 시정할 때는 마치 봄바람이 언 땅을 녹이고 따뜻한 날씨가 얼음을 녹이듯이 따뜻함과 기다림이 필요하다. 우리 선조들은 자식 훈육을 친구에게 의탁했었다.

마음을 올바로 볼 수 있으면 세상이 평온해진다.

(能澈見心性 則天下平隱 능철견심성 즉천하평온)

Your peaceful mind makes the world an easier place to live in;
Your unbiased attitude makes the world's people treat you fairly.

All days are nights to see till I see thee,
And nights days when dreams to show thee me.

그대를 보기 전에는 낮은 밤이었지만,
꿈에서라도 그대를 보면, 캄캄한 밤도 밝은 낮이다.

(Sonnets 소네트: 43)

원문의역

- 마음을 살펴 원만한 생각(view)으로 세상을 보면, 일이 잘 풀린다.
- 마음을 내려놓아 너그럽게 세상을 대하면, 세상인심도 좋아진다.

도움말

- (조지훈) 자기의 본심을 밝혀 보아 안심입명(安心立命)한 사람은 천하에 부족불만(不足不滿)이란 것이 없다. 또 자기의 마음이 관대평온(寬大平穩)하면 어디를 가도 험악한 인간이 없는 것이다.
- (안길환) 자기 자신의 마음먹기에 따라서 세상은 천국도 되고 지옥도 된다. 옹졸한 마음 또는 부정적인 생각으로 살면 괴롭고, 주변 사람들에게도 고통을 안겨주기 십상이다. 그와 반대로 관대평온(寬大平穩)한 마음과 긍정적인 생각으로 살면 험악한 인심도 만나지도 않을 터이니 하는 일마다 다 잘될 것이다.

098. 겉은 부드럽게 속은 엄하게

일을 함에 있어 소신을 바꾸지 말고, 재능은 쉽사리 드러내지 말라.

(操履不變 鋒芒勿露 조리불변 봉망물로)

The noble person is principled and humble;
He is unassuming, and does not compromise his integrity.

Use them after your own honor and dignity.
The less they deserve, the more merit is in your bounty.

너의 명예와 신분에 따라 그들을 대접하라.
상대방 분수 넘치는 경우 그만큼 너의 친절은 빛난다.

(Hamlet 햄릿: 2,2,63)

원문의역

■ 욕심 없는 선비는 사치하는 자의 의심을 받고, 엄격한 사람은 방종한 자로부터 미움을 받는다.
■ 이런 경우 군자는 굳은 지조(fundamental position of honor)를 바꾸지 않지만, 그렇다고 자신의 주장을 지나치게 내세우지도 않는다.

도움말

■ 옳고 좋은 것도 지나치면 남들이 의심하고 멀어진다. 자신의 엄격한 도덕심과 날카로운 주장을 지나치게 내세우지 말고, 남들이 편하게 접근해 오도록 하라. 또한 자신의 잣대로 남을 평가하거나 통제하지 말고, 속으로는 엄격해도 겉으로는 부드럽게 외유내강(外柔內剛)해야 한다.
■ (성경: 「욥기」 23: 10) 그러나 내가 가는 길을 그가 아시나니, 그가 나를 단련하신 후에는 내가 순금 같이 나오리라.

순조롭다고 좋아만 하지 말고, 어렵다고 걱정만 하지 말라.

(順境不足喜 逆境不足憂 순경부족희 역경부족우)

Do not let the highs get too high, or the lows too low:

Do not be too happy in favorable circumstances;

Do not worry too much in adverse situations.

O, benefit of ill; now I find true

That better is by evil still made better.

아, 고난의 은혜여, 이제야 나는 믿을 수 있다.
선은 악을 극복하면서 더욱 더 선해진다는 것을.

(Sonnets 소네트: 119)

원문의역

■ 역경(逆境)에 처했을 때 주변에 있는 것들이 좋은 약이 되어 우리의 의지와 행동을 갈고 닦아 어려움을 극복하도록 도와준다. 이같이 어려운 상황이 오히려 자신을 단련시키는 좋은 기회임을 명심하라.

■ 순경(順境)에 처하였을 때 눈앞에 있는 것들이 칼이나 창이 되어 우리에게 뼈를 깎는 고통을 준다. 이같이 일이 잘 풀릴 때 함정에 빠지기 쉬우니 각별히 조심하라.

도움말

■ (『주역』 困卦) 계속 올라가면 반드시 어려움을 만나게 되므로 승괘(升卦) 다음에 곤괘(困卦)가 온다. 곤괘는 아래가 물(坎)로써 험난하지만 위는 연못(兌)으로써 기쁨이다. 따라서 군자는 어려움에 처하여도 낙담하지 않고 여전히 기뻐하고 만족해하면서 원칙과 중정(中正)을 굳게 지키기 때문에 결국 형통하는 것이다.

100. 욕망의 불꽃을 꺼라

부귀를 누리며 권세를 부리는 것이 곧 스스로 멸망하는 길이다.

(嗜慾權勢 自取滅亡 기욕권세 자취멸망)

Restrain your greed and power,
Or their raging flames will consume you.

We have kissed away kingdoms and provinces.

우리는 왕국과 영토를 키스로 날려버렸다.

(Antony and Cleopatra 안토니와 클레오파트라: 3,10,7)

원문의역

- 부귀한 가정에서 자란 사람은 대체로 물질과 권력에 대한 욕망이 사나운 불길처럼 심하다.
- 이런 사람은 자신의 욕망을 조금이라도 가라앉혀라. 그러지 않으면 그 불길이 결국 자기 자신을 태우고 말 것이다.

도움말

- 욕망과 권세는 스스로 자제하여야 한다. 욕망의 불길은 자기 자신을 태워버리고, 권세를 앞세워 방자하게 굴면 결국 자신의 몸을 망친다. 특히 고생을 모른 채 떠받들어지며 성장한 사람을 조심하여야 한다. 이들은 대체로 돈과 힘만 있으면 모든 것을 가질 수 있다고 오만방자하게 행동하여 스스로 무너질 뿐만 아니라 남에게도 큰 피해를 줄 수 있기 때문이다.
- (조지훈) 부귀가(富貴家)에 생장(生長)한 사람은 보고 듣는 것이 안일(安逸)과 탐욕(貪慾)과 사치와 권세라 그 기호욕망(嗜好慾望)이 사나운 불꽃 같으니, 만일 물외(物外)에 초연(超然)한 청량(淸凉)의 취미를 조금이라도 지니지 않으면 그 불길은 사람을 상하게 하고 말 것이다.

정성이 지극하면 쇠와 돌도 뚫는다.

(精誠所至 金石爲開 정성소지 금석위개)

A sincere heart can penetrate steel and crush rock.

This above all; to thine own self be true.

무엇보다 중요한 것은 자기 자신에 충실해지는 일이다.

(Hamlet 햄릿: 1,3,7)

원문의역

- 사람 마음이 진실하면 (하늘도 감동하여 여름에) 서리가 내리게 하고, (성을 쌓다 남편이 죽은 여인의 통곡과 같이) 성벽도 무너뜨릴 수 있으며, 쇠와 돌도 뚫을 수 있다.
- 그러나 남을 잘 속이는 사람은 겉모습은 사람 모습(human form)을 갖추고 있으나 그 영혼(his soul)은 이미 사라졌다. 이런 사람은 사람을 대할 때는 태도가 가증스럽고, 홀로 있을 때는 제 그림자(his own shadow)조차도 스스로 부끄러워한다.

도움말

- 인간의 잠재력(潛在力)은 불가사의(不可思議)할 정도로 크기 때문에 정신력을 한곳에 집중시키면 어떤 일이라도 성취할 수 있다(精神一到何事不成). 그럼에도 불구하고 사람들이 자신의 뜻을 제대로 이루지 못하는 이유는 공익(公益)이 아닌 사욕을 추구하고 최선을 다하지 않기 때문이다.
- (『장자』) 마음이 죽을 때 슬픔이 가장 크다. 몸이 죽을 때 슬픔은 그 다음이다.

문장은 꼭 알맞아야 하고, 사람은 본연 그대로여야 한다.

(文宜恰好 人宜本然 문의흡호 인의본연)

Simplicity and naturalness are the true hallmarks of greatness:
A perfect essay is not so beautiful, but simply just right;
A perfect character is not so special, but simply natural.

'Tis better to be lowly born/ And range with humble livers in content/ Than to be perked up in a glistening grief
And wear a golden sorrow.

비천한 신분으로 태어나서 낮은 신분의 사람들과 어울리며 만족하는 것이 번쩍이는 위상을 걸치고 황금의 슬픈 관을 쓰는 것보다 더 낫다.

(Henry VIII 헨리 8세: 2,3,19)

원문의역

- 좋은 문장은 특별히 기발(奇拔)하지 않고, 꼭 알맞을 뿐이다.
- 훌륭한 사람은 유별나게 기이(奇異)하지 않고, 본연 그대로일 뿐이다.

도움말

- (안길환) 문장의 표현이든 인간으로서의 생활태도든 간에, 무턱대고 기발하게 하고자 노력할 일이 아니다. 있는 그대로 표현하고 본연의 자세 그대로 살아가는 것이 도리어 멋스럽고, 에너지도 절약되게 마련이다.
- (乙力) 글을 쓸 때 진실성이 없이 화려하게 꾸미거나(堆砌詞藻), 까닭 없이 슬퍼한다(無病呻吟) 등과 같이 과장을 하지 말아야 한다. 이태백(李太白)은 일찍이 '맑은 물에서 연꽃이 피어나고, 자연스러워야 꾸밈이 없다(淸水出芙蓉 天然去彫飾)'라는 표현으로 문학창작의 원칙을 제시하였다.

세상의 본질을 파악해야 천하의 중책을 맡을 수 있다.

(看破認眞 脫繮負任 간파인진 탈강부임)

Reality and illusion coexist in this world;
Learn to distinguish the two.

My life, my joy, my food, my all the world!
나의 삶, 나의 기쁨, 나의 음식, 나의 모든 것, 나의 세계!

(King John 존 왕: 3,4,104)

원문의역

■ 이 세상이 가짜(illusion)라면 부귀영화는 물론 내 육신도 천지로부터 잠시 빌린 것이고, 이 세상이 진짜(truth)라면 부모형제는 물론 세상만물이 모두 나와 한 몸이다.
■ 이러한 도리를 간파하여 진짜와 가짜를 분별하여라. 그래야 비로소 세상의 속박으로부터도 벗어나 천하의 큰 책임을 맡을 수 있을 것이다.

도움말

■ (불교TV-108 大懺悔文) 모든 생명은 하나로 연결되어 있다는 것(that all beings are interconnected as one)을, 모든 생명은 소통과 교감이 이루어진다는 것(that all beings can communicate and sympathize with one another)을, 나와 남이 하나임(that all beings have the same True Nature)을, 알게 되어 감사한 마음으로 절합니다.
■ (성경:「고린도전서」 12: 26) 만일 한 지체가 고통을 받으면 모든 지체가 함께 고통을 받고 한 지체가 영광을 얻으면 모든 지체가 함께 즐거워하느니라.

104. 반쯤에 만족하면 탈이 없다

모든 일에 여지를 남기고, 욕망을 반쯤으로 줄여야 재앙과 후회가 없다.

(凡事當留餘地 五分便無殃悔 범사당류여지 오분변무앙회)

Enjoy your food and pleasure, but leave a little room at the end;
They will damage your reputation, as well as your body.

One draught above heat makes him a fool,
the second mads him, and a third drowns him.

과음에서 한 모금 더 하면 바보가 된다.
두 모금 마시면 미친놈 된다, 세 모금 마시면 술독에 빠진다.

(Twelfth Night 십이야: 1,5,139)

───────────────

원문의역

- 맛 좋은 음식은 창자와 뼈를 상하게 하는 독약이다. 그러나 반쯤으로 줄이면 탈이 없다.
- 쾌락을 느끼게 하는 일들은 모두 몸을 망치고 덕을 잃게 하는 촉매제(觸媒劑)이다. 그러나 반쯤만 즐기면 후회가 없다.

도움말

- 우리의 몸은 스스로 균형을 유지하는 기능을 가지고 있어 영양이 부족하거나 함부로 많이 먹고 마시면 질병이 생긴다. 사람의 마음도 마찬가지이다. 욕망이 없으면 생활이 단조롭고 활력이 없지만 욕망이 지나치면 생활 곳곳이 흥분으로 가득 차고, 자칫하면 그 흥분과 자극이 위험을 수반한다. 자신의 욕망을 극복하는 가장 좋은 방법은 만족을 알고 늘 즐겁게 사는 지족상락(知足常樂)이다.

진실함과 너그러움으로 타인을 대하면 덕이 쌓이고 화를 멀리
할 수 있다.

(忠恕待人 養德遠害 충서대인 양덕원해)

Do not attack others for insignificant mistakes;
Do not expose the private affairs of others;
Do not bear in mind the past misdeeds of others.

With all grace to grace a gentleman.

신사의 너그러운 마음을 갖추고 있다.

(Two Gentlemen of Verona 베로나의 두 신사: 2,4,74)

원문의역

■ 남의 사소한 허물을 따지지 말고, 남의 사사로운 비밀을 들춰내지 말며, 남의 지난
잘못을 마음에 담아두지 말라.

■ 이 세 가지로 덕(virtue)을 기르고 화(harm)를 멀리 할 수 있다.

도움말

■ (『명심보감』正己篇) 귀로는 남의 그릇됨을 듣지 않고, 눈으로는 남의 결점을 보지
않으며, 입으로는 남의 허물을 말하지 않아야 한다. 눈을 경계하여 남의 잘못을 보
지 말고, 입을 경계하여 남의 결점을 말하지 말고, 마음을 경계하여 스스로 탐내거
나 화내지 말며, 몸을 경계하여 나쁜 친구를 따라 다니지 말라(耳不聞人之非 目不視
人之短 口不言人之過. 戒眼莫看他非 戒口莫談他短 戒心莫自貪嗔 戒身莫隨惡伴).

■ (성경: 「잠언」17: 9) 허물을 덮어 주는 자는 사랑을 구하는 자요 그것을 거듭 말하
는 자는 친한 친구를 이간하는 자니라.

106. 경거망동 하지 마라

몸가짐은 경솔히 하지 말고, 마음가짐은 지나치게 신중하지
말라.

(持身不可輕 用心不可重 지신불가경 용심불가중)

Behave with restraint but be broad-minded.

It makes us, or it mars us, think on that.

그것은 나를 만들거나, 아니면 나를 망친다.

(Othello 오셀로: 5,1,4)

원문의역

- 선비는 몸가짐을 너무 가볍게 해서는 안 된다. 너무 가벼우면 자신이 외부 상황에 휘둘려 느긋하고 침착한 멋을 잃는다.
- 선비는 마음가짐을 너무 무겁게 해서도 안 된다. 너무 무거우면 자신이 사물에 얽매여 산뜻하고 활발한 기상(vitality)을 잃게 된다.

도움말

- (안길환) 몸가짐은 신중히 하되 마음 씀씀이는 경쾌하고 활발하게 해야 한다는 교훈이다. 아무리 지식이 깊고 높다 하더라도 언행이 경솔하면 뭇사람들에게 신뢰와 존경을 받지 못한다. 반면에 높은 이상에 집착한 나머지 의식적으로 고상한 척하면 주위에 사람이 모여들지 않는다.
- (양성희) 몸가짐은 가벼이 하지 말고, 마음 씀씀이는 무겁게 하지 말라. 경솔하고 조급하면 일을 그르치기 쉬운 법이니, 반드시 심사숙고한 뒤 행동해야 한다.

인생이 덧없다 하여 주어진 시간을 헛되이 보내지 말라.

(人生無常 不可虛度 인생무상 불가허도)

Heaven and Earth may be forever but life is short;
Do not allow yourself to dwell upon empty existence.

Living dully sluggardiz'd at home,
Wear out thy youth with shapeless idleness.

집에서 뭉기고 빈둥거리면, 게으름으로 젊음이 허송된다.

(Two Gentlemen of Verona 베로나의 두 신사: 1,1,7)

원문의역

■ 천지는 영원하다. 그러나 이 몸은 두 번 다시 태어날 수 없고 설사 백 년을 산다 해도 나에게 주어진 날들은 빨리 지나간다.
■ 다행히 하늘과 땅 사이에 이 몸이 태어났으니 삶의 기쁨을 알고 즐겨야 하지만, 그렇다고 헛되이 살아서도 안 된다.

도움말

■ 시간은 우리 모두에게 친구이면서 적(敵)이다(Time is a friend and enemy for all). 우리가 시간을 제대로 관리할 줄 알면 도움이 되고, 잘못 관리하면 낭패를 당한다.
■ (조지훈) 천지는 비롯함도 끝남도 없으니 항상 있는 것이지만 사람의 목숨이야 어디 그런가. 한번 가면 그뿐인 이 인생은 길어야 백 년인데 그 백 년 가기가 눈 깜짝할 사이니 어쩐단 말인가. (중략) 우리의 생이 짧으면 짧을수록 무슨 보람이라도 남겨야 이 세상에 때어난 의의(意義)가 있고 짧은 삶을 더 허무하게 하지 않을 방도가 되기 때문이다.

공덕과 원망을 버리면 은혜와 증오가 모두 사라진다.

(德怨兩忘 恩仇俱泯 덕원양망 은구구민)

Do not expect anything back for your kindness:
Forget both your generosity and your resentment at the same time.

Be thou as chaste as ice, as pure as snow,
thou shall not escape calumny.

얼음같이 맑고, 눈송이처럼 깨끗해도, 이 세상 험담은 피할 길 없다.

(Hamlet 햄릿: 3,1,137)

원문의역

■ 원한은 선행(benevolence)에서 생긴다. 남이 고마워하기를 바라지 말고 차라리 당신의 선행과 이로 인한 원망(enmity)을 함께 잊어라.

■ 원수는 은혜(generosity)에서 생긴다. 남이 알아주기를 바라지 말고 차라리 당신의 은혜와 이로 인한 미움(resentment)을 함께 없애라.

도움말

■ (성경:「마태복음」6: 1~2) 사람에게 보이려고 그들 앞에서 너희 의를 행하지 않도록 주의하라. 그리하지 아니하면 하늘에 계신 너희 아버지께 상을 받지 못하느니라. 그러므로 구제할 때 외식하는 자가 사람에게서 영광을 받으려고 회당과 거리에서 하는 것 같이 너희 앞에 나팔 불지 말라. 진실로 너희에게 이르노니 그들은 자기 상을 이미 받았느니라.

■ 하늘이 보고 있으니 다른 사람의 평가에 너무 신경을 쓰지 마라. 오로지 자신의 양심에 따라 행동하고 마음에 부끄러움이 없으면 그만이다.

군자는 넘치게 소유하고 과하게 행하는 것을 삼간다.

(持盈履滿 君子兢兢 지영리만 군자긍긍)

Prepare for old age and decline:
The ailments of old age start during our youth;
The sufferings from decline begin during our success.

Had you been as wise as bold,
Young in limbs, in judgment old.

그대가 용감하고 슬기로웠다면,
사지가 싱싱하고, 판단이 능숙했더라면.

(The Merchant of Venice 베니스의 상인: 2,7,70)

원문의역

■ 늙어서 생기는 질병은 모두 젊었을 때 불러들인 것이고, 쇠퇴한 뒤에 오는 재앙은 모두 부흥했을 때 만들어진 것이다.

■ 그러므로 군자는 젊고 한창일 때 미리 조심하고 조심하라.

도움말

■ (성경: 「전도서」 12: 1~2) 너는 청년의 때에 너의 창조주를 기억하라. 곧 곤고한 날 이 이르기 전에, 나는 아무 낙이 없다고 할 해들이 가깝기 전에, 해와 달과 별들이 어둡기 전에, 비 뒤에 구름이 다시 일기 전에 그리하라.

■ (『노자』 9장) 가득 채우기보다 적당할 때 멈추는 것이 좋다. 너무 갈면 칼날이 쉽게 무뎌지고, 집 안 가득한 재물은 지킬 수 없다. 부귀하다 해서 교만하면 스스로 그 허 물을 끼친다(持而盈之 不如其已. 揣而銳之 不可長保, 金玉滿堂 莫之能守, 富貴而驕 自遺其咎). * Le Guin 영문은 20장 참조.

110. 사사로운 마음을 접어라

사욕을 버리고 공익을 따르며, 심신을 닦고 덕을 기른다.

(却私扶公 修身種德 각사부공 수신종덕)

Exercise your moral influence quietly;
Forget your personal glory.

Dispense with trifles.
사소한 것은 버려라.

(The Merry Wives of Windsor 윈저의 즐거운 아낙네들: 2,1,46)

원문의역

- 사사로이 혜택(personal favor)을 주는 것보다 공적으로 지원하는 것이 낫고,
- 새 친구(new relationship)보다 옛 친구와의 우정을 돈독히 하는 것이 낫고,
- 빛나는 명성(glory for name)을 세우는 것보다 숨은 은덕을 쌓는 것이 낫고,
- 특별한 절개(exotic virtue)를 지키는 것보다 평소 언행을 신중히 하는 것이 낫다.

도움말

- 공익(公益)을 위해 사심(私心)을 버리고 말과 행동을 조심하고, 몸가짐을 겸손하고 바르게 견지하면서 늘 자신의 발전을 위하여 부단히 노력해야 한다. 사사로운 욕심을 채우기 위하여 옛 친구를 등지고 돈과 권세를 자랑하고 특별한 이해관계를 내세우는 것은 도리에 어긋나는 행동이다.
- 공자(微子篇)는 '오랫동안 사귀어 온 친구는 큰 잘못이 없으면 버리지 않는다(故舊無大故 則不棄也).'고 하셨고, 중국 속담에 '옷은 새 옷이 좋고 사람은 옛사람이 좋다(衣以新爲好 人以舊爲好).'는 말이 있다.

공론에 거역하지 말고, 권력에 아첨하지 마라.

(勿犯公論 勿諂權門 물범공론 물함권문)

Do not curry favor with the powerful;
Follow the fair, righteous path.

Falsehood falsehood cures.

거짓은 거짓이 고친다.

(King John 존 왕: 3,1,203)

원문의역

■ 공평하고 올바른 의견(opinion)에 반대하지 마라. 일단 반대하면 만천하에 욕먹는다.
■ 권세와 사리사욕의 문턱(threshold)을 넘어서지 마라. 일단 발을 들여놓으면 평생 그 더러움을 씻지 못한다.

도움말

■ (조지훈) 공평한 의견과 이치에 맞는 의논을 반대하지 마라. 구구한 사정(私情)과 고의(故意)의 반항이 한번 정론(正論)을 범하면 이는 일에 임하여 사심(私心)이 있음을 나타냄이니 그 수치를 만세에 남길 것이다. 권세 있는 집과 사리(私利)을 경영하는 사람 집에는 발을 들여놓지 말라. 만약 한번 발을 붙이면 그 더러움을 종생(終生)토록 씻지 못할 것이다.
■ (『명심보감』 戒性篇) 사람의 성품은 물과 같다. 한번 엎질러진 물은 다시 되돌려 그릇에 담을 수 없듯이 성품도 한번 방종해지면 돌아올 수 없다(人性如水; 水一傾則不可復 性一縱則不可反).

112. 늦어도 기차는 온다

자신이 올바르면 남이 시기해도 두렵지 않고, 자신에게 과오가 없다면 남이 모함해도 두렵지 않다.

(直不畏忌. 善不懼毁 직불외기 선불구훼)

Do not change your principles to please others:
The righteous do not fear hatred and the innocent do not fear slander.

Shall I compare thee to a summer's day?
Thou art more lovely and more temperate.

당신을 여름날에 비교할까요?
당신은 너무나 아름답고, 정숙합니다.

(Sonnets 소네트: 18)

원문의역

- 남의 환심을 사려 자신의 뜻을 굽히지 마라. 차라리 뜻을 지켜 남의 미움을 사라.
- 좋은 일을 하지 않았으면 남의 칭찬도 받지 마라. 차라리 욕을 먹더라도 나쁜 일은 하지 말라.

도움말

- 모든 잘잘못은 결국 밝혀지고 반드시 옳은 길로 돌아온다(事必歸正). 세상의 물거품 같은 환심을 사기 위해 자신의 합당한 의견을 굽히지(曲意逢迎) 말고, 오히려 자신이 믿는 바를 바르게 간하여야 한다(直言不諱). 그러면 당신이 기다리는 열차는 곧 도착할 것이다. 때로는 늦기는 해도 꼭 도착할 것이다. 세상 이치도 이와 같으니, 설사 남에게 미움과 오해를 받아 억울하더라도, 자신의 바른 뜻과 진실을 지키며 당당하게 처신하라. 진실이 한때 왜곡될 수도 있지만 언젠가는 그 옳고 그름이 반드시 밝혀질 것이다.

가정의 문제는 침착하게 대처하고, 친구의 과오는 확실히 지적
하라.

(家人從容 朋友凱切 가인종용 붕우개절)

Be calm in handling family affairs;
Be firm in helping friends down the right path.

A friend should bear his friend's infirmities.

친구는 친구의 약점도 챙겨야 한다.

(Julius Caesar 줄리어스 시저: 4,3,85)

원문의역

- 가족의 문제는 침착하게 처리하라. 흥분하여 감정적이면 안 된다.
- 친구의 과실은 확실히 지적하라. 어물어물 넘기면 안 된다.

도움말

- 자식에 대한 교육과 훈육을 직접 하지 않는 것이 좋다. 자칫 잘못하면 부모 자식 관
  계에 심각한 문제가 생길 수도 있다. 그래서 우리 조상들은 자식 훈육을 믿을 만한
  친구에게 맡겼다고 한다.
- (성경: 「요한복음」 15: 13) 사람이 친구를 위하여 자기 목숨을 버리면 이보다 더 큰
  사랑이 없나니.
- (『명심보감』 交友篇) 열매를 맺지 않는 꽃은 심지 말고, 의리가 없는 친구는 사귀지
  마라(不結子花 休要種, 無義之朋 不可交).

114. 진정한 영웅의 요건

큰 틀에서 착안하되, 작은 일부터 착수하라.

(大處着眼 小處着手 대처착안 소처착수)

Plan big and pay attention to the details:
Do not neglect small problems;
Do not let secret matters give rise to deception.

The fox barks not when he would steal the lamb.

여우는 양을 훔칠 때 짖지 않는다.

(Henry VI Part 2 헨리 6세 2부: 3,1,55)

원문의역

- 사소한 일도 물샐 틈 없이 하고, 남이 안 보는 곳에서도 속이거나 감추지 말고, 실패한 경우에도 포기하거나 당황하지 말아라.
- 이런 사람이야말로 진정한 영웅이다.

도움말

- (乙力) 큰일을 하려는 진정한 영웅은, 용감하면서 꾀도 있고(有勇有謀), 도리는 지키되 거절할 줄도 알고(有理有節), 과감하면서 세심하기도 해야 한다(粗中有細).
- 스티브 잡스(Steve Jobs)는 품질(quality)에 대한 강한 신념을 가져 영웅이 되었다. 그는 '훌륭한 목수는 서랍장 뒷부분에도 좋은 나무를 사용한다. 아무도 보지 않는다고 합판으로 만들면 자신이 알기 때문에 밤에 걱정 없이 잘 수 없을 것'이라고 하였다. 이같이 하늘을 우러러 한 점 부끄러움이 없는 인생을 산 사람이 진정한 영웅이다. 영웅이 되려면 남이 보건 안 보건, 하는 일이 크건 작건 간에 순리에 따르고, 최선을 다해야 한다.

과도한 사랑은 원수를 만들고, 극히 소박한 감정이 오히려 호
감을 낳는다.

(愛重成仇 薄極成喜 애중성구 박극성희)

Too much love becomes hate;
A single good meal can become lasting grace.

Happy in that we are not overhappy.
지나치게 행복하지 않아서 행복하다.

(Hamlet 햄릿: 2,2,231)

원문의역

■ 천금으로도 한 순간의 즐거움을 사기 어렵지만, 밥 한 술이 평생의 고마움이 되기
도 한다.
■ 대체로 지나친 사랑이 도리어 원한이 되기도 하지만, 아주 작은 친절이 오히려 큰
기쁨을 주기도 한다.

도움말

■ 사랑이 지나치면 남의 원성을 사고, 친절이 지나쳐도 상대방에게 부담을 주는 경우
도 있다. 남을 도울 때 돈으로는 되지 않는 경우도 있지만 반대로 약간의 도움으로
일생 동안 감사하는 일도 있다. 따라서 사랑도 은혜도 때와 장소에 따라 적절하게
베풀어야 할 것이다.
■ (성경: 「전도서」 7: 16) 지나치게 의인이 되지 말며 지나치게 지혜자도 되지 말라.
어찌하여 스스로 패망하게 하겠느냐?

116. 우둔함 속에 재주가 숨겨져 있다

우둔함 속에 재주가 숨겨져 있고, 혼탁함 가운데 맑음이 깃들어 있다.

(藏巧於拙 寓淸於濁 장교어졸 우청어탁)

Hide your genius amidst ineptitude and keep your light in darkness.

Have more than thou showest,/ Speak less than thou knowest,

Lend less than thou owest.

보여주는 것보다 더 갖고 있으며, 아는 것보다 적게 말하고,
지니고 있는 것보다 덜 빌려주어야 한다.

(King Lear 리어왕: 1,4,21)

원문의역

- 뛰어난 재능이 있어도 우둔함 속에 숨기고, 남의 눈에 띄지 않게 처신하면서도 내면에는 밝음을 유지하고, 청렴을 지키면서도 세상 탁류에 몸을 맡기고, 또한 먼저 양보함으로써 자신의 큰 뜻을 펼쳐라.
- 이것들이 세상을 사는 '하나의 항아리(一壺)'이자, 자신을 숨기는 '세 개의 동굴(兎營三窟)'이다.

도움말

- 일호(一壺)는 강 한가운데서 배를 잃으면 항아리 하나도 천금의 가치가 있는 구조선(救助船)이 되고, 토영삼굴(兎營三窟)은 현명한 토끼는 세 개의 동굴을 파서 안전지대(安全地帶)를 구축한다는 의미로, 각각 골관자(鶡冠子)와 전국책(戰國策)에 나오는 말이다.
- (『노자』 45장) 큰 지혜는 바보스럽고, 큰 기교는 허술해 보이고, 한 걸음 물러남으로써 나아가고, 일단 굽혀야 펼 수 있다(大智若愚 大巧若拙 以退爲進 以屈爲伸).

번성함이 극에 달하면 쇠퇴하고, 착취가 극에 달하면 다시 채워지기 마련이다.

(盛極必衰 剝極必復 성극필쇠 박극필복)

Be prudent and ready for a downturn when content;
Be patient and prepared for better times when difficult.

They say, best men are molded out of faults;

최고의 인간은 결함에서 만들어진다.

(Measure for Measure 자에는 자로: 5,1,442)

원문의역

- 쇠퇴해가는 모습은 성공하여 자만(自滿)하고 있을 때부터 잉태되고, 생장하는 낌새는 쇠락하여 실의(失意)에 빠져있을 때부터 생겨난다.
- 그러므로 군자는 편안할 때 바른 마음을 지키면서 훗날에 대비하고, 막상 어려움이 생기면 백 번을 참고 견뎌 성공을 도모한다.

도움말

- (조지훈) 무성한 잎을 보고 소슬한 낙엽을 생각하라. 눈 속에 얼어붙은 풀을 헤치면 봄소식이 먼저 깃들이는 법이다. 쓸쓸한 기상(氣象)은 영락(零落)한 뒤에 비로소 나타나는 것이 아니라 번성할 때 깃들이는 것이요, 생생한 움직임은 도리어 영락한 속에서 자라기 때문이다.
- (중국 속담) 사람은 백날이 매일 매일 좋기만 할 수 없고(人百日不能日日好), 꽃은 백날을 하루같이 붉을 수 없다(花百日不能日日紅). 쓴 것이 다하면 단 것이 오고(苦盡甘來), 즐거운 일이 다하면 슬픈 일이 온다(興盡悲來).

유별난 것은 진리와 거리가 멀고, 홀로 행하는 것은 오래 지속
되지 못한다.

(奇異無遠識 獨行無恒操 기이무원식 독행무항조)

The eccentric do not offer great insight;
Loners do not succeed for long.

Bid them wash their faces, And keep their teeth clean.
얼굴을 씻고, 이를 닦아라.

(Coriolanus 코리오레일너스: 2,3,64)

원문의역

■ 원대한 안목(far-reaching discrimination)을 가진 사람은 특별한 것(the unusual)에 놀라
지 않고 이상한 것(the uncommon)도 좋아하지 않는다.
■ 힘들게 절개를 지키며 세상과 맞서서 홀로 행하는 명예(honor)는 결코 오래가지 못
한다.

도움말

■ (조지훈) 괴로운 세상에 절의(節義)를 지키거나 세상과 등지고 홀로 도를 행함은 훌
륭하지 않음이 아니나 이런 일이란 비상한 때에나 빛나는 교훈이 되지 영구히 지킬
수 있는 지조라 할 수 없다.
■ (乙力) 마천루도 평지에서 시작되고, 일을 할 때도 땅을 밟고 서서 해야 한다. 이렇
게 차근차근 조금씩 시작하여야 한다. 그렇지 않은 성공은 마치 모래 위에 세운 누
각(砂上樓閣) 또는 물에 비친 달(水中映月)과 같다. 따라서 뜻을 가진 사람은 일상생
활에서 일언일행(一言一行) 및 일거일동(一擧一動)이 모두 생활규범과 도덕에 부합
되도록 하여야 한다.

백정도 칼을 놓으면 그 자리에서 부처가 될 수 있다.

(放下屠刀 立地成佛 방하도도 입지성불)

If you sincerely choose what is good,
Demons will become gentlemen.

And I feel within me/ A peace above all earthly dignities,

A still and quiet conscience.

나는 내 마음속 깊이에서 이 세상 모든 권세로도 바꿀 수 없는
마음의 평화와 안정된 양심을 느끼고 있다.

(Henry Ⅷ 헨리 8세: 3,2,379)

원문의역

- 누구나 화가 나고 욕심이 생길 때 그것이 나쁘다는 것을 안다. 그런데도 나쁜 짓을 저지르고 만다.
- 그런데 이것을 아는 것은 누구이고, 알면서 나쁜 짓을 저지르는 것은 누구인가?
- 그 순간에 과감하게 생각을 돌릴 수만 있다면 나쁜 사람도 좋은 사람이 된다.

도움말

- (조지훈) 분노가 불길처럼 타오르고 욕념이 가마솥의 물처럼 끓어오르는 때를 당하여, 그것을 명백히 알며 또한 그것을 명백히 억제하려는 것이 있으니 아는 것은 누구며 억제하는 것은 또 누굴까. 그것은 각자가 지니고 있는 일념(一念)의 주인공이다.
- (성경: 「잠언」 16: 32) 노하기를 더디 하는 자는 용사보다 낫고 자기의 마음을 다스리는 자는 성을 빼앗는 자보다 나으니라.

120. 인간관계에서 삼가할 사항

남을 일방적으로 믿거나 자신을 과신하지 말며, 자만하거나 남을 시기하지 말라.

(毋信偏言 不恃己長 무신편언 불시기장)

Do not blindly trust yourself or anyone else;
Do not use your strengths to expose the weaknesses of others.

I am to wait, though waiting so be hell,
Not blame your pleasure, be it ill or well.

기다리는 일이 지옥이라도 참겠습니다.
당신의 즐거움이 선이건 악이건 비난하지 않겠습니다.

(Sonnets 소네트: 58)

원문의역

- 한쪽 말만 믿다가 간사한 자에게 속지 말고,
- 자기를 너무 믿어서 객기(客氣)를 부리지 말며,
- 자기 장점을 들어 남의 단점을 들추지 말고,
- 자기가 서툴다고 하여 남의 능력을 시기하지 말라.

도움말

- 공자(子罕篇)께서는 네 가지를 절대로 하지 않으셨다(子絕四; 毋意, 毋必, 毋固, 毋我: 해설은 190장 참조). 홍응명도 네 가지를 하지 말라고 한다. 공자와 홍응명이 공히 사용한 「毋: 말 무」 자는 '하지 말라'는 뜻으로 원래는 「無: 없을 무」 자와 같은 글자였다. 서울시 홍제동에서 독립문으로 넘어가는 무악재(毋岳峴)는 무학대사(無學大師)가 조선왕조 도읍터를 정하기 위해 이곳에 왔었다고 생긴 이름으로 원래는 무학재(無學峴)였다고 한다.

자신의 단점으로 남의 단점을 공격하지 말고, 자신의 우둔함으로 남의 우둔함을 구제하려 하지 말라.

(毋以短攻短 毋以頑濟頑 무이단공단 무이완제완)

Do not assault the shortcomings of others with your own;
Do not respond to their stubbornness with yours.

What men daily do, not knowing what they do!

하는 일이 무엇인지 모르고, 무엇을 하는가!

(Much Ado About Nothing 헛소동: 4,1,18)

원문의역

■ 남의 단점은 (자존심이 상하지 않게) 넌지시 적당히 덮어주어야 한다. 만약 이를 드러내어 들춘다면 이는 단점으로 단점을 공격하는 것이다.

■ 남이 고집을 부리면 (인내심을 가지고) 따뜻한 마음으로 깨우쳐주어야 한다. 만약 화를 내고 미워하면 이는 완고함으로써 완고함을 고치겠다는 것이다.

도움말

■ (성경 「누가복음」 6: 42) 너는 네 눈 속에 있는 들보를 보지 못하면서 어찌하여 형제에게 말하기를 형제여 네 눈에 있는 티를 빼라 하라 할 수 있느냐. 외식하는 자여 먼저 네 눈 속에 들보를 빼라. 그 후에야 네가 밝히 보고 형제의 눈 속에 있는 티를 빼리라.

■ (乙力) 나에게 와서 남의 잘잘못을 떠벌리는 사람이 바로 나에 대해 다른 사람에게 왈가왈부(日可日否)할 사람이다(來說是非者 便是是非者).

122. 거만한 자에게는 말을 조심하라

음험한 자와 교제하지 말고, 거만한 자에게는 말을 조심하라.

(陰者勿交 傲者防口 음자물교 오자방구)

Do not reveal your thoughts to a sinister character;
Do not open your mouth in front of an arrogant person.

Lilies that fester smell far worse than weeds.

독기를 내뿜는 백합은 잡초보다 더 나쁘다.

(Sonnets 소네트: 94)

원문의역

- 표정이 음험하고 말이 없는 사람을 만나거든 속마음을 내보이지 말고,
- 화를 잘 내고 잘난 체하는 사람 앞에서는 입을 다무는 것이 낫다.

도움말

- (한용운) 침묵을 지켜 마음속을 드러내 말하지 않는 사람을 만나면 속에 어떠한 마음이 들어있는지 알 수 없다. (중략) 함부로 속마음을 드러내지 말아야 한다. 성을 잘 내고 자긍심이 가득 차서 남의 시비를 논단하기 좋아하는 사람 앞에서 진심을 말하면 주고받은 말들이 남에게 전달되어 어떠한 불이익을 당할지 알 수 없다. 따라서 입을 다물고 속마음을 말하지 말아야 한다.
- (『맹자』 離婁下) 군자는 사랑으로 반성하고 예의로써 성찰해야 한다(君子以仁存心 以禮存心). 횡포를 부리는 자가 있으면 우선 자신을 반성해 보고, 그래도 상대가 화를 내면, 재차 '내가 틀림없이 마음을 다했는지' 살펴보아라. 이렇게 사랑과 예의로 성의를 다했음에도 불구하고 또 화내면 '이 놈은 망령된 자로구나. 이런 짐승을 어찌 힐책하겠는가(此亦妄人也已矣 於禽獸何難焉)?'라고 포기하고, 더 이상 상종하지 않는 것이 좋다.

귀가 멍하고 정신이 어리둥절하게 하는 일에 임해서는 각별히
신중하고 조심하라.

(昏散知醒 吃緊要放 혼산지성 흘긴요방)

Take a moment to gather yourself when under duress;
Take your time when your thoughts are intense.

Seeing too much sadness hath congeal'd your blood,

And melancholy is the nurse of frenzy:

울적한 심정으로 피가 얼었습니다,

우울증은 광란을 키운답니다.

(Taming of the Shrews induction 말괄량이 길들이기 서막: 2,134)

원문의역

- 머리가 멍하고 산만할 때는 정신을 가다듬고, 마음이 긴장될 때는 내려놓을 줄 알아야 한다.
- 그렇지 않으면, 설사 우울증(depression)은 고쳐 놓더라도 갈팡질팡하는 괴로움은 끊이지 않는다.

도움말

- (성경: 「잠언」 4: 23) 모든 지킬 만한 것 중에 더욱 네 마음을 지켜라. 생명의 근원이 이에서 남이니라.
- 인생을 살아가자면 긴장할 때가 많다. 긴장상태가 지속되다 보면 신경쇠약증, 우울증 등과 같은 마음의 질병에 걸리게 마련이다. 그러므로 간단한 레저 스포츠 활동 등으로 신경을 이완시킬 필요가 있다.

군자의 마음은 비온 뒤의 맑은 하늘과 같다.

(君子之心 雨過天晴 군자지심 우과천청)

Harmonize with the constantly changing nature of the Universe.

Like as the waves make toward the pebbled shore,

So do our minutes hasten to their end.

파도가 조약돌 해안으로 밀려가듯이,
인생의 순간은 종착으로 향해 매 순간 간다.

(Sonnets 소네트: 60)

원문의역

- 맑은 날에 갑자기 천둥 번개가 치기도 하고, 폭풍우가 몰아치다가도 어느새 하늘이 개어 밝은 달이 비친다.
- 천지 운행이 잠시라도 멈춘 적이 있었던가? 하늘이 조금이라도 장애를 받은 적이 있었던가? 사람의 마음 바탕(心性)도 이와 같을 것이다.

도움말

- 하늘도 천둥 번개와 폭풍우를 오랫동안 계속하지 않는다. 하늘이 하는 일도 부자연스러운 것은 오래가지 않는데 인간이 하는 일이 얼마나 오래가겠는가. 자연의 일부(天人合一)인 사람에게 기쁠 때도 있고 슬플 때도 있지만 그 순간은 오래가지 않고 결국은 자신의 맑은 본심으로 돌아간다.
- (『노자』 23장) 하늘은 긴 연설을 하지 않는다. 무서운 돌풍도, 사나운 폭우도 하루 종일 계속되지 않는다. 누가 그렇게 할 수 있는 것인가? 하늘과 땅이다. 하늘과 땅이 하는 일도 그렇거늘 하물며 사람이야 어떻겠는가(希言自然. 故飄風不終朝 驟雨不終日. 誰爲此者? 天地. 天地尙不能久 而況於人乎)?

지식과 의지가 있으면 마귀(貪瞋癡)도 범접을 못한다.

(有識有力 魔鬼無踪 유식유력 마혼무종)

Knowledge and strength together can suppress greed.

Superfluity comes sooner by white hairs,

but competency lives longer.

지나친 욕심은 어느새 흰머리로 온다.

하지만 적절한 충족은 수명을 연장한다.

(The Merchant of Venice 베니스의 상인: 1,2,8)

원문의역

■ 사사로운 욕심(selfish desire)을 극복함에 있어 '사욕을 빨리 알아채지 못하면 억제하기 어렵다'는 의견과 '알아채긴 해도 의지와 인내심이 부족하면 극복할 수 없다'는 의견이 있다.

■ 그렇지만 자각심(knowledge)은 악마를 밝혀내는 밝은 구슬이고, 의지력(strength)은 악마를 베는 지혜의 칼이 될 것이니, 둘 모두 필요하다.

도움말

■ (안길환) 사욕에 제동을 거는 데는 무엇이 필요할까? 이에 대해서는 사욕이 무엇인가를 빨리 깨달아야 한다는 주지론자(主知論者)가 있고, 사욕을 억제해야 한다는 주의론자(主意論者)가 있다. 그러나 홍자성은 주지론과 주의론을 모두 수용하고 있다. 즉 빨리 깨달아야 하는 것도 중요하지만, 그런 사욕을 과감하게 뿌리칠 의지와 결단도 꼭 필요하다고 역설한다.

■ (성경: 「야고보서」 1: 15) 욕심이 잉태한즉 죄를 낳고 죄가 장성한즉 사망을 낳느니라.

도량이 넓은 사람은 관대하고, 자신의 감정을 말과 안색으로
드러내지 않는다.

(大量能容 不動聲色 대량능용 부동성색)

Respond to insults not with scorn, but with forgiveness:
Meet deception with silence and insults with indifference.

Your words and performances are no kin together.

너의 말과 행동은 친족(親族)이 아니다.

(Othello 오셀로: 4,2,182)

원문의역

- 남이 당신을 속여도 곧바로 말로 표현하지 말고, 남에게 모욕을 받더라도 곧바로 안색을 바꾸지 마라.
- 이 속에 무궁한 뜻이 있으며 또 무궁한 효용이 있다.

도움말

- (조지훈) 알면서 속은 것은 속는 것이 아니다. 남이 나를 속이는 줄 알아도 모르는 체하고 말로써 나타내지 않는 것이 좋다. 타인의 모욕을 받아도 성내지 않으면 내가 도리어 모욕하는 사람을 낮추어 보는 것이니 모욕을 받아도 성내지 않고 안색을 공평히 가지는 것이 좋다.
- 중국 격언에 '화나는 순간을 잘 참아야 비로소 훌륭한 사람이 될 수 있다(忍得一時之氣 才做得人上之人).'는 말이 있듯이, 기쁨과 노여움을 얼굴에 나타내지 않는 것은 자기 자신을 보호하고 나아가 훌륭한 사람이 되기 위한 처신이다.

고난과 궁핍은 몸과 마음을 단련시킨다.

(困苦窮乏 鍛煉身心 곤고궁핍 단련신심)

Strong bodies and minds are forged through trial and tribulation.

Men are as the time is.

인간은 시대가 만든다.

(King Lear 리어왕: 5,3,31)

원문의역

- 온갖 역경(misfortune)과 곤궁(hardship)은 호걸을 단련시키는 용광로와 망치이다.
- 이러한 시련(trial)을 이겨내면 성공하고, 이겨내지 못하면 실패한다.

도움말

- 뜨거운 용광로에서 달군 쇠붙이를 망치로 계속 두드려야 비로소 단단한 강철이 된다. 한 사람이 성숙하고 성공하는 과정도 바로 어려움을 겪고 고난을 이겨내는 과정이다. 우환 속에서는 살아나지만, 안락 속에서는 죽고 만다. 영웅은 결국 어려운 역경의 시대를 이겨낸 사람이다(時勢造英雄).
- (『맹자』告子下) 사람들은 항상 과오를 저지른 후 고치고, 번민하고 저울질한 후에야 해결책을 찾아내고, 안색과 말로 드러낸 후에야 깨우친다. (중략) 그렇게 되고난 후에야 우환 가운데서는 살아남고 안락 가운데서는 죽는다는 것을 안다(人恒過 然後能改; 困於心 衡於慮 而後作; 徵於色 發於聲 而後喻, … 然後知生於憂患 而死於安樂也).

인간이 곧 천지의 축소판이고, 천지가 곧 인간의 어버이이다.

(人乃天地之縮圖 天地乃人之父母 인내천지지축도 천지내인지부모)

My body is a tiny Universe;
The Universe created us in its miniature form.

The beauty of the world, the paragon of animals
인간은 이 세상 아름다움이요, 만물의 영장이다.

(Hamlet 햄릿: 2,2,308)

원문의역

- 내 몸은 하나의 작은 우주다. 기쁨과 노여움에 휘둘리지 않고 좋고 싫음을 잘 조절하면 세상의 조화를 이룰 수 있다.
- 천지는 인간의 위대한 부모. 사람들의 원성을 듣지 않고 사물을 병들게 하지 않으면 평화로운 세상을 만들 수 있다.

도움말

- (Ames/ Hall: 『도덕경』) 기독교 성경에는 하느님이 세상을 창조하였다고 보지만, 중국 고전에서 하느님(天)은 바로 이 세계이다. 하늘(天)은 세상만물의 존재임과 동시에 존재하는 방법이다. 하늘은 자연을 본래의 자연으로 돌아가게 한다(Heaven is both what our world is and how it is. It is nature naturing).
- 모든 생명은 서로 소통과 교감을 이룬다. 하늘과 사람도 서로 교감한다(天人感應). 그래서 우주만물이 내 가족이다. 하늘이 사계절의 변화와 음양의 조화를 통하여 만물을 낳아 기르듯이, 인간도 희로애락(喜怒哀樂)의 감정변화와 선악(善惡)의 운용에 따라 인격이 형성된다.

남을 염려할 때는 소홀함이 없도록 주의하고, 남을 살필 때는
마음의 상처를 주지 않도록 조심해야 한다.

(戒疏於慮 警傷於察 계소어려 경상어찰)

Be neither indifferent nor overbearing towards others.

Love moderately: long love doth so;

사랑을 알맞게 하라. 오래가는 사랑은 그렇게 한다.

(Romeo and Juliet 로미오와 줄리엣: 2,6,14)

원문의역

■ 남을 해치려는 마음은 갖지 말고 남을 보호해 주려는 마음을 가져라. 이는 남에게
좀 더 관심을 가지라는 훈계이다.

■ 설사 남에게 속을지언정 남이 나를 속일 것이라고 지레짐작하지 마라. 이는 남을
지나치게 살피지 말라는 훈계이다.

■ 이 두 가지 훈계를 함께(side by side) 명심하면 자신의 판단력이 명료해지고, 남들과
잘 지낼 수 있을 것이다.

도움말

■ (『논어』憲問篇) 자신의 잘못을 감추지 않고, 남이 속일까 지레짐작하지 않으면서
도, 남의 일이나 잘못을 먼저 깨닫는 사람이라야 현명한 사람이다(不逆詐 不億不信
抑亦先覺者是賢乎).

■ 남에게 피해를 주지 마라. 남에게 피해를 입히면 결국 자신도 해(害)를 입는다. 남과
더불어 살려면 남을 돕고 보호해 주는 사람이 되어야 한다. 남을 방어하는 마음은
일종의 자기보호(self-protection)이기도 하다. 고지식하여(stupidly honest) 설사 남에게
속을지언정 남이 나를 속일 것이라고 미리 짐작하지 마라.

130. 남에게 해서는 안 되는 것들

옳고 그름을 분별하고, 전체의 이익을 생각하라.

(辨別是非 認識大體 변별시비 인식대체)

Distinguish right from wrong and do what is good for all;
Do not use public opinion to justify your own feelings.

Let all the ends thou aim'st at be thy country's,
Thy God's, and truth's.

네가 지향하는 목표는 모두 나라와, 신과, 진리를 위해서 있다.

(Henry Ⅷ 헨리 8세: 3,2,446)

원문의역

- 많은 사람이 의심한다고 하여 자신의 견해를 굽히지 말고,
- 자신의 생각에만 매달려 남의 말을 물리치지 말며,
- 작은 혜택을 사사로이 베풀어 전체의 이익을 해치지 말고,
- 여론의 힘을 빌려 개인적인 감정을 만족시키지 마라.

도움말

- 여러 사람의 앞이라도 줏대 없이 남을 따라 하지 마라. 혹 많은 사람들이 의심을 하더라도 자신의 의견이 정당하다면 응당 자신의 의지를 주장해야 한다. 그렇다고 자기 고집만 부려서도 안 된다. 자기의 얄팍한 자존심이나 편협한 감정 때문에 남의 의견을 배척하지 마라. 특히 자기의 사소한 이해 때문에 큰일을 망치거나 국민의 이름을 팔아 사사로운 욕심을 채워서는 안 된다. 개인의 감정을 풀기 위해 여론의 힘을 빌리는 것은 참으로 비열한 작태이다.

선한 사람과 사귈 때는 칭찬을 자제하고, 악한 자를 멀리할 때
는 비밀을 지켜라.

(親善防讒 去惡守密 친선방찬 거악수밀)

Win the hearts of the good by saving the flattery;
Keep the unsavory away by saving the criticism.

It is a kind of good deed to say well,
And yet words are no deeds.

말을 잘 한다는 것은 좋은 일이다. 그러나 말은 행동이 아니다.

(Henry VIII 헨리 8세: 3,2,153)

원문의역

■ 착한 사람과 빨리 친해질 수 없더라도 성급하게 칭찬하지 마라. 간사한 자가 헐뜯
을까 두렵다.

■ 악한 자를 쉽게 내칠 수 없더라도 미리 발설하지 마라. 뜻밖의 재앙을 부를까 두
렵다.

도움말

■ (안길환) 악인(惡人)인 줄 알아도 아직 물리칠 수 있는 힘이 없으면, 그 사람을 몰아
내리라는 의중을 미리 내보여서는 안 된다. 만일 그 악인들이 들을 경우 이쪽에 대
해 무슨 모함을 감행하고 어떤 화를 끼칠지 모르기 때문이다. 그렇게 되면 그 악인
을 내치기는커녕 도리어 자기가 화를 당함으로써 소인배들의 득세를 부채질할 수도
있는 것이다.

■ (『논어』 顔淵篇) 진실로 충고하고 잘 이끌되 충고를 듣지 않으면 거기서 멈춰야 모
욕을 당하지 않는다(忠告而善道之 不可則止 無自辱焉). 군자의 사귐은 담백하기가
물과 같고, 소인의 사귐은 달콤하기가 단술과 같다(君子之交淡若水 小人交甘如醴).

어두운 방 안에서 빛나는 절개(節槪)가 자라고, 살얼음 디디듯
조심해야 빼어난 경륜이 생긴다.

(暗室節義 履薄經綸 암실절의 이박경륜)

Character is cultivated through honest, hard work;
Leadership is forged under the fire of patience and prudence.

Thoughts tending to ambition, they do plot/ Unlikely wonders.
야망을 달성하려는 꿈은 기상천외(奇想天外)의 일을 꾸민다.

(Richard II 리차드 2세: 5,5,18)

원문의역

■ 빛나는 절개와 의리는 남이 보지 않는 어두운 방 구석에서 남몰래 수양하여 키우고,
■ 세상을 휘두르는 빼어난 경륜도 살얼음을 디디듯 조심하는 마음에서 나온다.

도움말

■ (조지훈) 훌륭한 행동과 사업은 모두 다 그 이면에 피어린 고심(苦心)을 바탕으로 하
여 나타난 것임을 알 수 있다. 민족과 국가를 위한 의거(義擧) 끝에 고귀한 희생으로
순(殉)한 의렬(義烈)의 사(士)들을 봐도 그렇다. 그 청천백일(靑天白日), 추상열일(秋
霜烈日) 같은 행동은 겉으로는 폭발적이나 그들의 가슴속에서는 몇십 년을 두고 길
러온 싹이 아니던가. 웅대한 포부도 그렇다. 물가에 가듯이 살얼음 밟듯이 조심스러
운 마음, 치밀한 관찰, 명석한 판단이 그 바탕이 되어 있다.
■ (성경:「누가복음」16: 10) 지극히 작은 것에 충성된 자는 큰 것에도 충성되고 지극
히 작은 것에 불의한 자는 큰 것에도 불의하니라.

인륜은 본래 천륜이므로 베풂과 은혜를 따질 수 없다.

(倫常本乎天性 不可認德懷恩 윤상본호천성 불가인덕회은)

Father acts with affection, and child with filial piety;
Mutual love and respect are only as they should be.

Virtue's office never breaks men's troth.

인륜은 인간의 언약을 지킨다.

(Love's Labor's Lost 사랑의 헛수고: 5,2,350)

원문의역

- 어버이가 자식을 사랑하고 자식이 어버이께 효도하며, 형이 동생을 아끼고 동생이 형을 따르는 것은 지극히 당연한 일이다. 조금도 감격할 것이 못 된다.
- 만일 어느 쪽이 생색을 내거나 신세를 졌다고 생각한다면, 그것은 장터의 상거래와 다르지 않다.

도움말

- (조지훈) 자애와 효도와 우애는 이 모두 다 천륜이 시키는 바이니 아무리 어려운 일을 해도 당연한 일일 따름이요, 조금도 감격과 자랑하는 마음을 가져서는 안 된다. 만일 천륜까지도 베푸는 자가 덕을 자랑하고 받는 자가 은혜를 느끼면 이 어찌 오다가다 만난 행인과 팔고 사는 장사꾼으로 더불어 다름이 있다 하겠는가.
- (성경: 「마태복음」 5: 22) 나는 너희에게 이르노니 형제에게 노하는 자마다 심판을 받게 되고 형제에 대하여 나가라 하는 자는 공회에 잡히게 되고 미련한 놈이라 하는 자는 지옥 불에 들어가게 되리라.

134. 미(美)와 추(醜)는 함께 있다

아름다움과 깨끗함을 뽐내지 않으면, 추하거나 더럽다고 욕을
먹지도 않는다.

(不誇妍好潔 無醜汚之辱 불과연호결 무추오지욕)

No good without evil, no beauty without ugliness.

Thou mak'st faults grace, that to thee resort:

As on the finger of a throned Queen,

The besest jewel will be esteem'd:

당신의 과오가 미덕이 되기 때문에, 결점도 사랑을 받습니다.
옥좌에 앉아있는 여왕 손에 있는
보석이 하잘 것 없는 돌이어도 좋게 보이는 것처럼.

(Sonnets 소네트: 96)

원문의역

- 아름다움(beauty)이 있으면 추함(ugliness)이 있다. 스스로 아름다움을 뽐내지 않으면
  아무도 추하다 흥보지 않는다.
- 깨끗함(integrity)이 있으면 더러움(corruption)이 있다. 스스로 깨끗함을 좋아하지 않
  으면 아무도 더럽다 욕하지 않는다.

도움말

- (『노자』 2장) 세상 사람들이 모두 아름다운 것을 아름답다고만 안다면 이는 추한 것
  이고, 모두가 착한 것을 착하다고만 인식한다면 이는 나쁜 것이다(天下皆知美之爲
  美 斯惡已, 皆知善之爲善 斯不善已. Everybody on earth knowing that beauty is beautiful
  makes ugliness. Everybody knowing that goodness is good makes wickedness).

부유한 자들이 더 야박하고, 혈육 간에 질투가 더 심하다.

(富貴多炎涼 骨肉多妬忌 부귀다염량 골육다투기)

The rich and ranked are more fickle than the poor and humble;
Relatives are more jealous than strangers.

How many fond fools serve mad jealousy?

얼마나 많은 바보들이 미친 짓 질투에 빠져있는가?

(The Comedy of Errors 실수연발: 2,1,116)

원문의역

- 부유한 자들이 가난하고 낮은 신분의 사람들보다 더 야박하고, 형제자매간이 남남보다 더 시기하고 질투한다.
- 이런 세상 인심을 냉정하게(cool) 받아들여 자신의 감정을 차분하게(calmly) 다스리지 않으면 마음 편한 날이 없을 것이다.

도움말

- (성경: 「신명기」 4: 9) 오직 너는 스스로 삼가며 네 마음을 힘써 지키라. 그리하여 네가 눈으로 본 그 일을 잊어버리지 말라. 네가 생존하는 날 동안에 그 일들이 네 마음에서 떠나지 않도록 조심하라. 너는 그 일들을 네 아들과 네 손자에게 알게 하라.
- '냉정하게'란 말을 영어로 'with cool bowels'라고 한다. 내장(bowels)은 동정심과 인정이 깃드는 장소이다. 그래서 신경을 많이 쓰고 긴장을 하면 배가 아프고, 사촌이 논을 사면 배가 아픈가 보다. 이러한 변덕스런 마음과 투기심은 냉정한 사려(思慮)와 평순(平順)한 기운으로 다스려야 한다.

공로와 과실은 분명히 따지고, 은혜와 원한은 너무 밝히지 말라.

(功過不容少混 恩仇不可過明 공과불용소혼 은구불가과명)

Distinguish right from wrong;
Downplay generosity and animosity.

Heat not furnace for your foe so hot.
That it do singe yourself.

너의 적 때문에 화덕을 뜨겁게 달구지 마라.
결국은 그 불길로 네가 까맣게 타죽는다.

(Henry Ⅷ 헨리 8세: 1,1,140)

원문의역

■ 공(merit)과 과실(misjudgement)은 분명히 따져라. 조금이라도 혼동하면 사람들이 나태한 마음을 가진다.

■ 은혜(gratitude)와 원망(thanklessness)은 너무 따지지 마라. 너무 따지면 서로 다른 마음을 가진다.

도움말

■ 신상필벌(信賞必罰)이란 공적이 있는 사람에게는 반드시 상(賞)을 주고 죄를 지은 사람에게는 반드시 벌(罰)을 주어야 하는 원칙이다. 이 원칙이 분명하지 않으면 혼신을 다하여 공적을 올리려 하지 않고, 잘못을 예사로 저지르게 되어 국가와 조직에 큰 피해를 끼칠 수도 있다. 이와 반대로 불교에서는 옳고 그름을 분별하여 따지지 말라고 한다. 지나치게 따지다 보면 서로 사이가 멀어질 수도 있다.

■ (불교TV-108大懺悔文) 이 세상을 많고 적음으로 분별하고, 높고 낮음으로 분별하고, 좋고 나쁨으로 분별하고, 옳고 그름으로 분별하며 살아온 죄를 참회하고 절합니다.

지위가 높아지면 위험은 더 커지고, 덕망이 높으면 비방은 더 많이 듣는다.

(位盛危至 德高謗興 위성위지 덕흥방흥)

With status comes risk and criticism.

There is tears for his love; joy for his fortune;
Honor for his valor, and death for his ambition.

그의 우애(友愛) 때문에 나는 운다. 그의 행운을 보고 나는 기뻐했다.
그의 용기를 존경했지만, 그의 야심을 보고 나는 그를 죽였다.

(Julius Caesar 줄리어스 시저: 3.2.24)

원문의역

- 너무 높은 자리에 있지 마라. 높으면 곧 위태로워진다.
- 힘을 다 소진하지 마라. 다 쓰고 나면 곧 쇠퇴한다.
- 너무 고상하게 행동하지 마라. 지나치면 곧 비방과 욕설을 듣는다.

도움말

- (『공자』) 무슨 일이든 지나침은 모자람만 못하다(過猶不及).
- (『주역』 乾卦) 가장 위의 효(爻)가 변하여 상구(上九)가 되면 극(極)에 달한 용이니 뉘우침이 있다(亢龍有悔). 항(亢)이라는 것은 나아가는 것만 알고 물러설 줄을 모르고, 생존(生存)만 알고 죽음은 모르고, 얻는 것만 알고 잃는 것을 모르는 것이니 이 어찌 성할 수 있겠는가? 진퇴존망(進退存亡)을 알아서 그 바름을 잃지 않는 사람이라야 성인이다.

138. 내 잘못을 감추지 마라

악행을 숨기면 과오가 커지고, 선행을 드러내면 공로가 작아
진다.

(陰惡禍深 陽善功小 음악화심 양선공소)

Hide wrong, be blamed;
Show good, be trivialized.

Let those whom Nature hath not made for store,
Harsh, featureless and rude, barrenly perish.
　자연이 후손을 바라지 않는
　조잡하고, 우악하고, 무례한 인간은 죽어야 한다.

(Sonnets 소네트: 11)

원문의역

- 악(evil)은 어둠을 싫어하고, 선(good)은 햇빛을 싫어한다.
- 악행(惡行)은 밝히면 허물이 작아지고, 숨기면 오히려 불행이 깊어진다.
- 선행(善行)은 자랑하면 공덕(merit)이 작아지고, 착한 일은 남모르게 묵묵히 해야 그 보람이 커진다.

도움말

- (한용운) 악은 잘 숨겨지지 않고 선은 잘 드러나지 않는다. 따라서 악은 드러내면 화가 얕고 숨기면 화가 깊으며, 선을 드러내면 공이 작고 숨기면 공이 크다.
- 선(善)은 밖으로 드러내지 말아야 한다. 밖으로 드러내면 그 구제하는 참마음이 손상된다. 반면에 악(惡)은 숨기지 말아야 한다. 숨기면 숨길수록 뒷감당을 하기 어렵다. 밝은 곳으로 나와서 솔직하게 용서를 구해야 구원을 받을 기회가 주어진다.
- (성경: 「마태복음」 6: 3~4) 너를 구제할 때에 오른손이 하는 것을 왼손이 모르게 하여 네 구제함이 은밀하게 하라. 은밀한 중에 보시는 너의 아버지가 갚으리라.

재주에만 의지하여 덕을 멀리하지 말고 덕으로 재주를 다스려라.

(應以德御才 勿恃才敗德 응이덕어재 물시대패덕)

Talent must be ruled by virtue;
Let not talent be one's only strength.

You are as strong, as valiant, as wise,

no less noble, much more gentle, and altogether tractable.

당신은 강하고, 용감하고, 현명하며,
고상하고, 신사답고, 아주 온순합니다.

(Troilus and Cressida 트로일러스와 크레시다: 2,3,148)

원문의역

■ 덕(nobility)은 재주의 주인이고, 재주(talent)는 덕의 하인이다.
■ 재주는 있으면서 덕이 없다면, 이는 마치 주인이 없는 집에서 하인들만 제멋대로 일을 처리하는 것과 같으니, 이 어찌 도깨비가 미쳐 날뛰는 꼴이 아니겠는가?

도움말

■ 성인은 재주와 덕을 두루 갖추어야 한다. 이러한 재덕겸비(才德兼備)는 보통사람에게도 요구된다. 그런데 어느 것이 우선인가? 덕이 재주보다 뛰어나면 군자이고(德勝才是君子), 재능이 덕을 누르면 소인이다(才勝德是小人). 수양이 되지 않은 사람이 재주만 있으면 그 재능만 믿고 제멋대로 일을 처리하여 낭패 보는 경우가 많다. 훌륭한 인성을 바탕으로 한 재능이야말로 진정한 능력이다.

140. 때로는 모르는 척도 해라

궁지에 몰린 도둑은 추격하지 말고, 도망가는 쥐에게는 구멍 하나는 터주어라.

(窮寇勿追 投鼠忌器 궁구물추 투서기기)

Give robbers and rats leeway to run away.

Pride must have a fall.
자존심도 쓰러진다.

(Richard Ⅱ 리차드 2세: 5,5,88)

원문의역

■ 간악한 자를 제거하고 아첨하는 무리를 막을 때 달아날 길 하나는 열어줄 필요가 있다.

■ 만약 피할 곳이 한 군데도 없이 궁지에 몰리면 반격해 온다. 이는 퇴로가 완전히 막힌 쥐가 소중한 물건까지 깡그리 물어뜯는 것과 같다.

도움말

■ (안길환) 인간관계에 있어서도 궁지에 몰려 있는 상대를 무턱대고 몰아세우는 것은 결코 좋은 방법일 수 없다. 때로는 속는 줄 알면서도 모르는 체 넘어가는 아량이 있어야 한다. 최소한의 관용과 아량은 결국 자신에게 도움이 된다는 교훈이다.

■ '쥐가 다급해지면 고양이를 문다.' '개를 때려도 도망갈 퇴로를 보고 때려라.'는 속담이 있고, 국가의 존망(存亡)이 달린 전쟁터에서도 '적을 완전히 포위하여 독 안에 든 쥐로 만들지 말고 달아날 길을 남겨두라(圍師必闕).'고 손자병법은 말하고 있다.

잘못은 자신의 책임으로 돌리고, 공로는 남에게 양보하라.

(過歸己任 功讓他人 과귀기임 공양타인)

Take responsibility in failure;
Give credit in success.

We answers other's merits in our name,
And therefore to be pitied.

우리는 다른 사람의 공로를 우리 이름으로
알리기 때문에 우리는 가련한 존재이다.

(Antony and Cleopatra 안토니와 클레오파트라: 5,2,178)

원문의역

- 남의 허물(errors)은 함께해도 되지만, 남의 공적(merits)까지 함께하면 서로 시기하게 된다.
- 남의 어려움(troubles)은 함께해야 하지만, 남의 안락(easy circumstances)까지 함께하면 서로 원수가 된다.

도움말

- 사람들이 같은 배를 타고 동고동락(同苦同樂)하는 것은 아름다운 미덕이다. 그러나 누구든 실패했을 때 그 책임을 상대방에게 떠넘기려 하고, 공로는 서로 독차지 하려고 상대를 시기하고 깎아내리는 것이 세상인심이다.
- (중국 고사) 새 사냥이 끝나면 활을 보관하고, 토끼 사냥이 끝나면 사냥개를 삶아 먹는다(飛鳥盡 良弓藏, 狡兎死 走狗烹).

142. 한마디 말이 큰 공덕 된다

세상 사람들을 깨우쳐 도움을 주는 자는 그 공덕이 한량없다.

(警世救人 功德無量 경세구인 공덕무량)

A single word of encouragement can become a priceless act of benevolence.

Ill deeds is doubled with an evil word.

악한 행동은 악랄한 말로 갑절 되어 돌아온다.

(The Comedy of Errors 실수만발: 3,2,20)

원문의역

- 남을 도와줄 경제적 여유가 없으면 한마디 격려의 말로라도 고민하고 방황하는 사람을 깨우쳐 주어라.
- 고통을 받는 사람을 만나면 적절한 조언을 해주어라. 한마디 말로 어려운 사람을 돕는 것도 큰 공덕이 된다.

도움말

- (불교:『金剛經』11分) 사람은 누구나『금강경』이나 그 중에 있는 법문(四句偈)을 남을 위하여 이야기해준다면 그 복덕이 많은 재물을 주는 것보다 더 크다(若有善男子 善女人 於此經中乃至受持四句偈等 爲他人說 而此福德勝前福德).
- (속담) 한마디 말로써 천 냥 빚도 갚을 수 있다.
- (성경:「잠언」10: 32) 의인의 입술은 기쁘게 할 것을 알거늘 악인의 입은 패역을 말하느니라.

이득을 쫒고 권세에 빌붙는 것은 세상의 얄팍한 인심이다.

(趨炎附勢 人情之常 추염부세 인정지상)

Chasing profits and fawning upon power is the way of the world.

Herein lives wisdom, beauty and increase;

Without this, folly, age and cold decay:

이곳에는 지혜와 미(美)와 번영이 있다.

이것 없는 세상은 사악(邪惡)과 노령과 음산한 부패뿐이다.

(Sonnets 소네트: 11)

원문의역

■ 배고프면 빌붙고 배부르면 떠나가고, 가진 자에게는 아첨하고 가난한 자는 외면한다.

■ 이것이 바로 세상인심의 공통된 병폐(common illnesses)이다.

도움말

■ (Aitken/ Kwok) 당신의 형편이 넉넉하면 사람들이 서둘러 몰려오지만, 형편이 나빠지면 그들은 당신을 저버리고 떠난다. 이것이 인성의 결함이다(When your circumstances warm up, they hurry over. When they freeze, they forsake you. These are common failings of human nature).

■ (속담) 정승 집의 개가 죽으면 문상을 가지만 정승이 죽으면 문상을 가지 않는다.

냉철한 눈으로 사물을 관찰하고, 굳건한 신념을 가지고, 경솔하게 행동하지 말라.

(須令眼觀物 勿輕動剛腸 수냉안관물 물경동강장)

Observe distantly and coolly, while staying close to your center.

Many may construe things after their fashion,
Clean from the purpose of the things themselves.

많은 사람들이 자신의 관행으로 진정한
목적에서 벗어나서 편협하게 사물을 해석한다.

(Julius Caesar 줄리어스 시저: 1,3,34)

원문의역

- 군자는 눈을 깨끗이 닦아 냉철한 안목으로 현실을 직시하고,
- 굳은 의지가 쉽게 흔들리지 않도록 조심해야 한다.

도움말

- (조지훈) 군자는 감정에 휘둘려서 충혈된 눈으로 사물을 봐서는 안 된다. 깨끗이 눈을 닦고 냉정한 마음으로 봐야 하는 것이다. 군자는 의지에 사로잡혀서 철석같은 심장으로만 사물을 대해서는 안 된다. 항상 기(氣)를 평순(平順)히 하고 확고한 마음을 가벼이 드러내지 말아야 한다.
- 유연한 것은 보전하기 쉽지만, 강직한 것은 쉽게 꺾기고 부서진다(柔軟的東西容易保全 剛直的東西容易折斷). 그러나 꺾이고 부서지기 쉽다고 하여 마음속 깊은 곳에 있는 강직한 지조까지 유연하게 해서는 안 된다. 군자는 외유내강(外柔內剛)하여, 겉으로는 부드럽고 순한 듯 보여도 속은 꿋꿋하고 곧아야 한다.

도량이 크고 식견이 넓어야 공덕이 날로 쌓인다.

(量弘識高 功德日進 량홍식고 공덕일진)

Virtue comes with a broad and insightful view of the world.

Experience is by industry achieved,

And perfected by the swift course of time.

경험은 성실한 노력으로 성취된다.

경험은 빠른 시간의 과정을 통해 완성된다.

(The Two Gentlemen of Verona 베로나의 두 신사: 1,3,22)

원문의역

■ 품성(character)은 포용력에 따라 향상되고, 포용력(magnanimity)은 인생의 이치를 이해하는 식견(insight)에 따라 커진다.

■ 따라서 품성을 두터이 하려면 그 포용력을 넓혀야 하고, 그 포용력을 넓히려면 그 식견을 크게 넓혀야 한다.

도움말

■ (乙力) 식견(見識), 도량(氣量), 품성(品德)은 완전한 선(善)을 향하여 한 걸음 한 걸음 나아가는 과정이다. 삶의 경험이 풍부하면 인생의 이치를 이해하는 식견이 높아지고, 식견이 높아지면 도량이 저절로 넓어지고, 도량이 넓어지면 남을 앞세우고 자신을 뒤로하기 때문에 품성이 너그럽고 고결(elegant)해 진다. 사람이 이 세 가지 좋은 점(德, 氣, 識)을 모두 갖추면 남에게 너그럽고, 시비(是非)와 선악(善惡)에 대한 판단이 정확하여 어느 곳, 어떤 상황에서도 성공할 수 있다.

146. 고요할 때 조용히 기도하라

인간은 생활 속에서 위험한 일을 꾀하고, 도를 닦는 마음은 고요함을 쫓는다.

(人生惟危 道心惟微 인생유위 도심유미)

The worldly man seeks thrills;
The meditating man seeks quiet.

Let me say amen betimes,
lest the devil cross my prayer.

악마가 내 기도를 방해하지 않도록
때맞춰 아멘이라 말하자.

(Merchant of Venice 베니스의 상인: 3,1,20)

원문의역

- 어둠이 내려 삼라만상이 조용할 때 홀로 고요함에 빠지고, 미물이 깨어나지 않은 이른 새벽에 혼돈에서 빠져나와 자연과 하나가 된다.
- 이런 조용한 시간에 마음으로 스스로를 비추어보고, 나의 감각기관이 마음과 지식을 속박하는 족쇄이고, 나의 감정과 욕망이 심성을 타락시키는 속임수임을 깨달았다.

도움말

- (조지훈) 깊은 밤 등불 아래와 이른 새벽 먼동이 트기 전 이 두 때가 가장 우리들의 생각에 빛을 얻을 수 있을 때다. 깊은 밤 만상이 잠들 때에 이 몸이 자연과 하나가 되고 이른 새벽 정신이 아직 유야무야(有耶無耶)의 경(境)에 있을 때에 일체의 분별이 아직 일지 않는다. 이때 일념을 돌려 스스로의 마음을 비취면 혼연(渾然)한 경지에 든다.
- (성경: 「마가복음」 1: 35) 새벽 아직도 밝기 전에 예수께서 일어나 한적한 곳으로 가서 거기서 기도하시더니.

악한 일은 일체 저지르지 말고, 모든 선한 일은 받들어 행하라.

(諸惡莫作 衆善奉行 제악막작 중선봉행)

Do not commit wrong or blame others;
Instead, do good unto them.

By the pricking of my thumbs,
Something wicked this way comes.

내 엄지손가락이 쑤시는 걸 보니,
흉물이 이리로 오나보다.

(Macbeth 맥베스: 4,1,44)

원문의역

■ 자신을 반성하는 사람은 어떤 일을 겪어도 모두 좋은 약이 되지만, 남을 탓하는 사람은 생각이 움직일 때마다 그것이 스스로를 해치는 흉기가 된다.
■ 하나는 모든 선(blessings)의 길을 열고, 다른 하나는 모든 악(evils)의 근원이 되니, 이는 하늘과 땅 차이다.

도움말

■ (이석호) 자신을 반성하면 모든 것이 반성의 자료가 되고, 남을 탓하면 모든 생각이 자기를 해친다. 반성은 선으로 나아가는 길이요, 남을 탓함은 모든 악으로 나아가는 길이다.
■ (성경:「누가복음」 21: 34) 너희는 스스로 조심하라. 그렇지 않으면 방탕함과 술 취함과 생활의 염려로 마음이 둔하여지고 뜻밖에 그 날이 덫과 같이 너희에게 임하리라.

148. 숭고한 정신을 길러라

공명은 한순간이지만 절개는 천 년을 간다.

(功名一時 氣節千載 공명일시 기절천재)

Achievement and reputation are for a moment;
Spirit and integrity are for the ages.

A good heart, Kate, is the sun and the moon.
케이트, 착한 마음은 해와 달이다.

(Henry V 헨리 5세: 5,2,167)

원문의역

- 사업과 글은 작가와 함께 사라져도 그 고귀한 정신은 언제나 새로우며, 공명과 부귀는 시대의 변천에 따라 바뀌어도 의기(意氣)와 절조(節操)는 천 년이 하루 같다.
- 따라서 군자는 그 의지가 확고하여, 무엇을 성취하더라도 그것을 도덕적 고결함(moral integrity)이라고 가벼이 생각하지 않는다.

도움말

- (조지훈) 좋은 글 좋은 사업이 만고(萬古)에 항상 새로운 것은 그 정신이 길이 살아 사람을 움직이는 까닭이니 고귀한 정신이 없으면 일체(一切)의 사업(事業) 문장(文章)도 몸과 함께 죽어서 사라진다.
- (Aitken/ Kwok ─마지막 문장 英譯) Thus the noble person is steadfast and does not lightly take achieving for integrity.

자연의 변화는 예측할 수 없어 인간의 지혜와 기교로는 이를
이겨낼 수 없다.

(機變不測 智巧何及 기변불측 지교하급)

Man cannot outwit Nature: Within a trick lies another;
Beyond a mishap develops another.

Let them hand themselves in their own straps.
자신의 혁대로 목매달고 죽을 놈들

(Twelfth Night 십이야: 1,3,12)

원문의역

- 고기를 잡으려 쳐놓은 그물에 기러기가 잡히기도 하고, 작은 벌레를 잡아먹으려는 사마귀 뒤를 참새가 엿보기도 한다.
- 속임수 속(within a trick)에 또 다른 속임수가 숨어있기도 하고, 불운 밖(beyond a mishap)에 또 다른 불운이 자라나기도 하니, 어찌 인간의 얄팍한 재주와 지혜를 믿을 수 있겠나!

도움말

- 세상의 모든 일은 자연스러움이 가장 아름다운 조화이며, 인간의 짧은 지혜와 인위적인 노력으로는 도저히 이에 이를 수 없다. 자연의 신비와 변화는 예측할 수 없고, 인간이 마음대로 할 수 있는 것이 아니다.
- (『노자』 29장) 천하는 신령한 그릇이라 꾸며서 얻을 수 있는 것이 아니다. 따라서 도모하는 자는 망하고, 잡고자 하는 자는 잃는다(天下神器 不可爲也 不可執也, 爲者敗之 執者失之).

진실함과 성실함이 인간을 만들지만, 원만함과 유연함도 있어
야 세상살이를 잘 할 수 있다.

(眞誠爲人 圓轉涉世 진성위인 원전섭세)

Be truthful and sincere, or your whole life will be a sham;
Be diligent, or your whole path will be filled with obstacles.

Unnatural deeds

Do breed unnatural troubles.

부도덕한 행위는
이상한 어려움을 만들어낸다.

(Macbeth 맥베스: 5,1,75)

원문의역

■ 사람으로서 진실하고 성실한 마음이 없으면 허수아비와 같아 하는 일마다 헛될
것이다.
■ 세상을 살아가면서 융통성과 활달한 멋이 없으면 나무인형과 같아 가는 곳마다 어
려움이 있을 것이다.

도움말

■ 사회적 동물인 인간은 혼자 살 수 없다. 주변 사람들과 원만한 관계를 유지하고 이
들의 신뢰와 협조를 얻기 위해서는 진실성과 성실성, 융통성과 활달함을 겸비하여
야 한다. 사람으로서 진지한 마음이 없이 가면(假面)을 쓰고 살면 남들이 아예 상대
하지 않을 것이고, 독선이 넘쳐 융통성이 없으면 주변의 반발을 사서 결국 고립무원
(孤立無援)의 처지가 되고 말 것이다. 이런 사람은 가는 곳마다 장애가 있고 하는 일
은 모두 헛수고가 될 것이다.

혼탁함이 지나가면 절로 맑아지고, 괴로움이 지나가면 절로
즐겁다.

(去混自淸 去苦自樂 거혼자처우 거고자락)

The moon hides behind clouds;
The mirror of truth lies under dust.

Care is not cure, but rather corrosive,

For things that are not to be remedied.

돌이킬 수 없는 일을 아무리 한탄해도 근심 · 걱정은
끝나지 않고, 오히려 고통만 가중될 뿐이다.

(Henry VI Part 1 헨리 6세 1부: 3,3,3)

원문의역

■ 물은 휘젓지 않으면 스스로 고요하고, 거울은 먼지가 쌓이지 않으면 절로 맑다.
■ 따라서 마음은 애써 맑게 하지 않아도 걱정거리만 없애면 절로 깨끗해지고, 행복을 굳이 찾지 않아도 괴로움만 없애면 절로 즐거울 것이다.

도움말

■ (조지훈) 마음속에 풍파가 일지 않고 티끌이 끼이지 않으면 마음이 절로 맑을 것이요. (중략) 괴로운 마음을 없이 하면 즐거움이 절로 있으리라. 물결이 일지 않으면 물이 잔잔하고 먼지가 앉지 않으면 거울이 절로 밝음과 마찬가지 이치가 아닌가.
■ (성경: 「마가복음」 4: 19) 세상의 염려와 재물의 유혹과 기타 욕심이 들어와 말씀을 막아 결실하지 못하게 되는 자요.

152. 언행을 신중히 하라

한마디의 말과 한 순간의 행동도 모두 신중히 해야 한다.

(一言一行 都宜愼重 일언일행 도의신중)

A single thought or action can move spirits and the Universe.

Taint not thy mind.
마음을 더럽히지 마라.

(Hamlet 햄릿: 1,5,85)

원문의역

- 한 번의 잘못된 생각으로 하느님의 계율을 범하고, 한마디 잘못된 말로 천지의 조화를 깨뜨리며, 한 번의 잘못된 행동으로 후손이 불행해질 수 있다.
- 이 모두를 깊이 경계해야 한다.

도움말

- (조지훈) 한 생각 잘못 들어 자연의 대도(大道)를 거스르고 천지신명의 금계(禁戒)를 범하기도 하고 한마디 말 때문에 천지자연의 조화를 깨뜨리는 수도 있으며 작은 일 하나로 자손의 화를 양성하는 수도 있으니 군자는 이 한 생각, 한 마디 말, 한 가지 일에 조심함으로써 몸을 그르치고 덕을 상하는 일이 없도록 해야 한다.
- (불교:『千手經』十惡懺悔) 살생한 큰 죄, 도둑질한 큰 죄, 사음한 큰 죄, 거짓말한 큰 죄, 발림말한 큰 죄, 이간질한 큰 죄, 악담한 큰 죄, 탐애한 큰 죄, 성낸 큰 죄, 어리석은 큰 죄, 이 열 가지 큰 죄들을 오늘 참회합니다(殺生重罪今日懺悔 偸盜重罪今日懺悔, 邪淫重罪今日懺悔, 妄語重罪今日懺悔, 綺語重罪今日懺悔, 兩舌重罪今日懺悔, 惡口重罪今日懺悔, 貪愛重罪今日懺悔, 瞋恚重罪今日懺悔, 痴暗重罪今日懺悔).

성격이 급하면 손해를 불러오고, 엄격함이 지나치면 원한을 낳
는다.

(情急招損 嚴厲生恨 정급초손 엄려생한)

Hastiness brings losses;
Harshness bears grudges.

To climb steep hills/ Requires slow pace at first.

험준한 산을 오르기 위해서는 초장에 천천히 걸어야 한다.

(Henry Ⅷ 헨리 8세: 1,1,131)

원문의역

- 일이 잘 풀리지 않을 때 서두르지 말고, 숨 한번 돌려 봐라(relax). 그러면 그 일이 저절로 풀리기도 한다.
- 남을 억지로 끌고 가려 하지 말고, 그냥 내버려 둬라(let them be). 그러면 그 사람이 스스로 따라오기도 한다.

도움말

- 어떤 일이든 서두르면 일을 그르치니(Haste makes waste), 급할수록 천천히 하라 (more haste, less speed). 만일 잘 풀리지 않는 일이 있더라도 조급하게 서두르지 말고 일정을 조정하여 여유롭게 추진하면 의외로 쉽게 풀릴 수 있을 것이다. 사람을 부릴 때도 일일이 간섭하거나 심하게 다루어서는 안 된다. 일단 그 사람을 믿고 너그러운 마음으로 기다려라. 그러면 필시 좋은 소식을 가져다 줄 것이다. 가장 위대한 지혜의 말씀은 '그냥 내버려 두라(let it be).'이다.
- (Benjamin Franklin) 두고두고 후회하게 될지도 모르니, 너무 성급하게 결정하지 마라(Don't blow the whistle too early)!

덕을 쌓을 수 없으면, 결국 지조(integrity)와 재주도 소용이 없게 된다.

(不能養德 終歸末節 불능양덕 종귀말절)

Principles must be based on morals.
Morals under principles; Morals before accomplishments.

Sow'd cockle reap'd no corn.

조가비 씨 뿌린 곳에 옥수수 거둘 수 없다.

(Love's Labour's Lost 사랑의 헛수고: 4,3,379)

원문의역

- 정의(integrity)가 푸른 구름보다 높고, 문장(literary work)이 흰 눈보다 더 뛰어났다고 해도 도덕심이 없으면 소용이 없다.
- 높은 도덕심 없이 성취한 것은 결국 이기적 만용(egotistical false courage)이고 얄팍한 글 장난(poor tricks of composition)에 불과하다.

도움말

- 유가(儒家)는 도덕과 윤리를 매우 중요시하고 도덕의 힘을 깊이 신뢰하였다. 따라서 덕성을 재주의 주인(道德爲主 功業爲輔)으로 여겨 덕성으로써 인생을 도야하고, 학문 및 재주는 물론 정의감조차도 높은 도덕심에 바탕을 두었다.
- (『논어』 里仁篇) 군자는 덕을 생각하지만 소인은 땅에 발붙여 편하게 살 궁리만 하고, 군자는 정의감을 소중히 여기지만 소인은 자기 몫만 챙긴다(君子懷德 小人懷土, 君子懷刑 小人懷惠).

제 때에 과감하게 물러나면 세상과 싸울 일이 없다.

(急流勇退 與世無爭 급류용퇴 여세무쟁)

Do not be afraid to step down at your peak.

I myself am best/ When least in company.

나는 사람들 곁을 떠나 혼자 있을 때가 제일 좋다.

(Twelfth Night 십이야: 1,4,37)

원문의역

■ 일을 그만두려면 모든 것이 순조롭게 잘 풀려갈 때 물러나야 하고,

■ 삶을 탈 없이 이끌어가려면 홀로 뒤에 머물러 있어야 한다.

도움말

■ 퇴계(退溪) 이황(李滉: 1501~1570)은 평생 동안 53번이나 벼슬자리를 스스로 사퇴하였다. 자신의 호를 퇴계(退溪)로 지은 것도 말년에 자신의 고향 안동 토계리(兎溪里)로 돌아와 마을 이름을 퇴계(退溪)라 고치고 더 이상 벼슬에 연연하지 않고 세상과 완전히 손을 끊겠다는 의지의 표현이다. 이황은 58세에 꺼림 없이 귀향하여 70세 사망 시까지 13년 동안 성리학을 완성시켜 동방공자(東方孔子)로 추앙을 받게 되었다.

■ 노자(67장)는 자기 마음속에 늘 세 가지 보배를 지니고 있어 온전한 삶을 보전하였다고 한다. 이 세 가지 보배(一曰慈 二曰儉 三曰不敢爲天下先) 중의 하나가 감히 앞에 서지 않겠다는 것이다. 뒤로 물러서서 겸손하게 남을 위하여 묵묵히 봉사하는 사람이 진정한 공복(公僕, servant leader)이다.

156. 작은 일도 소홀히 하지 마라

사소한 일에 신중히 공을 쌓고, 인연이 없는 사람에게 은혜를 베풀라.

(愼德於小事 施恩於無緣 신덕어소사 시은어무연)

Cultivate virtue even in small matters;
Be generous without asking for anything in return.

The power that I have on you is to spare you;
The malice towards you, to forgive you. Live,
And deal with others better.

나의 권력으로 너를 용서하겠다.
너에게 원한이 있어도, 너를 용서하겠다.
사람들과 잘 지내고 베풀면서 살아라.

(Cymbeline 심벌린: 5,5,418)

원문의역

- 덕을 쌓으려거든 평소에 사소한 일부터 조금씩 쌓아야 하고,
- 은혜를 베풀려거든 갚기 어려운 사람부터 먼저 베풀어라.

도움말

- 한 발짝 한 발짝 걸어야 천리 길도 갈 수가 있고, 한 방울 한 방울 빗물이 모여 바다가 되듯이, 인격을 쌓아갈 때도 평소에 지극히 사소한 일부터 정성을 모아야 한다.
- (성경: 「마태복음」 25: 40) 너희가 여기 내 형제자매 가운데 지극히 보잘 것 없는 사람 하나에게 한 것이 곧 내게 한 것이다.

문장의 화려함은 간소함보다 못하고, 요즘 책을 읽는 것은 옛글을 서술하는 것보다 못하다.

(文華不如簡素 讀今不如述古 문화불여간소 독금불여술고)

Simplicity beats complexity;
Writing is a better teacher than reading.

An honest tale speeds best being plainly told.

정직한 마음은 솔직한 언어 속에 있다.

(Richard Ⅲ 리차드 3세: 4,4,358)

원문의역

■ 도시 소인배들과 어울리는 것보다 산골 노인들과 벗하는 것이 낫고, 권세에 아부하는 것보다 오두막집에 정 붙여 사는 것이 낫다.

■ 길거리 뜬소문보다 나무꾼이나 목동의 노래를 듣는 것이 낫고, 요즘 사람의 허물보다 옛 성현의 훌륭한 언행을 이야기하는 것이 낫다.

도움말

■ 인생 만년(晚年)의 큰 즐거움은 대자연의 품으로 돌아가 옛 성현들의 훌륭한 언행을 거울삼아 독신(獨愼)하는 것이다.

■ (조지훈) 권세가에 굽실거리며 배알(拜謁)하느니보다는 오막살이에 사는 가난한 사람들과 친한 것이 좋다. 거리의 뜬소문은 믿을 것이 못 되고 또한 속된지라, 차라리 나무꾼과 소치는 목동의 노래를 들음만 못하다. 살아 있는 사람의 부덕과 과실을 들추는 것은 부질없는 일이요 또한 덕을 상한다. 삼가 옛사람의 훌륭한 말 훌륭한 행동을 이야기하라.

몸과 마음을 수양하고 덕을 쌓는 것이 사업의 기초이다.

(修身種德 事業之基 수신종덕 사업지기)

Virtue is the foundation of achievement;
No house lasts without a solid foundation.

Virtue is bold, and goodness never fearful.

미덕은 용기를 준다. 선하면 두려울 것이 없다.

(Measure for Measure 자에는 자로: 3,1,208)

원문의역

- 개인의 품성과 덕행이 사업의 기초이다.
- 기초가 튼튼하지 못한 건물은 쉽게 무너진다.

도움말

- 견고하고 오래가는 집을 짓는 데는 우선 튼튼한 기초(foundation)가 밑받침이 된다. 이와 마찬가지로 우리들이 추구하는 모든 일의 기초는 바로 개개인의 바른 품성과 훌륭한 덕행이다. 진정한 학문은 이러한 덕을 쌓아 삶의 근본을 삼는 것이다. 이에 반하여 도덕성이 결여된 사회적 성취는 결국 공중누각(空中樓閣)과 같이 허망하고 의미가 없다.
- (Abraham Lincoln) 모든 사람을 잠시 동안 숨길 수는 있다. 그리고 어떤 사람들은 항상 속일 수도 있다. 그러나 모든 사람을 항상 속일 수는 없다.
- (아리스토텔레스) 평지를 달릴 때보다 언덕을 올라갈 때 말의 역량이 드러난다.

마음이 근본이고, 근본인 뿌리가 튼튼해야 잎이 무성하다.

(心爲根本 根固葉榮 심위근본 근고엽영)

Compassion blesses your offspring;
Strong roots grow thick branches and leaves.

These trees shall be my books.

이 나무들이 나의 교과서이다.

(As You Like It 당신이 좋으실 대로: 3,2,5)

원문의역

■ 마음은 자손의 뿌리이다.

■ 나무가 뿌리를 튼튼히 내리지 못하면, 그 가지와 잎이 무성할 수가 없다.

도움말

■ 부모는 자손이 잘 되기를 바란다면 무엇보다 자신의 마음을 올바르게 가지고 평소에 선(善)의 씨앗을 뿌려 두어야 한다. 부모의 인격이 엉망이고 선업(善業)은 조금도 쌓지 않으면서 어찌 자손에게서 인격자가 나오고 그 자손이 번성하기를 바라겠는가? 나무에는 눈에 보이는 잎과 꽃과 열매만 있는 것이 아니라 땅 밑에 보이지 않는 뿌리가 있다. 자식은 그 뿌리인 부모를 닮기 마련이니 많은 재산을 물려주려 하지 말고 평소에 바르게 사는 모습을 보여 주어야 할 것이다.

■ (세종대왕, 『龍飛御天歌』) 뿌리 깊은 나무가 바람에 아니 움직일 새, 꽃 좋고 열매 많나니.

160. 구걸하는 부자는 되지 말라

지나치게 자신을 낮추지 말고, 그렇다고 자신을 뽐내거나 자만
하지 말라.

(勿妄自菲薄 勿自誇自傲 물망자비박 물자과자오)

Do not oversell yourself;
Do not undersell yourself either.

My more-having would be as a sauce/ To make me hunger more.
소유하면 할수록 더 많은 것을 탐내는 물욕에 사로잡힌다.

(Macbeth 맥베스: 4,3,81)

원문의역

- "제집에 많은 재산을 남겨두고 거지같이 이집 저집 구걸하려 다닌다."라는 말이 있고, 또한 "거지같은 졸부야, 잠꼬대 그만해라! 어느 집에 연기나지 않는 화로(stove)가 있더냐?"라는 말도 있다.
- 앞의 말은 "본인이 가진 것을 스스로 가벼이 여기지 말라"는 것이고, 뒷말은 "가진 것을 스스로 자랑하지 말라"고 하는 것이니, 학문을 할 때 꼭 유념하라.

도움말

- (乙力) 우리 주변에는 남의 것만 부러워하고 자신이 가진 것에 대한 가치는 잘 모르는 사람이 많이 있다. 그러나 전쟁터와 같은 삶의 터전에서 싸워 이기려면 우선 자신을 알고 그리고 상대에 대해서도 잘 알아야 한다(人生如戰場 只有知己知彼 才能百戰百勝).
- (성경: 「잠언」 28: 6) 가난하여도 성실하게 행하는 자는 부유하면서 굽게 행하는 자보다 나으니라.

도를 닦을 때는 공정하고 사사로움이 없어야 하고, 학문에 임할 때는 항상 경각심을 가져야 한다.

(道乃公正無私 學當隨時警惕 도내공정무사 학당수시경척)

Develop fair and unbiased ethics;
Learn with a sense of awareness at every turn.

O this learning, what a thing it is!

아, 학문이여, 정말로 놀랍구나!

(The Taming of the Shrew 말괄량이 길들이기: 1,2,159)

원문의역

■ 사람은 누구나 도덕심을 키워야 한다. 도덕은 성인군자의 전유물이 아니고 누구에게나 필요한 공공재(public goods)이다.

■ 사람은 누구나 학문을 익혀야 한다. 학문은 날마다 먹는 밥과 같이 누구에게나 필요하고 일생동안 한 때도 쉬지 않고 배워야 한다.

도움말

■ (Robert Holley) 도덕이란 위대한 사람만이 갖는 것이 아니라 모든 사람에게 필요한 것이며, 마땅히 행해야만 진정한 가치가 있는 것이다. 학문은 한 때도 쉬어서는 안 되니 평생을 먹는 밥과 같이 일생동안 필요한 것이다.

■ (『논어』 學而篇) 배우고 때로 익히면 또한 기쁘지 아니한가(學而時習之 不亦說乎)? 나는 매일 나 자신을 세 번씩 반성한다. 일을 할 때 정성을 다하였는가? 벗을 사귈 때 신의를 다하였는가? 배운 것을 복습하였는가(吾日三省吾身: 爲人謀而不忠乎? 與朋友交而不信乎? 傳不習乎)?

남을 신뢰하면 자신의 진실성이 드러나고, 남을 의심하면 자신의 거짓됨이 나타난다.

(信人示己之誠 疑人顯己之詐 신인시기지성 의인현기지사)

Trusting others demonstrates sincerity;
Distrusting others betrays insecurity.

He was my friend, faithful and just to me.

그는 나에게 충실하고, 공정했던 친구입니다.

(Julius Caesar 줄리어스 시저: 3,2,85)

원문의역

- 남을 믿는 사람은 자신에 대한 진실성(sincerity)을 가진다. 따라서 설사 상대방이 완전히 진실하지 않아도 그 사람을 믿는다.
- 남을 의심하는 사람은 스스로 자신을 속이는 것이다. 이런 사람은 처음부터 마음속에 속임수(fraud)가 있어 남을 의심부터 한다.

도움말

- 남을 믿는 것은 자신을 믿는 것이다. 신용(信用)은 인간 행위의 기본이며, 믿음이 있는 사람은 오로지 성실하고 진실하다. 따라서 이런 사람은 남들이 성실하지 않아도 우선 남을 믿고 인간관계를 구축해 간다. 남을 믿지 못하는 사람은 남들이 속이지 않는데도 자신이 스스로 자신을 속여 곤경이 빠지기도 한다.
- (격언) 믿을 수 없으면 채용하지 말고 일단 뽑았으면 믿고 일을 시켜라(疑人不用 用人不疑). 순수한 마음으로 서로 만나고 믿음으로 사람을 사귀라(以誠相見 以信取人).

봄바람은 만물을 소생케 하고, 눈보라는 생명을 죽게 한다.

(春風育物 朔雪殺生 춘풍육물 삭설살생)

The warm spring breeze breeds life;
A cold winter blizzard freezes it.

The more I give to thee
The more I have, for both are infinite.

더 많이 베풀수록 더 많이 얻는다.
왜냐하면, 사랑은 무한하기 때문이다.

(Romeo and Juliet 로미오와 줄리엣: 2,2,134)

원문의역

■ 생각이 너그럽고 후한 사람은 봄바람과 같이 따뜻하게 만물을 소생시키고,

■ 마음이 편협하고 각박한 사람은 겨울 눈보라와 같이 차갑게 만물을 죽인다.

도움말

■ (『맹자』盡心章句上) 먹이기만 하고 사랑해 주지 않는다면 마치 돼지와 사귀는 것과 마찬가지이고, 사랑하면서도 공경하지 않으면 짐승을 기르는 것과 같다(食而不愛 豚交之也. 愛而不敬 獸畜之也).

■ (괴테, 『젊은 베르테르의 슬픔』) 그녀에 대한 사랑을 통하여 그는 사랑에 빠진 자기 자신을 더 사랑하게 되었을지도 모른다.

■ (성경: 「잠언」 3: 27) 네 손이 선을 베풀 힘이 있거든 마땅히 받을 자에게 베풀기를 아끼지 말며.

164. 선행엔 보답이 있다

선행의 열매는 어둠 속에서도 자라나고, 악행으로 인한 손실은
모르는 사이에 커진다.

(善根暗長 惡損潛消 선근암장 악손잠소)

Good deeds plant the seeds of blessings, which grow quietly unseen;
Evil deeds plant the seeds of curses, which deepen quietly unnoticed.

He has my heart yet, and shall have my prayers
While I shall have my life.

이 목숨 다할 때까지, 그는 나의 마음을 갖게 될 것이다.
그리고 나의 기도도 함께 가질 것이다.

(Henry VIII 헨리 8세: 3,1,180)

원문의역

- 이득을 바라지 않고 착한 일을 하는 것은 풀 속의 멜론(melon)과 같다. 그 혜택은 남
  모르는 사이에 저절로 자라난다.
- 남을 해칠 생각 없이 잘못을 저지르는 것은 앞뜰의 봄눈과 같다. 그 잘못은 시간이
  지나면 자연적으로 녹아 사라진다.

도움말

- (『명심보감』 繼善篇) 착한 일을 하는 사람은 봄날 정원의 풀과 같아서 자라는 것이
  보이지 않지만 날로 커가고, 악한 일을 하는 사람은 칼을 가는 숫돌과 같아서 닳는
  것이 보이지 않지만 날마다 이지러진다(行善之人 如春園之草 不見其長 日有所增.
  行惡之人 如磨刀之石 不見其損 日有所虧).
- (William Scott Wilson: 두 번째 문장 英譯) Committing evil without aiming to harm is
  like the spring snow lying in the garden: It should melt naturally away, without note.

옛 친구를 후하게 대접하고, 물러난 사람은 예로써 대하라.

(厚待故交 禮遇衰朽 후대고교 예우쇠후)

Make old friends feel at home;
Treat the disgraced with dignity.

Men so noble,
However faulty, yet should find respect
For what they have been.

아무리 결함이 있더라도, 고결한 인간들은
그들의 업적에 대해서 존경을 받아야한다.

(Henry Ⅷ 헨리 8세: 5,2,109)

원문의역

- 옛 친구를 만나면 우정을 더욱 새롭게 해야 하고,
- 비밀스런 일에 처하면 마음가짐을 더욱 뚜렷이 해야 하고,
- 쇠락한 사람을 대할 때에는 더욱 정중하고 융숭하게 대접해야 한다.

도움말

- (조지훈) 옛 친구를 만나거든 친밀한 정을 다시 새로이 하라. 심심하게 대하면 옛정
이 서운해진다. 비밀한 일을 당할 때는 자기의 심적(心迹)을 공명하게 밝히는 태도
를 가져라. 어물어물하면 세상의 오해를 받는다. 쇠운(衰運)에 든 노폐(老廢)의 사람
을 대하거든 이전에 번성할 때 만날 적보다 더 정중히 대접해야 한다. 불운한 사람
을 허술하게 대접하는 것은 덕(德)을 상(喪)하고 복을 깎는다.

166. 내 것 아껴서 남 주어라

군자는 근검으로 덕을 쌓고 소인배는 근검으로 이익을 도모한다.

(君子立德 小人圖利 군자입덕 소인도이)

Gentlemen treat diligence and frugality as matters of integrity;
The small-minded use them to push their personal agendas.

Distribution should undo excess,
And each man have enough.

적절한 분배는 과잉(過剩)해소 때문에
모든 사람들이 충분히 갖게 된다.

(King Lear 리어왕: 4,1,72)

원문의역

- 근면(diligence)은 도덕과 의리를 실천하는 데 재빠르다는 뜻이다. 그런데 세상 사람들은 근면을 빙자하여 자신의 가난(poverty)을 모면하려 한다.
- 검약(thrifty)은 물질적 이익에 연연하지 않고 검소하게(simple) 살라는 의미이다. 그런데 세상 사람들은 검약을 핑계로 자신의 인색함(stinginess)을 숨기려 한다.
- 이와 같이 군자가 몸가짐을 바르게 하는 신조가 소인이 자신의 사욕을 채우는 도구가 되었으니, 참 안타까운 일이다.

도움말

- 아무도 모르게 베푸는 것이 가장 높고 순결한 사랑이다. 예절도 마찬가지다. 무위자연(無爲自然)을 최상으로 생각하는 노자가 공자에게 '당신도 제발 예(禮)를 빙자한 그 교만과 뭣도 없으면서 잘난체하는 말과 헛된 잡념을 버리게나.' 라고 충고했다고 한다.
- (성경: 「전도서」 3: 12) 사람들이 사는 동안에 기뻐하며 선을 행하는 것보다 더 나은 것이 없는 줄을 내가 알았고.

배움에서의 중요함은 꾸준함에 있고, 도에서 중요함은 진리를 깨우침에 있다.

(學貴有恒 道在悟眞 학귀유항 도재오진)

Learn daily, live enlightened.
Do not act on a whim or off emotion.

Unmoved, cold and temptation slow;
They rightly do inherit heaven's graces.

절제하고, 냉담하며, 유혹의 손길을 멀리하는
이들은 진정 천상의 은혜를 계승할 사람들이다.

(Sonnets 소네트: 94)

원문의역

■ 즉흥적으로 시작하는 일은 시작하자마자 곧 포기하게 되어 발전이 없고,

■ 감성적으로 얻는 깨달음은 깨닫자마자 망상(delusion)으로 변하여 결코 항상 밝은 등불이 될 수 없다.

도움말

■ (조지훈) 오래 생각하고 마련한 나머지 하는 일이 아니고 한때의 흥분을 쫓아 시작한 것은 시작하자마자 이내 중지하게 되나니 이는 불퇴전(不退轉)의 의지가 될 수 없다. 깊은 마음공부와 수련으로서의 체득이 아니고 번뜩하는 감정과 재치 있는 식견으로써 잡은 깨달음은 깨닫자마자 이내 미(迷)하게 되나니 길이 밝아 어둡지 않은 상명등(常明燈)은 아니다.

168. 내 허물은 용서하지 마라

자신은 엄하게 단속하고, 남은 너그럽게 대해야 한다.

(律己宜嚴 待人宜寬 율기의엄 대인의관)

Be strict with yourself,
Tolerate the mistakes of others.

Forget, forgive, conclude, and be agreed.
잊고, 용서하고, 매듭을 짓고 합의하라.

(Richard Ⅱ 리차드 2세: 1,1,156)

원문의역

- 남의 허물(transgressions and mistakes)은 마땅히 용서해야 하지만, 자기의 허물은 용서해서는 안 되고,
- 자기의 곤욕(humiliation and disgrace)은 마땅히 참아야 하지만, 남의 곤욕을 방관해서는 안 된다.

도움말

- (『논어』衛靈公篇) 자공(子貢)이 "저희들이 평생토록 지켜 행해야 할 한마디 말(one word)이 있습니까?"라고 물었다. 이에 공자께서는 "그것은 '공감(恕, sympathy)'이 아니겠느냐? 무엇이든지 네가 하고 싶지 않은 것을 남에게 시키지 마라."고 대답하셨다. * 공자 말씀 영역: "Wouldn't that be 'sympathy'? Whatever you would not want for yourself, do not do to others."(其恕乎? 己所不欲 勿施於人.)
- (성경: 「마태복음」 1: 21~22) 그 때에 베드로가 나아와 이르되 주여 형제가 내게 죄를 범하면 몇 번이나 용서하여 주리이까 일곱 번까지 하오리까. 예수께서 이르시되 네게 이르노니 일곱 번뿐 아니라 일곱 번을 일흔 번까지라도 할지니라.

기행(奇行)을 하더라도 유별나지 않고, 청빈(淸貧)을 구해도 지나치지 않아야 한다.

(爲奇不異 求淸不激 위기불위이 구청불구격)

Trying to stand out makes one only different;
Being too righteous makes one only self-righteous.

Love thyself last.

너 자신은 마지막으로 품어라.

(Henry VIII 헨리 8세: 3,2,443)

원문의역

■ 속세(vulgar)를 벗어날 수만 있으면 비상하다고 할 수 있다. 그러나 일부러 비상(extraordinary)하려고 하는 것은 비상한 것이 아니라 단지 남들과 다르게 보이려 할 따름이다.

■ 부정부패(corruption)에 물들지 않으면 청렴하다고 할 수 있다. 그러나 세상 현실을 외면하고 깨끗한 것만 찾는 것은 청렴한 것이 아니라 단지 자신만 옳다고 하는 것이다.

도움말

■ (조지훈) 명리를 탐하는 범속의 경계를 벗어나면 그것이 바로 기인이다. 공연히 기언(奇言)과 기행(奇行)을 부리는 자는 기인(奇人)이 되지 못하고 이상야릇한 것이 되고 만다. 더러운 세간의 욕정에 물들지 않으면 이것이 곧 청백(淸白)이다. 세상 모든 일과 담을 쌓고 청렴결백만 구하는 자는 청백이 되지 않고 과격(過激)이 되고 만다.

170. 처음은 박하게 나중에는 후하게

베풀 때는 작게 시작하여 차츰 크게 늘리고, 꾸중할 때는 처음
에 엄했다가 나중에 너그러워야 한다.

(恩宜自薄而厚 威須先嚴後寬 은의자박이후 위수선엄후관)

With offers of generosity, start small;
With reprimands, put your foot down then ease up.

Her infinite variety
한 없이 변하는 그녀

(Antony and Cleopatra 안토니와 클레오파트라: 2,2,242)

원문의역

- 남에게 베풀 때는 조금씩 시작해서 차츰 늘려가는 것이 좋다. 처음에 많이 주다가
  나중에 적게 주면 사람들은 당신의 은혜(kindness)를 잊어버릴 것이다.
- 남을 훈계할 때는 처음에 엄격하게 시작해서 나중에 너그럽게 하는 좋다. 처음에
  너그럽게 하다가 나중에 엄하게 하면 사람들은 당신을 가혹한(mean) 사람이라고 원
  망할 것이다.

도움말

- 『장자』에 나오는 조삼모사(朝三暮四)는 간사한 꾀로 남을 속이고 농락하는 행위를
  소개하는 고사(故事)로써, 송나라에 저공(狙公)이란 사람이 원숭이들에게 도토리를
  '아침에 세 개, 저녁에 네 개' 주겠다고 하니 원숭이들이 적다고 원망하였으나, 그러
  면 '아침에 네 개, 저녁에 세 개'를 준다고 하니 손뼉을 치고 좋아했다고 한다.

마음을 비우면 뜻이 명확해지고, 생각이 밝으면 본성이 드러난다.

(心虛意淨 明心見性 심허의정 명심현성)

Emptying your mind.;
Keep your spirit clear.

In thy face I see
The map of honor, truth, and loyalty.

그대의 얼굴에서
나는 명예, 진실, 그리고 충성을 본다.

(Henry VI Part 2 헨리 6세 2부: 3,1,202)

원문의역

■ 마음을 비우면 본성이 드러난다. 불만스러운 마음으로 자신의 모습을 보려고 하는 것은 물결을 휘저으면서 물속의 달을 찾으려는 것과 같다.

■ 생각이 깨끗하면 마음도 맑아진다. 자신의 생각을 제대로 알지 못하면서 마음을 맑게 하는 것은 먼지에 뒤덮인 거울에 비친 모습을 보려는 것과 같다.

도움말

■ (조지훈) 선(禪)의 구경(究竟)은 오도(悟道)에 있다. 오도는 곧 견성(見性)이요, 견성이 곧 해탈(解脫)이다. 견성은 성(性)을 본다는 것이니, (중략) 견성하고자 하면 먼저 마음을 텅 비워야 한다. 선악(善惡), 시비(是非), 애증(愛憎), 취사(取捨) 등 일체의 차별과 상대의 경(境)을 넘어야 한다.

■ (성경: 「시편」 24: 3~4) 여호와의 산에 오를 자가 누구며 그의 거룩한 곳에 설 자가 누구인가. 곧 손이 깨끗하며 마음이 청결하며 뜻을 허탄한 데에 두지 아니하며 거짓 행세하지 아니하는 자로다.

사람의 마음은 때론 차갑고 때론 따뜻하며, 권력에 빌붙었다가
도 힘이 없어지면 냉대한다.

(人情冷暖 世態炎凉 인정냉난 세태염량)

People are fickle;
So take flattery and criticism with a grain of salt.

Thus conscience does make cowards of us all.
생각이 지나치면 우리 모두는 겁쟁이가 된다.

(Hamlet 햄릿: 3,1,83)

원문의역

- 내가 권세가 있을 때 남들이 아첨하는 것은 나의 관직과 지위 때문이다. 애당초 나를 받드는 것이 아닌데 어찌 좋아하겠느냐?
- 내가 미천할 때 남들이 푸대접하는 것은 나의 남루한 몰골 때문이다. 애당초 나를 깔보는 것이 아닌데 어찌 화를 내겠는가?

도움말

- 세상인심을 다 겪고 나면 소라고 부르든 말이라 부르든 상관하지 않고(馬馬虎虎) 그저 고개만 끄덕일 뿐이다. 노자(17장)는 최상의 군주는 백성들이 단지 그 존재를 알 뿐으로 일이 이루어지면 백성들이 모두 '내가 스스로 했다(我自然)'고 한다고 하였고, 영국 가수 The Beatles는 어려울 때일수록 '그냥 그대로 두라(let it be)'고 했다.
- (乙力) 번성함이 극에 달하면 쇠퇴한다(盛極而衰). 권력이 있을 때 사람들이 문전성시(門前成市)하다가도 그 힘이 쇠하면 모두 사라진다. 이것이 세상인심이다. 명리란 원래 내 것이 아니니 애써 구하는 것은 헛고생이다(名利本就是身外物 辛勞苦求空費力).

자비로운 마음은 만물을 번성하게 한다.

(慈悲之心 生生之機 자비지심 생생지기)

Be fair and compassionate to all, even the most marginalized.

Love all, trust a few,/ Do wrong to none: be able for thine enemy

Rather in power than use, and keep thy friend

Under thy own life's key.

모든 사람을 사랑하고, 소수의 사람만을 믿고, 남을 해치지 마라,

적에 대해서는 힘을 쓰지 않고, 제압할 것이며,

목숨의 열쇠를 걸고 친구를 지켜라.

(All's Well That Ends Well 끝이 좋으면 다 좋다: 1,1,74)

원문의역

■ 옛사람은 쥐를 위해 밥을 남겨 두고 불나방이 가련하여 등불을 켜두지 않는다고 한다.

■ 사람에게 이 같은 측은한 마음(惻隱之心)이 없다면 영혼이 없는 인형에 불과하다.

도움말

■ (성경: 「고린도전서」 13: 13) 그런즉 믿음, 소망, 사랑 이 세 가지는 항상 있을 것인데 그 중에 제일은 사랑이라.

■ 예수와 마찬가지로 노자(67장)도 사랑을 첫 번째 보배(一曰慈)라고 말한다. 이 자애로움은 신의 속성(an attribute to God himself)이며, 진정한 용기의 원천이다(慈故能勇). 그러므로 물질적인 성공을 추구하기보다 큰 사랑을 실천하는 것이 도(道)를 행하고 하느님을 섬기는 길이다. * 노자 67장은 본 채근담 250장 참조.

174. 인심이 천심이다

욕정에 얽매이지 말고 하늘과 서로 부합해야 한다.

(勿爲欲情所系 便與本體相合 물위욕정소계 변여본체상합)

Do not obsess over material desires;
Stay in tune with Heaven.

Rich gifts wax poor when givers prove unkind.

선물을 주는 사람의 진심이 식으면 아무리 비싼 선물도 초라해진다.

(Hamlet 햄릿: 3,1,101)

원문의역

- 사람의 마음이 바로 우주의 마음이다.
- 기쁜 마음은 빛나는 별과 상서로운 구름, 성낸 마음은 우뢰와 폭우, 인자한 마음은 따뜻한 바람과 달콤한 이슬, 엄한 마음은 뜨거운 햇살과 서릿발이니, 어느 것 하나도 없어서는 안 된다.
- 다만 이러한 감정을 잡아두지 않고 마음이 탁 트여, 막힘이 없으면 우주(the great void)와 한몸이 된다.

도움말

- (조지훈) 사람은 하나의 작은 우주이다. 그러므로 마음 바탕은 저 천체와 같다. 하늘에 상서로운 별과 구름이 있듯이 마음에는 기쁨이 있고 하늘에 우레 소리와 사나운 비바람이 있듯이 마음에도 성냄(怒)이 있으며 부드러운 바람 단 이슬은 사람 마음의 자비와 같고 뜨거운 햇볕이나 차가운 서리는 사람 마음의 엄함(嚴)과 같다. 이 희로자엄(喜怒慈嚴) 네 가지는 어느 것이나 다 필요한 것들로서 이 중에 하나라도 없어서는 안 된다.
- (天人合一사상) 하늘의 마음(天心)이 사람의 마음(人心)이고, 우주의 현상이 인간의 몸이다.

일이 없을 때는 마음이 깨어있는지 살피고, 일이 있을 때는 고
요함을 지켜라.

(無事惺惺 有事寂寂 무사성성 유사적적)

Be alert while at leisure;
Be calm while occupied.

For now I stand as one upon a rock,
Environed with a wilderness of sea.

지금의 나는 사면(四面) 거친 바다에
둘러싸인 바위에 서 있는 사람과 같다.

(Titus Andronicus 타이터스 안드로니커스: 3,1,93)

원문의역

- 일 없이 한가할 때는 마음이 흐리멍텅해지기 쉽다. 이럴 때는 정신을 고요히 유지
하면서 자신의 마음을 밝게 살펴야 한다.
- 일이 바쁠 때에는 마음이 너무 분주해지기 쉽다. 이럴 때는 정신이 깨어있는 상태
에서 고요함을 마음의 주인으로 삼아야 한다.

도움말

- 한가할 때는 의지가 풀려 게을러지고 온갖 나쁜 생각에 빠지기 쉽다. 이런 상황에
서는 깨어 있는 정신을 가져야만 심지를 잃지 않고 그릇된 일을 저지르지 않을 수
있다. 한편, 바쁘면 일에 대한 생각으로 가득 차 조급해져 충동적으로 일을 처리하
기 쉽다. 이런 상황에서는 냉정하고 또 냉정해야만 실수를 저지르지 않는다.

일을 논의할 때는 깊이 관여하고, 일을 맡으면 이해관계에 초연하라.

(議事深入 任事超然 의사심입 임사초연)

Keep your personal interests out of business matters.

Why, what should be the fear?
I do not set my life at a pin's fee.

나는 두려울 게 없다. 내 목숨은 핀 하나의 가치도 없다.

(Hamlet 햄릿: 1,4,65)

원문의역

- 일을 검토할 때는 자신을 일로부터 분리하여 객관적 입장에서 이해득실을 꼼꼼히 살피고,
- 일단 일을 맡으면 자신을 일의 중심에 두고 추진하되 개인적인 이해관계는 생각하지 말아야 한다.

도움말

- (성경: 「잠언」 15: 27) 이익을 탐하는 자는 자기 집을 해롭게 하나 뇌물을 싫어하는 자는 살게 되느니라.
- (『노자』 1장) 욕심 없이 객관적 입장에서 살펴야 그 일의 전체와 진실을 볼 수 있다. 만약 욕심이 생겨 개인적인 이해관계를 따진다면 자신이 원하는 겉모양(wishful thinking)밖에 볼 수 없을 것이다(常無欲以觀其妙 常有欲以觀其徼).

일을 추진할 때는 엄격하고 투명하게 하며, 정도(正道)를 지키고 아첨하지 않는다.

(操持嚴明 守正不阿 조지엄명 수정불아)

The higher you rise, the stronger your principles must be.

Love's best habit is a sooting tongue.

사랑의 묘약은 부드럽게 달래는 말이다.

(The Passionate Pilgrim 슬픈 사랑의 순례자: 1,2)

원문의역

■ 요직에 있는 사람은 엄격하고 분명하게 일을 처리해야 하며 동시에 따뜻하고 너그러운 마음도 가져야 한다.

■ 또한 사리사욕에 눈 먼 무리들과 가까이하지 말고, 과격하고 사악한 소인배들(벌과 전갈)의 독침을 건드리지 말아야 한다.

도움말

■ (성경: 「잠언」 22: 24) 노를 품은 자와 사귀지 말며 울분한 자와 동행하지 말지니.

■ (격언) 까마귀 노는 곳에 백로야 가지 마라(近赤卽紅 近墨卽黑).

■ (『논어』 顔淵篇) 군자는 남의 좋은 점은 이루어지도록 도와주고, 나쁜 점은 하지 않도록 한다. 하지만 소인은 이와 정반대이다(君子成人之美 不成人之惡, 小人反是).

혼연일체가 되어 화합하는 것이 일 처리에 있어 진정한 보배
이다.

(渾然和氣 處事珍寶 혼연화기 처사진보)

Live in harmony with others;
Do not try to gain in the name of goodness.

What cannot be eschew'd must be embrac'd.

피할 수 없는 것은 끌어안아라.

(Merry Wives of Windsor 윈저의 즐거운 아낙네들: 5,5,237)

원문의역

■ 명예(honor)를 간판으로 내세우는 사람은 그 내세움(announcement) 때문에 비난을
받고, 도덕(moral)을 명분으로 내세우는 사람은 그 도덕률(morality)이 종종 허물을
불러들이기도 한다.

■ 그러므로 군자는 평소에 악한 일을 가까이하지 않고, 이름을 내려고도 하지 않
고, 오로지 온전한 화합(complete harmony) 속에서 살아간다. 이것이 바로 삶의 보
배이다.

도움말

■ (대만의 淨空老法師) 화합하는 사회(和諧社會)를 추구하는 것이 유교적 정치사상이
다. 우리 모두는 하늘의 뜻, 인간의 도리와 전통문화에 맞추어 생활해야 한다. 서로
화합하면서 사는 것이 우리 인류가 직면한 위기(crisis)로부터 구원받는 길이다(天時
地利 人和的儒敎政治: 符合天道, 符合人道, 符合傳統. 和諧丞救危機).

포악한 자는 진심과 화합으로 감화시키고, 사악한 자는 명분과
기개로 고무시킨다.

(誠心感化 名義激勵 성심감화 명의격려)

Touch the violent with warmth and sincerity;
Move the deceitful with piety and authority.

Let me embrace thee, sour adversities,
For wise men say it is the wisest course.

괴로운 역경(逆境)이여, 내가 너를 끌어안으련다.
그것이 현명한 일이라고 현인들이 말했기 때문이다.

(Henry VI Part 3 헨리 6세 3부: 3,1,24)

원문의역

■ 거짓말쟁이를 만나거든 진실한 마음으로 감동시키고, 난폭한 사람을 만나거든 온
화한 태도로 감화시키고, 사악하고 이기적인 사람을 만나거든 대의명분(justice)과 기
개절조(integrity)로 격려하라.

■ 그러면 모두 나의 교화에 들어오지 않을 자가 없을 것이다.

도움말

■ (『맹자』 盡心章句上) 군자는 다섯 가지 방법으로 사람들을 올바르게 교육한다. 1)
제때에 내리는 비가 초목을 자라게 하듯 감화시키고(有如時雨化之者), 2) 타고난
덕을 완성시키고(有成德者), 3) 뛰어난 재능을 빛을 보도록 발달시키고(有達財者),
4) 몰라서 물을 때 명확한 해답을 주고(有答問者), 5) 스스로 덕을 잘 닦도록 한다
(有私淑艾者).

180. 사랑이 가장 큰 축복이다

화합은 상서로움을 더하고, 결백은 깨끗한 이름을 남긴다.

(和氣致祥瑞 潔白留淸名 화기치상서 결백유청명)

Compassion brings blessings;
Proper conduct brings honor.

'Tis her breathing that
Perfumes the chamber thus.

그녀 입김의 향기가 방안에 가득 차 있다.

(Cymbeline 심벨린: 2,2,18)

원문의역

- 자비로운 마음은 세상 사람들을 서로 화합(harmony)하게 하고,
- 속마음(the innermost heart)이 깨끗하면 그 맑은 향기가 오래 남는다.

도움말

- 예수(「마태복음」 6: 44)는 '너희 원수를 사랑하며 너희를 핍박하는 자를 위하여 기도 하라(Love your enemies and pray for who prosecute).'고 하셨고, 남수단의 외진 마을 톤 즈에서 배고픔과 질병으로 고통받는 사람들에게 아낌없는 사랑을 베풀었던 고(故) 이태석 신부(1962~2010)는 '사람이 할 수 있는 가장 위대한 일, 그것은 사랑입니다.' 라는 말씀을 남겼다. 베풀어라! 그 삶이 존경의 대상이다. 이웃을 사랑하라! 그 사랑 이 가장 큰 축복이다.
- (성경: 「골로새서」 3: 13~14) 누가 누구에게 불만이 있거든 서로 용납하여 피차 용 서하되 주께서 너희를 용서한 것 같이 너희도 그리하고 이 모든 것 위에 사랑을 더 하라. 이는 온전하게 매는 띠니라.

평범한 성품과 행실이 화평의 기초가 된다.

(庸德庸行 和平之基 용덕용행 화평지기)

Mundane virtue and conduct bring peace and harmony to your life;
Unnecessary eccentricity and peculiarity bring calamity.

Small herbs have grace, great weeds do grow apace.

목초는 작지만 아름답다. 잡초는 키만 큰다.

(Richard Ⅲ 리차드 3세: 2,4,13)

원문의역

- 음흉한 꾀와 괴상한 습관, 이상한 행동과 기이한 능력은 모두 세상을 살아가는 데 있어서 재앙의 모태(wombs of calamity)이다.
- 평범한(ordinary) 덕성과 행실만이 근심거리를 없애고 마음의 평화를 가져다 줄 것이다.

도움말

- 조지훈(1920~1968)선생께서는 다만 하나의 평범한 덕행(德行)만이 '혼돈(混沌)을 완전히 하여 화평(和平)을 부른다.'고 해석하면서, 이 혼돈(混沌)이 장자(莊子)가 비유한 '타고난 것 그 자체'를 가리킨다고 하셨다.
- (『장자』 混沌) 남해와 북해 두 제왕 사이에 혼돈(混沌)이라는 왕이 있었다. 혼돈은 정치를 하느라 시달리는 두 제왕에게 가끔씩 즐거움을 주었다. 그 고마움에 보답하려고 제왕이 구멍을 뚫어 주었더니 혼돈은 죽고 말았다. 그들은 일방적인 관점에서 '사람에게는 일곱 구멍이 있어 보고, 듣고, 먹고, 숨쉬기 등을 하는데 혼돈은 구멍이 없어 불편하다.'고만 생각했지, '구멍 없음'이 혼돈에게 존재하는 쾌락이라는 사실을 미처 알지 못했던 것이다.

182. 참고 견뎌야 성공한다

참고 견뎌내면 자유로운 경지에 이른다.

(忍得住耐得過 則得自在之境 인득주내득과 즉득자재지경)

One must overcome steep paths to reach the top of the mountain.

Perseverance, dear my lord,

Keeps honor bright.

참고 견디어라, 명예는 빛난다.

(Troilus and Cressida 트로일러스와 크레시다: 3,3,150)

원문의역

■ 옛말에 "산을 오를 때는 비탈길을 견뎌야(耐) 하고, 눈길을 걸을 때는 위태로운 다리를 견뎌야(耐) 한다."고 했다.

■ 견딜 '내(耐)' 자(字)는 참으로 깊은 뜻이 있으니, 삶의 지표로 삼아라. 그렇지 않으면 가시덤불과 구렁텅이에 빠지게 된다.

도움말

■ (성경: 「시편」 37: 7) 여호와 앞에 잠잠하고 참고 기다리라. 자기 길이 형통하며 악한 꾀를 이루는 자 때문에 불평하지 말지어다.

■ (중국 격언) 한 때의 화를 참지 못하면 두고두고 후회하게 될 것이니, 제발 괴로워도 참고 견뎌라(忍得一時氣 免得百日之憂 吃苦耐勞).

■ (『맹자』告子章句下) 하늘이 어떤 사람에게 큰일을 맡기기 전에 우선 정신적 육체적 시련을 주어 그 사람의 인내심을 시험해 본다(天將降大任于斯人也 必先苦其心志 勞其筋骨 … 所以動心耐性 曾益其所不能).

마음 자체가 밝아야 본연의 진실을 잃지 않는다.

(心體瑩然 不失本眞 심체형연 불실본진)

Virtue triumphs over achievement and knowledge.

He lives in fame, that died in virtue's cause,

그는 명성을 얻었지만, 덕을 잃고 파멸했다.

(Titus Andronicus 타이터스 안드로니커스: 1,1,390)

원문의역

■ 공적을 뽐내고 학문을 내세우지 마라. 이것은 겉모습으로 남의 이목을 끌어 인간의 행세를 하는 꼴이 된다.

■ 자신의 근본을 지키고 마음바탕을 보석처럼 빛나게 하라. 그래야 평생토록 아무런 공적도 없고 변변한 글 한 줄 남기지 못해도 스스로 당당하게 사람 노릇을 한 셈이다.

도움말

■ (조지훈) 공업(功業)을 뽐내고 문장(文章)을 자랑함은 이 모두가 외물(外物)에 기대어 이루어진 사람이다. 마음바탕이 절로 밝아 근본을 잃지 않으면, 비록 작은 공(功)이 없고 한 자 글을 모를지라도 절로 당당한 사람이 되는 것이다.

■ 장자는 이리 뛰고 저리 솟구치는 물고기를 보고 '저것이 그들의 행복'이라고 했다. 그렇다면 인간의 행복은 무엇인가? 인간의 가치는 무엇으로 매겨지는가? 이 세상에 더 이상 바랄 것이 없는 완벽한 기쁨이 있는가? 사람들은 대체로 돈과 명예, 업적과 학문, 그리고 건강과 장수를 행복의 요건이고 삶의 가치로 믿는다. 과연 그럴까? 오래 살수록 행복할까? 스스로를 희생하여 큰 업적을 이룬 사람은 가치 있게 산 것일까?

184. 바쁠 때 고요함을 찾아라

바쁜 가운데 한가로움을 찾고, 시끄러운 중에 고요함을 취하라.

(忙裡偸閑 鬧中取靜 망리투한 료중취정)

Learn how to find calm amidst chaos by contemplating while at peace.

Be patience, for the world is broad and wide.

침착해라, 세상은 크고 넓다.

(Romeo and Juliet 로미오와 줄리엣: 3,3,16)

원문의역

■ 한가한 때 미리 계획을 세워 마음을 다잡아라. 그래야 바쁜 중에 한가로움을 얻을 수 있다.

■ 고요할 때 우선 주변을 살펴 마음의 자유를 찾아라. 그래야 소란한 가운데 고요함을 찾을 수 있다.

■ 그렇지 않으면, 경우에 따라 변하고 일에 따라 흔들리게 된다.

도움말

■ (『주역』 艮卦) 만물은 시종 움직일(震卦) 수만 없어 멈추게 되고(艮卦), 멈추었다가는 다시 점차 자라난다(漸卦). 따라서 어려울 때는 자신의 마음을 안정(安靜)시켜 외물에 의해 요동치지 않게 하고 적절한 시기와 정도에서 멈추어야 한다(自我節制 適可而止).

■ (Jack M. Balkin, 『주역』) 『주역(the Book of Change)』은 모든 일이 그 반대와 연결되어 있다고 본다. 산(艮=山)도 빠르게 돌고 있는 지구 위에 있듯이, 멈춤은 움직임의 한 측면이고, 또한 모든 움직임은 멈추어 있는 것처럼 보이기도 한다(Rest is merely an aspect of motion, and all the motion from some perspective appears to be at rest).

세상을 위해 뜻을 세우고, 후손을 위하여 복을 쌓아라.

(爲天地立心 爲子孫造福 위천지입심 위자손조복)

Practice honesty and thrift.
Pass down blessings to progeny.

Thrift is blessing, if men steal it not.

사람들이 훔치지만 않는다면, 절약은 축복이다.

(Merchant of Venice 베니스의 상인: 1,3,90)

원문의역

■ 자기의 양심을 속이지 말고, 사람의 정(情)을 저버리지 말며, 세상의 물자를 낭비하지 마라.

■ 이 세 가지로써 세상을 위하여 뜻을 세우고, 남을 위하여 희생하고, 후손을 위하여 덕을 쌓아라.

도움말

■ (乙力) 인간으로서 지켜야 할 세 가지 원칙은 자신의 양심을 저버리지 말고(有良心), 인정과 도리를 다하며(盡人情), 씀씀이를 줄이는(節用度) 것이다.

■ (안길환) 자신의 마음을 속이지 말라. 인정을 메마르게 하지 말라. 한도를 넘는 낭비와 혹사를 하지 말라. 이 세 가지를 지켜나감으로써 마음이 천지의 도(道)에 따르고, 민생의 안전을 지키며, 자손에게는 행복을 누리게 해줄 수 있다.

관직에서는 공정하고 청렴하며, 집안에서는 관대하고 검소해
야 한다.

(爲官公廉 居家恕儉 위관공렴 거가서검)

Fairness and honesty at work;
Kindness and thrift at home.

No care, no stop; so senseless of expense

That he will neither know how to maintain it.

Nor cease his flow of riot, takes no account.

제 멋대로, 흥청망청, 씀씀이에 무관심하네.
가계는 알려고 하지도 않고, 연일연야(連日連夜) 미친 듯이 낭비하는구나.

(Timon of Athens 아테네의 타이몬: 2,2,1)

원문의역
- 관직에서는 공평무사(公正無私)해야 밝은 지혜가 생기고, 청렴해야 위엄이 선다.
- 집안에서는 마음이 너그러워야 화평하고, 아껴야 살림이 넉넉해진다.

도움말
- 직장에서는 청렴(淸廉)하고, 집 안에서는 검소해야 한다. 그래야 위엄이 서고, 쓰임이 넉넉해진다. 특히 과잉소비 시대에 살고 있는 우리는 밥 한 그릇이 어디에서 오는지 생각하여 그 고마움을 알고 세상 물자를 낭비하지 않아야 한다.

부유할 때도 가난을 인지하고, 편안할 때도 위험을 생각하라.

(處富知貧 居安思危 처부지빈 거안사위)

Prepare for poverty when you have plenty;
Prepare for old age when you are young and healthy.

What is past is prologue.

지나간 세월은 서막일 뿐이다.

(The Tempest 폭풍: 2,1,157)

원문의역

- 부귀할 때는 빈천할 때의 고통을 생각하고,
- 젊고 건강할 때는 늙고 쇠약할 때의 괴로움을 생각해야 한다.

도움말

- (중국 속담) 맑은 날에도 우산을 준비하고, 지금 배가 불러도 배고플 때 먹을 식량을 가지고 가라(晴帶雨傘 飽帶饑粮). 우환에 대비하면 화를 면할 수 있지만, 편하여 방심하다가 목숨을 잃을 수도 있다(生於憂患 死於安樂).
- (乙力) 어려울 때일수록 좋은 일을 많이 생각하고(苦時應多想甜), 좋을 때일수록 어려웠던 시절을 많이 생각하라(甜時要多思苦). 그러면 용기와 힘이 생기고 자신의 근본을 망각하지 않을 것이다.

188. 너그러워야 사람을 얻는다

깨끗함과 더러움을 모두 수용하고, 선함과 악함을 함께 포용하라.

(淸濁并包 善惡兼容 청탁병포 선악겸용)

Accept that filth and vulgarity are also parts of life.

Priests pray for enemies, but princes kill.

신부는 원수를 위해 기도하지만, 왕자는 죽인다.

(Henry Ⅵ Part 2 헨리 6세 2부: 5,2,71)

원문의역

- 지나치게 결백한 태도를 취하지 마라. 세상을 살아감에 약간의 욕됨과 더러움은 용납할 수 있어야 한다.
- 사람과 교제할 때 너무 분명하게 하지 마라. 착한 사람과 나쁜 사람, 현명한 사람과 어리석은 사람을 모두 포용할 수 있어야 한다.

도움말

- (성경: 「전도서」 7: 17) 지나치게 악인이 되지도 말며 지나치게 우매한 자도 되지 말라. 어찌하여 기한 전에 죽으려고 하느냐.
- (『논어』 陽貨篇) 공손(恭)하고, 관대(寬)하며, 신의(信)가 있고, 민첩(敏)하며, 은혜(惠)로우면 인(仁)이다. 공손하면 모욕을 당하지 않고(恭則不侮), 너그러우면 사람을 얻고(寬則得衆), 신용이 있으면 사람들이 믿고(信則人任), 민첩하면 공적을 쌓고(敏則有功), 은혜로우면 지도자가 될 수 있다(惠則足以使人).

소인배에게 원한을 사지 말고, 군자에게 아부하지 말라.

(勿仇小人 勿媚君子 물구소인 물미군자)

Do not confront the petty;
Do not try to flatter the noble.

How sharper than serpents tooth it is
To have a thankless child.

감사할 줄 모르는 아이들의
원한은 독사의 이빨보다 더 날카롭다.

(King Lear 리어왕: 1,4,295)

원문의역

- 소인배에게 원한을 사지 말라. 소인에게는 상대할 소인이 따로 있다.
- 군자에게 아부하지 마라. 군자는 본래 사사로운 은혜를 베풀지 않는다.

도움말

- (乙力) 나쁜 사람에게는 다른 나쁜 사람이 생겨 탁마하고, 착한 사람에게는 좋은 일이 생겨 보상을 받는다(惡人自有惡人磨 好人總有好心報).
- (『노자』 5장) (前略) 성인도 사사로운 은혜를 베풀지 않는다. 그래서 백성을 짚 개(straw dogs)처럼 여긴다. 하늘과 땅 사이는 마치 거대한 풀무와 같아 공허하면서도 굴복하지 않는다. 움직일수록 더 많이 나온다. 말이 많으면 자주 궁지에 몰리니 텅비어 있는 가운데를 지키는 것이 낫다(聖人不仁 以百姓爲芻狗. 天地之間 其猶橐籥乎 虛而不屈. 動而愈出 多言數窮 不如守中).

190. 집착하는 병은 고치기 어렵다

몸의 질병은 고치기 쉬워도, 마음의 장애는 없애기 힘들다.

(疾病易醫 魔障難除 질병이의 마장난제)

It is easier to cure disease than stubbornness.

Deep malice makes too deep incision.

깊은 원한은 깊은 칼자국을 남긴다.

(Richard II 리차드 2세: 1,1,155)

원문의역

- 욕심 부리는 병은 고칠 수 있다. 그러나 그럴듯한 핑계(excuse-making)만 대는 병은 고치기 어렵다.
- 사물에 생긴 장애는 없앨 수 있다. 그러나 잘못된 판단에 따른 장애는 없애기 어렵다.

도움말

- (『논어』 子罕篇) 공자는 네 가지를 절대 하지 않았다(子絶四毋):
  - 毋意(no pre-conceptions); 사사로운 뜻을 따라 일하지 않고,
  - 毋必(no pre-determinations); 꼭 하고야 말겠다고 장담하지 않고,
  - 毋固(no obduracy); 자신의 의견만 고집하지 않고,
  - 毋我(no egoism); 자신의 이익만을 생각하지 않았다.
- (불교: 魔障) 어떠한 일에 마(魔)가 끼어 일이 잘 풀리지 않는 것으로, 특히 불교 용어로는 마음수양에 방해가 되는 것들을 의미한다.

쇠는 백 번 달구어야 하고, 화살은 경솔하게 쏘지 말아야 한다.

(金須百煉 矢不輕發 금수백련 시불경발)

Cultivate character as you would hone steel: continuously.
Act as you would shoot an arrow: prudently.

The day shall not be up so soon as I
To try the fair adventure of tomorrow.

내일은 아침 일찍 일어나서
승리를 위한 결전(決戰)에 도전한다.

(King John 존 왕: 5,5,21)

원문의역

■ 심신은 쇠를 달구듯이 갈고 닦아라. 서두르면 깊은 수양을 할 수 없다.

■ 일은 활을 쏘듯 최선을 다하라. 경솔하게 쏘면 큰 성과를 거둘 수 없다.

도움말

■ (성경: 「디모데전서」 4: 7) 망령되고 허탄한 신화를 버리고 경건에 이르도록 네 자신을 연단하라.

■ (『노자』 69장) 적을 경솔하게 대하는 것보다 더 큰 위험은 없다. 적을 경솔하게 다루면 내 보배를 모두 잃는다(禍莫大於輕敵 輕敵幾喪吾寶).

■ 첫술에 배부를 수 없고, 천리 길도 한 걸음부터 시작된다. 쇠는 많이 두드릴수록, 많이 담금질할수록 더욱 강해진다. 따라서 명검(名劍)을 만들려면 두드리고 또 두드리고, 그리고 불에 수없이 담금질해야 한다. 마찬가지로 훌륭한 인물이 되려면 오랜 세월 깊이 갈고 닦아야 한다.

소인배에게 비방을 들을지언정, 군자에게 용서를 구하지 말라.

(寧爲小人所毁 勿爲君子所容 영위소인소훼 물위군자소용)

Better to be criticized than praised by the petty;

Better to be scolded than not by the great.

Wisdom and goodness to the vile seem vile.

지혜롭고 선한 가르침도 악인에게는 악으로 들린다.

(King Lear 리어왕: 4,2,38)

원문의역

- 소인배의 시기와 비방은 받더라도, 아첨이나 칭찬은 받지 마라.
- 군자로부터 용서를 구하지 말고, 꾸중 듣고 잘못을 시정하라.

도움말

- (남종진) 통상 소인이 칭송하는 것은 결코 좋은 것이 아니며, 소인에게 비방당하는 것은 나쁜 것이 아니다. 소인이 좋아하는 것은 늘 추악한 언행이기 때문이다. 반대로 군자는 자신의 태도가 거울로 삼을 만하기에 칭찬한다면 기뻐해도 된다. 더욱이 군자의 질책은 자신을 재고할 절호의 기회이다.
- (梧里 李元翼: 1547~1634) 뜻과 행동은 나보다 나은 사람과 견주고, 분수와 복은 나보다 못한 사람과 비교한다.

이익을 탐하는 자의 해악은 크지 않지만, 명성을 탐하는 자의
해악은 매우 크다.

(好利害淺 好名害深 호이해천 호명해심)

Worse to seek glory than gold.

'Tis too much prov'd, that with devotion's visage
And pious action, we do sugar o'er/ The devil himself.
신앙 깊은 표정을 짓고, 경건한 태도를 보이면서,
악마의 본성에 사탕발림 하는 일은 옳지 못하다.

(Hamlet 햄릿: 3,1,47)

원문의역

- 물욕(love for profit)은 도덕심 밖(out of morality)에 있어 그 실체가 바로 드러난다. 따라서 그 해악이 상대적으로 작다.
- 명예욕(love for fame)은 도덕심 안(in morality)에 숨어 있어 그 의중을 알기 어렵다. 따라서 그 해악이 매우 크니 각별히 조심하라.

도움말

- (『논어』 里仁/ 顔淵篇) 군자는 정신적 도덕(名)을 생각하지만 소인은 물질적 이익(利)을 생각한다. 군자는 정의(正義)를 이야기하지만 소인은 이익(利益)을 따진다(君子懷德 小人懷土. 君子喻於義 小人喻於利).
- (『맹자』 梁惠王上) 양나라 혜왕이 맹자께 "선생이 멀리서 왔으니 우리나라를 이롭게 해 주시렵니까?"라고 물으니, 맹자는 "왕께서는 어찌하여 하필 이익을 말씀하십니까(何必曰利)? 오직 인의가 있을 따름입니다(亦有仁義而已矣)."라고 대답하셨다.

194. 원한은 모래밭에 써라

은혜는 잊으면서 원한을 반드시 갚는 것은 몰인정한 처사이다.

(忘恩報怨 刻薄之尤 망은보원 각박지우)

Many forget kindness;
Many remember offenses.

Ingratitude is monstrous!

배은망덕(背恩忘德)은 극악무도(極惡無道)한 일이다!

(Coriolanus 코리오레일너스: 2,3,9)

─────────

원문의역

■ 사람들은 받은 은혜는 커도 갚지 않으면서 원한은 작아도 꼭 갚으려 하고, 남의 선행은 확실해도 믿지 않으면서 나쁜 소문은 확인하지도 않고 바로 믿으려 한다.
■ 이것이야말로 각박함(brutality)의 극치이니 각별히 경계하라.

도움말

■ (각박한 세상인심을 표현한 말들) 은혜 입은 것은 물에 쓰고, 원한이 있는 것은 돌에 새긴다(不思報恩 只想相怨). 남에 대한 악평(惡評)은 믿으려 하면서도 좋은 말(善評)은 잔뜩 의심한다(相信壞事 懷疑好事). 선행(善行)은 알려지지 않지만, 나쁜 소문은 천리를 간다(好事不出門 壞事行千里).
■ (중국 격언) 남의 작은 은혜도 크게 보답하여야 한다(得人滴水之恩 當涌泉相報). 남의 허물은 묻어주고 선행은 높이 알린다(隱惡揚善). 남의 원한은 정직함으로 묻어두고 남의 은덕은 반드시 덕으로 보답하라(以直抱怨 以德報德).

모함하는 말은 해를 가리는 구름과 같고, 아첨하는 말은 살을
파고드는 바람과 같다.

(讒言如雲蔽日 甘言如風侵肌 참언여운폐일 감언여풍침기)

Insults are like passing clouds;
Praises are like skin-cracking winds.

Praises sauced with lies.

거짓말로 분칠한 칭찬이다.

(Coriolanus 코리오레일너스: 1,6,53)

원문의역

- 남을 모함하고 헐뜯는 사람은 햇볕을 가리는 조각구름과 같으니 두려워하지 말라.
  그 진실이 곧 스스로 밝혀질 것이다.
- 아양 떨고 아첨하는 사람은 문틈으로 스며드는 바람과 같으니 특별히 조심하라. 이
  틈새 바람은 자신도 모르게 해독을 입힐 수 있다.

도움말

- (성경: 「잠언」 29: 5) 이웃에게 아첨하는 것은 그의 발 앞에 그물을 치는 것이니라.
- 모든 일은 결국 바른 길로 돌아가는 법이다. 나쁜 짓하면 벌 받고 착한 일하면 복 받
  는 법(惡有惡報 善有善報)이다. 그런데 그렇지 않는 경우가 종종 있다. 그러나 너무
  실망하지 마라. 사필귀정(事必歸正)을 믿고 좀 더 기다려보자. 그렇지 않은 것은 단
  지 아직 때가 되지 않았기 때문이라고 한다(不是不報 只是未到).

196. 높은 산 나무는 키가 작다

지나치게 절제된 행동을 조심하고, 편협하고 성급한 마음을 기
피하라.

(戒高絶之行 忌褊急之衷 계고절지행 기편급지충)

Do not try to be perfect:
There are no trees on mountain peaks and no fishes in rushing streams.

His nature is too noble for the world.

He would not flatter Neptune for his trident,

Or Jove for's power to thunder.

His heart's his mouth.

그의 성품은 이 세상에서 너무 고결(高潔)하다.
바다의 신(神) 넵튠이 세발창을 준다 해도, 주피터가 천둥 번개의 힘을 준다 해도,
그는 추종하지 않는다. 그의 마음이 곧 그의 입이다.

(Coriolanus 코리오레일너스: 3,1,254)

원문의역

- 높고 험한 산에는 나무가 없지만, 물이 휘감는 산골짜기에는 초목이 무성하다.
- 소용돌이치는 물에는 물고기가 없지만, 연못에는 물고기와 자라가 모여든다.
- 지나치게 고상한 행동과 좁고 조급한 마음을 갖지 마라.

도움말

- 너무 편벽하고 과격하면 남들의 호응을 받을 수 없고, 대중의 지지를 받지 않고는
  큰일을 할 수 없다. 중국 속담에 '울타리 하나에는 세 개의 말뚝이 필요하고, 한 사람
  의 호걸은 세 사람의 도움이 필요하다(一個篱芭三個檣 一個好漢三個帮).'는 말이 있
  고, 후한서(後漢書)는 '물이 너무 맑으면 큰 고기가 없다(水清無大魚).'고 했다.

소탈하고 원만하면 성공하고, 매사에 불평만 하면 기회를 놓친다.

(虛圓立業 僨事失機 허원입업 분사실기)

The modest and genial find success;
The sulking miss chances.

He must have a long spoon that must eat with the devil.
악마와 식사를 하려면 긴 숟갈이 필요하다.

(The Comedy of Errors 실수연발: 4,3,65)

원문의역

■ 성격이 겸손하고 융통성 있는 사람(虛圓士)은 공을 세우고 사업도 성공한다.
■ 거만하고 고집스러운 사람(執拗人)은 늘 불평만 하다가 좋은 기회를 놓치고 만다.

도움말

■ (『노자』 16장) 마음을 완전히 비우고(completely empty), 마음을 아주 고요히 가져라 (perfectly serene). 그러면 모든 일이 다함께 일어나고 근본으로 돌아갈 수 있다. 근본으로 돌아가는 것이 바로 평화(peace)이다(致虛極 守靜篤. 萬物并作 吾以觀其復. 夫物芸芸 各歸其根. 歸根曰靜).
■ 성격이 겸허하고 원만하며 마음이 열린 사람을 허원사(虛圓士)라 하고, 집착이 강하고 고집이 매우 센 사람을 집요인(執拗人)이라 한다. * Le Guin은 허원사를 unprejudiced and harmonious fellows로, 집요인을 men of attachment and obstinacy라 영어로 번역하였다.

너무 가까이 하지도 말고 너무 멀리도 않는 것이 세상살이에
필요한 요령이다.

(處世要道 不卽不離 처세요도 불즉불이)

Be neither too friendly nor unfriendly.

*To gild refined gold, to paint the lily, ··· unto the rainbow, or with
taper-light*
To seek the beauteous eye of heaven to garnish,
Is wasteful and ridiculous excess.

순금에 도금을 하고, 백합 꽃에 물감을 칠하고, (중략) 무지개 색에 색 하나 더
하고, 아름답게 빛나는 창공의 태양에 촛불을 첨가시키려는 것은
헛되고, 우습고, 지나친 일이다.

(King John 존 왕: 4,2,11)

원문의역

■ 세상을 사는 데 세속과 같이해도 안 되고, 그렇다고 세속과 동떨어져서도 안 된다.
■ 일을 할 때 남이 싫어하게 해서도 안 되고, 그렇다고 호감을 살 생각만 해서도 안
된다.

도움말

■ 사람과 교제함에 있어 '不可遠不可近'의 거리를 유지하는 것이 좋다. 너무 소원한 것
도 너무 친밀한 것도 모두 좋지 않기 때문이다. 공자(里仁篇)께서는 '임금에게 너무
자주 간하면 치욕을 당하고, 친구에게 너무 자주 충고를 하면 사이가 멀어진다(事君
數 斯辱矣, 朋友數 斯疏矣).' '지나침은 모자람과 같다(過猶不及).'고 말씀하셨다.
■ (성경: 「잠언」 14: 4) 소가 없으면 두유는 깨끗하려니와 소의 힘으로 얻는 것이 많
으니라.

늙어서 더욱 왕성한 삶을 살아라. 큰 그릇은 늦게 이루어진다.

(老當益壯 大器晚成 노당익장 대기만성)

The clouds at evening twilight are the most colorful:
Live to the fullest even when the end is near.

Though I look old, yet I am strong and lusty.

나는 늙었지만, 여전히 원기 왕성하고, 힘차다.

(As You Like it 당신이 좋으실 대로: 2,3,47)

원문의역

■ 태양은 벌써 지고 있는데 저녁노을은 오히려 아름답고, 한 해가 곧 저물어 가는데 동짓달 귤은 더욱 향기롭다.
■ 군자는 인생의 말년에 정신을 백배 가다듬어 더욱 정진해야 한다.

도움말

■ 붉은 저녁노을보다 아름다운 것은 없다. 늙어도 활기 넘치게 살아라. 그래서 인생의 황혼에 '저녁노을이 아름다운 집(夕佳軒)'을 짓고 큰 뜻을 이뤄라. 큰 그릇은 늦게 이루어지는 법이다.
■ (조지훈) 사람은 만년의 좋은 사업과 훌륭한 죽음으로써 무위의 일생을 돌려서 광망(光芒)의 일생을 만들 수도 있다. 그러므로 군자는 말로만년(末路晚年)을 위하여 그 정신을 마땅히 평상(平常)의 백배(百倍)를 기울여야 할 것이다.
■ (법정스님, 『아름다운 마무리』) 우리는 자신의 꿈과 이상을 저버릴 때 늙는다. 세월은 우리 얼굴에 주름살을 남기지만 우리가 일에 대한 흥미를 잃을 때는 영혼이 주름지게 된다.

200. 총명을 드러내지 말라

재주와 지혜를 감춰야 중요한 직책을 오래 맡을 수 있다.

(藏才隱智 任重致遠 장재은지 임중치원)

Great people do not show off their talent or smarts.

Keep a good tongue in your head.

좋은 말은 머릿속에 감춰두라.

(The Tempest 태풍: 3,2,41)

원문의역

- 매는 조는 것처럼 서 있고, 호랑이는 병든 것처럼 걷는다. 바로 이것이 그 놈들이 사냥감을 낚아채는 수단이다.
- 그러므로 군자는 총명을 드러내지 말고, 재주를 내보이지 말아야 한다. 그래야만 비로소 큰 임무를 어깨에 짊어질 수 있는 역량이 된다.

도움말

- (『노자』 17장) 가장 훌륭한 지도자는 사람들이 그의 존재를 겨우 알고, 그 다음은 좋아하여 칭찬하고, 그 다음은 두려워하고, 가장 나쁜 지도자는 사람들이 경멸한다. (중략) 훌륭한 지도자는 간섭하지 않고 말을 적게 한다. 그래서 모든 일이 이루어졌을 때 사람들은 '우리가 스스로 해냈다.'고 말한다(太上不知有之; 其次親而譽之; 其次畏之; 其次侮之. … 悠兮其貴言 功成事遂 百姓皆謂 '我自然').
- (중국 격언) 큰 지혜는 어리석어 보이고, 지니고 있어도 밖으로는 나타내지 않아야 한다(大智若愚 含而不露). 얼굴엔 온화한 미소를 띠면서 마음속으로는 기회가 되면 해치려고 칼을 품고 있다(笑裡藏刀).

검약이 지나치면 인색해지고, 겸양이 지나치면 비굴해진다.

(過儉者吝嗇 過讓者卑曲 과검자인색 과양자비곡)

Frugal does not mean cheap or stingy;
Modest does not mean timid or slavish.

We'll do anything for gold.

황금을 위해서라면 무엇이나 할 수 있다.

(Timon of Athens 아테네의 타이몬: 4,3,151)

원문의역

■ 검소함(frugality)은 아름다운 덕(a beautiful virtue)이다. 그러나 지나치면 쩨쩨하게 보여 오히려 정도(the true way)를 손상시킨다.

■ 겸양(modesty)은 기분 좋은 행실(pleasing conduct)이다. 그러나 지나치면 비굴하게 보여 본마음을 의심받게 된다.

도움말

■ (조지훈) 절검(節儉)이란 이름을 쓰고 인색이 웃는 수가 많다. 겸양은 아름다운 행실임에 틀림없지만 지나치면 비굴한 태도가 된다. 그러한 행동의 바탕에는 무엇을 바라는 마음 무슨 계획이 있는 법이다.

■ (『논어』 學而 · 述而篇) 교묘하게 꾸민 말과 보기 좋게 꾸민 얼굴빛에는 어진 마음이 드물다. 사치에 빠지면 불손해지고, 지나치게 검소하면 인색해진다. 불손한 것보다는 차라리 인색한 것이 낫다(巧言令色 鮮矣仁! 奢則不遜 儉則固, 與其不遜也 寧固).

202. 하늘도 길게 말하지 않는다

기쁨과 근심, 안락(安樂)과 위난(危難)을 마음에 담아두지 말라.

(喜憂安危 勿介於心 희우안위 물개어심)

Joy, worry, comfort and danger are ephemeral.

Man's nature cannot carry
The affliction nor the fear.

인간의 본성은 고민도 공포도 버린다.

(King Lear 리어왕: 3,2,48)

원문의역

■ 일이 뜻대로 되지 않는다고 너무 걱정하지 말고, 뜻대로 잘 풀려간다고 너무 기뻐하지 말라.

■ 지금의 무사함과 평화가 오래 갈 거라고 믿지 말고, 일을 시작할 때 처음부터 어려움을 회피하지 말라.

도움말

■ 지금 힘들다고 한숨짓거나 너무 낙담하지 마라. 사랑의 하느님은 편애하지 않기 때문에 당신만 힘들게 하지 않는다. 햇살과 바람도 한쪽 편에만 오지는 않는다. '하늘은 긴 연설을 하지 않는다(希言自然, Nature doesn't make long speeches).'는데, 어찌 사람의 기쁨과 슬픔, 근심과 공포가 오래 가겠는가? 자연이 언제 불평을 하던가? 화가 나도 너무 화내지 말고, 기뻐할 일에도 너무 좋아하지 마라. 오로지 평온한 마음을 유지하면서 침착하고 차분하게 일을 처리해라.

■ (성경: 「마태복음」 6: 27) 너희 중에 누가 염려함으로 그 키를 한 자라도 더할 수 있겠느냐.

향락, 명예와 지위를 지나치게 탐하지 마라.

(聲樂名位 不可過貪 성색명위 불가과탐)

Do not live through festivity, fame or fortune.

The very substance of the ambitions is merely the shadow of a dream.

야망의 본체는 꿈의 허상일 뿐이다.

(Hamlet 햄릿: 2,2,262)

원문의역

- 먹고 마시는 환락에 빠지면 좋은 가정(a wonderful family)이 아니고,
- 화려한 명성을 얻는데 급급하면 훌륭한 학자(a great scholar)가 아니며,
- 높은 지위만 중히 생각하면 바람직한 관리(a good statesman)가 아니다.

도움말

- 사람이 살아가려면 먹고 즐기고, 돈도 모으고, 명예도 얻고, 필요한 물건도 사야 한다. 이러한 소비생활 자체가 나쁜 것은 아니나 지나친 것이 문제다. 파티가 잦고 화려함이 일상이 되고 비싼 명품을 가져야만 즐거운 것은 아니다. 이러한 탐욕과 허영은 잠시 머물다 사라지는 환상이다. 자신의 색깔과 양심을 죽이고 누군가의 눈을 맞춰 사는 건 스스로의 삶이 아니다. 헨리 소로(Henry D. Thoreau)는 인생을 마음먹은 대로 살아보고 싶어서 월든 호숫가 숲으로 들어갔다고 한다.
- (乙力) 바람직한 관리는 세상의 근심은 남보다 먼저 하고, 세상의 즐거움은 남보다 나중에 해야 한다(一定是先天下之憂而憂 後天下之樂而樂).

204. 고생 끝에 복이 온다

즐거움 끝에 슬픔이 생기고, 고생 끝에 낙(樂)이 온다.

(樂極生悲 苦盡甘來 낙극생비 고진감래)

Chase pleasure and suffer;
Practice moderation and find happiness.

There is a tide in the affairs of men
Which, taken at the flood, leads on to fortune.

인간사에는 흐름이 있어서 물줄기를 잘 타면 행운을 잡는다.

(Henry Ⅳ Part 2 헨리 4세 2부: 4,1,70)

원문의역

- 보통 사람은 마음에 맞는 것을 즐거움으로 삼는다. 이들은 종종 즐거운 마음에 끌려 오히려 괴로움에 처하게 된다.
- 그러나 도를 깨우친 사람은 역경을 이겨내는 것을 즐거움으로 삼는다. 이들은 역경을 딛고 마침내 괴로움을 즐거움으로 승화시킨다.

도움말

- (성경: 「야고보서」 1: 4) 인내를 온전히 이루라. 이는 너희로 온전하고 구비하여 조금도 부족함이 없게 하려 함이라.
- 통달한 사람이 세상을 보는 관점은 보통 사람과 다르다. 보통 사람들은 즐거움을 찾다가 그 즐거움에 이르러서 괴로움을 당하지만, 달인(達人)은 어려움조차도 삶의 일부(trouble is part of his life)로 받아들여 욕망을 억제하여 마침내는 즐거움을 얻게 된다. 중국 전국책(戰國策－秦策下)은 해가 중천에 오면 옮겨가고 달이 가득 차면 기울어지며(日中則移 月滿則虧), 만물이 무성하면 기울어지는 것은 변치 않는 하늘의 뜻(物盛則衰 天之常數)이라고 하였다.

가득 차면 넘치고, 너무 강하면 부러진다.

(過滿則溢 過剛則折 과만즉일 과강즉절)

Let neither water overflow nor branches break.

I have touched the highest point of all my greatness,

And from that full meridian of my glory.

I haste now to my setting.

I shall fall like a bright exhalation in the evening.

나는 이 세상 권세의 절정에 도달했다.

이제 나는 그 영광의 자오선에서 지상으로 일직선으로 낙하하고 있다.

나는 하늘의 유성처럼 불타며 사라질 것이다.

(Henry VIII 헨리 8세: 3,2,223)

원문의역

■ 가득 찼으면 한 방울도 더하지 마라. 가득 차 있는 사람은 그 한 방울이 문제다.

■ 부러질 것 같은 나무는 조금이라도 건드리지 마라. 위기에 처한 사람은 살짝만 건드려도 무너진다.

도움말

■ (『노자』 24장) 발끝으로는 오래 서 있을 수 없고, 큰 걸음으로는 멀리 갈 수 없다. 스스로 내세우면 똑똑할 수 없고, 스스로 옳다고만 하면 모범이 될 수 없고, 스스로 만족하면 더 이상 성공할 수 없고, 스스로 뽐내면 더 이상 발전할 수 없다(企者不立 跨者不行, 自見者不明 自是者不彰, 自伐者無功 自矜者不長).

냉철하게 사람을 살피고, 이성과 지혜로 처세하라.

(冷靜觀人 理智處世 냉정관인 이지처세)

Keep presence of mind, sight and hearing.

Nimble thought can jump both sea and land.

생각이 민첩(敏捷)하면 바다와 육지를 단숨에 뛰어넘는다.

(Sonnets 소네트: 44)

원문의역

- 냉철한 눈(cool eyes)으로 사람을 살피고, 냉철한 귀(cool ears)로 남의 말을 경청하라.
- 냉철한 정(cool emotions)으로 감정을 조절하고, 냉철한 마음(a cool mind)으로 이치를 생각하라.

도움말

- (안길환) 냉철하게 보고 듣고 생각하라 했는데, 그럼 냉철이란 어떻게 얻을 수 있을 것인가? 첫째, 이제까지의 선입견과 호불호(好不好)의 감정을 깨끗이 버리고 마음을 비워야 한다. 둘째, 이해득실의 계산에서 일단 떠나야 한다. 셋째, 일부분에 사로잡히지 말고 대국적으로 사물을 바라보아야 한다.
- (Thomas Jefferson: 1743~1825, 미국 제3대 대통령) 배우기 위해서는 듣고, 발전하기 위해서는 시도하라(To learn, you have to listen; To improve, you have to try).

도량(度量)이 넓으면 복을 많이 받고, 배포(排布)가 작으면 녹봉도
적게 받는다.

(量寬福厚 器小祿薄 양관복후 기소록박)

The generous are blessed;
The miserly are deprived.

Let gentleness my strong enforcement be.

너그러운 마음은 나의 처세술이다.

(As You Like It 당신이 좋으실 대로: 2,7,118)

원문의역

- 어진 사람은 마음이 너그럽고 편안하다. 그래서 복을 받고 기쁜 일이 오래 가며, 일마다 여유롭고 너그러운 기상을 가질 수 있다.
- 인색한 사람은 생각이 좁고 조급하다. 그래서 복이 적고 자손에게도 좋지 않으며, 일마다 조급하고 옹색해 보인다.

도움말

- (성경: 「잠언」 12: 4) 어진 여인은 그 지아비의 면류관이나 욕을 끼치는 여인은 그 지아비의 뼈가 썩음 같게 하느니라.
- 복과 재앙 사이에는 문이 없다. 단지 사람이 생각하기에 따라 오고 간다(禍福無門 惟人自召). 선악에 대한 결과는 물체를 따라가는 그림자와 같으니(善惡之報 如影隨形), 악행(惡行)을 저지르고도 죄 받지 않으리라 생각지 마라. 반면에 어진 사람은 모든 일에 너그럽고 초조하지 않다. 평소에 덕을 베풀며 살기에 두려울 것이 없다. 큰 강에 사는 물고기는 작은 물결에 놀라지 않는다고 하지 않는가.

험담을 듣더라도 곧바로 미워하지 말고, 칭찬을 듣더라도 곧바로 친해지지 말라.

(惡不可即就 善不可即親 악불가즉취 선불가즉친)

Those who talk sweetly of others also talk bitterly.

Trust nobody, for fear you be betrayed.

배신의 두려움이 있으니 섣불리 남의 말을 믿지 마라.

(Henry VI Part 2 헨리 6세 2부: 4,4,58)

원문의역

- 남의 나쁜 평판(something wicked)을 듣더라도 섣불리 미워하지 마라. 혹시 중상모략이 아닐까 두렵다.
- 남의 좋은 평판(something good)을 듣더라도 곧바로 친해지지 마라. 혹시 어떤 속셈이 있을까 두렵다.

도움말

- 좋은 소문이나 나쁜 소문을 들으면 바로 믿지 말고 혹시 그 소문 뒤에 어떤 속셈이 있지 않을지 경계해야 한다. 남을 칭찬하기 좋아하는 사람은 뒤에서 헐뜯기도 좋아한다고 하니, 칭찬하는 말을 듣더라도 성급히 믿지 말고 조심해야 한다. 한쪽 얘기만 들으면 알 수 없으니 양쪽 이야기를 모두 들어라(兼聽則明 偏聽則暗). 채근담은 좋은 소문을 들으면 간사한 자의 출세를 이끌까, 나쁜 소문을 들으면 혹시라도 참소하는 자의 분풀이가 될까 두렵다고 경고하고 있다. 어떤 소문이 들리면 가급적 양쪽 이야기를 모두 듣고 냉철한 이성(理性)으로 판단해야 할 것이다.
- (성경: 「잠언」 20: 19) 두루 다니며 한담하는 자는 남의 비밀을 누설하나니 입술을 벌린 자를 사귀지 말지니라.

성질이 조급하면 일을 망치고, 마음이 평온하면 복을 부른다.

(躁性憤事 和平徼福 조성분사 화평요복)

The impetuous and short-tempered accomplish nothing.
The wise and patient win everything.

Wisely and slow. They stumble that run fast.

현명하게, 그리고 느리게 가라. 빠르게 가면 넘어진다.

(Romeo and Juliet 로미오와 줄리엣: 2,3,94)

원문의역

- 성격이 조급하고 마음이 거친 사람은 한 가지 일도 이루지 못하고,
- 마음이 온화하고 기질이 평온한 사람에게는 많은 복이 스스로 찾아온다.

도움말

- (『논어』述而篇) 나(孔子)는 맨손으로 호랑이를 때려잡고 맨몸으로 황하를 건너려다 죽어도 후회가 없다는 사람은 멀리 하고, 언제나 신중하게 일에 임하고 계획을 잘 세워 일을 이루는 사람과 함께 할 것이다(暴虎馮河 死而無悔者 吾不與也. 必也臨事而懼 好謀而成者也).
- (Aitken/ Kwok) 분별력이 있고 화합하는 사람은 스스로 많은 복을 얻는다(The level-headed and harmonious person spontaneously garners a hundred blessings).

210. 가혹하면 사람을 잃는다

각박하면 착한 사람을 잃고, 무절제하면 나쁜 친구를 만든다.

(酷則失善人 濫則招惡友 혹즉실선인 남즉초악우)

Be mean, lose friends;
Be naive, gain shady ones.

The better part of valor is discretion.

신중은 용기의 태반(胎盤)이다.

(Henry Ⅳ Part 1 헨리 4세 1부: 5,4,119)

─────────⁂─────────

원문의역

■ 남을 각박하게 대하지 마라. 너무 각박하면 따르려던 사람도 떠난다.
■ 벗을 너무 후하게 대접하지 마라. 너무 헤프면 아첨하는 자들이 몰려온다.

도움말

■ (조지훈) 사람을 쓰는 데는 너무 각박하면 안 된다. 너무 각박하면 생명을 걸고 충분한 효과를 내려고 생각하던 사람들도 그 각박함을 못 견디어 떠나갈 것이다. 사람을 사귀는 데는 너무 함부로 하지 말 것이다. 너무 함부로 사귀면 아첨하고 추종(追從)하는 자가 모여들 것이다.
■ (『논어』 微子篇) 군자는 일가 친족을 소홀히 하지 말고, 자신을 써주지 않는다고 원망하지 말고, 큰 잘못이 없는 한 원로 공신을 버리지 말고, 한 사람에게서만 모든 능력을 구하지 말라(君子不施其親 不使大臣怨呼不以 故舊無大故則不棄也 無求備於一人).

급할수록 똑바로 서고, 높은 곳에 있을수록 정확히 보라.

(急處站穩 高處看准 급처참온 고처간준)

Stand firm in urgency and observe keenly in safety;
Retreat quickly in the presence of danger.

I have a good eye, uncle; I can see a church by daylight.

아저씨, 난 시력이 좋아요. 한낮에 예배당이 보이거든요.

(Much Ado About Nothing 헛소동: 2,1,81)

원문의역

- 세찬 바람이 부는 어려운 곳에서는 다리를 꿋꿋이 세워 버티고,
- 꽃이 만발하여 황홀한 곳에서는 눈을 높이 두어 현혹되지 말고,
- 위험하고 험한 길에서는 일찌감치 고개를 돌려 물러서라.

도움말

- (乙力) 우리 인생은 갖가지 시험으로 가득하지만, 철인(哲人)은 안정되지 않은 혼란 시대에도 의연하게 굳건히 서서 세찬 비바람에도 흔들림이 없다. 이런 인물은 여하한 힘에도 굴복하지 않고(威武不能屈), 부귀에 현혹되지 않으며(富貴不能淫), 비록 가난해도 뜻을 바꾸지 않는다(貧賤不能移). 또한 여색(女色) 등 각종 유혹에 현혹되지 않도록 높은 이상을 가지고 있다.
- (Douglas Macarthur: 美육사연설, 1962.5.12) 의무(duty), 명예(honor), 조국(country), 세 단어는 여러분의 소망, 자질, 미래를 가리키고 있다. 용기가 꺾이려 할 때 용기를 북돋아주고, 믿음이 약해지려 할 때 신념을 되찾아주고, 희망이 사라져버렸을 때 희망의 불꽃을 되살려 줄 것이다.

212. 겸손하고 화목하라

온화한 마음으로 절개와 의리를 보완하고, 겸허한 자세로 공적과 명예를 받든다.

(和衷以濟節義 謙德以承功名 화충이제절의 겸덕이승공명)

The truly wise do not appear as smart as they really are.

Shall I bend low, and in bondman's key,

With bated breath, and whispering humbleness.

허리를 꾸부리고, 노예처럼 떨면서 기죽은 목소리로 속삭일까요.

(The Merchant of Venice 베니스의 상인: 1,3,120)

원문의역

- 절의(principle)가 높은 사람은 남들과 잘 화합해야 한다. 그래야 다툼이 적어진다.
- 공명심(moral reputation)이 강한 선비는 겸손해야 한다. 그래야 남들이 시기하지 않는다.

도움말

- (성경:「잠언」 29: 23) 사람이 교만하면 낮아지게 되겠고 마음이 겸손하면 영예를 얻으리라.
- (중국『史記』) 공을 세우고 물러앉는 것(功成者退)이 하늘의 도리이다.
- (『노자』 9장) 부귀하면서 교만하면 스스로 허물을 초래하여 결국 남과 다투게 된다. 성공하여 일을 이루었으면 겸손하게 앞에 나서지 않는 것이 바로 하늘의 길이다(富貴而驕 自遺其咎. 功遂身退 天之道也).

공무를 수행할 때는 절도가 있어야 하고, 고향에 있을 때는 옛
정을 돈독히 해야 한다.

(居官有節度 居鄕敦舊友 거관유절도 거향돈구우)

Separate official and personal;
Do not forget your roots.

He hath a heart as sound as a bell.

그는 종(鍾)처럼 건전한 마음을 갖고 있다.

(Much Ado About Nothing 헛소동: 3,2,12)

원문의역

- 공직자는 문서 한 장도 신중하게 작성하고 상대를 가려 만나야 한다. 그래야 허황
  된 요행을 바라고 모여드는 무리들을 가려낼 수 있다.
- 공직자가 은퇴하여 시골에 살 때는 도도하게 굴어서는 안 된다. 그래야 시골 사람
  들과 편하게 옛정을 돈독히 할 수 있다.

도움말

- (김진홍 – 실버인터넷신문 편집국장) 우리들은 누구나 세상이라는 거대한 톱니바퀴
  의 아주 작은 한 부분일지 모릅니다. 그래도 남이 굴려서 돌아가는 톱니바퀴와 자기
  가 좋아서 굴러가는 톱니바퀴는 크게 다르더군요. 저는 지금 행복합니다. 현역 땐
  톱니바퀴처럼 살았지만 지금은 내가 톱니바퀴를 굴려요. (『조선일보』, 2011.9.8)
- (성경: 「베드로전서」 2: 17) 뭇사람을 공경하며 형제를 사랑하며 하나님을 두려워하
  며 왕을 존대하라.

214. 아래 위를 함께 살펴라

윗사람은 공경으로 대하고, 아랫사람은 관대함과 인자함으로 대하라.

(事上敬謹 待下寬仁 사상경근 대하관인)

Respect those above and below you.

Use mercy to them all.
모든 사람들에게 자선을 베풀라.

(Henry V 헨리 5세: 3,3,54)

원문의역

- 대인(great men)을 두려워하라. 그러면 타락하거나 방종하지 않는다.
- 보통 사람(ordinary people)도 역시 두려워하라. 그래야 거만하고 사납다는 소리를 듣지 않는다.

도움말

- 사람은 누구나 똑같이 소중하다. 하늘을 두려워하는가? 대인이나 사회 원로를 두려워하는가? 그렇다면 보통 시민도 역시 두려워하라. 민심(民心)이 곧 천심(天心)이다. 백성을 경외하는 것이 곧 하늘을 경외함이다. 따라서 사람을 대할 때는 항상 예(禮)를 갖추어 정중히 처신해야 한다. 윗사람은 물론 아랫사람도 그 인격을 존중하라. 중국 당나라 때 한유(韓愈)는 '천리마는 어느 시대에도 항상 있지만 백낙(伯樂)과 같이 천리마를 알아보는 사람은 찾기 어렵다(千里馬常有 而伯樂不常有)'고 하였다. 백낙과 같이 인재를 알아보는 사람은 신분의 귀천을 따지지 않고 누구에게든 성심(誠心)과 경외심(敬畏心)으로 대하는 사람일 것이다. 인재가 없다고 한탄하지 말라. 인재는 언제나 내 가까이에 있다.

어려울 때는 나보다 어려운 처지에 있는 사람과 견주고, 마음
이 나태할 때는 나보다 나은 처지에 있는 사람을 생각하라.

(逆境比下 怠荒思上 역경비하 태황사상)

When in need, think about the less fortunate;
When in indolence, think about the more successful.

'Tis not enough to help the feeble up,
But to support him after.

약한 자를 도와주는 것만으로는 충분치 않다.
그들의 뒷바라지를 계속해야 한다.

(Timon of Athens 아테네의 타이몬: 1,1,107)

원문의역

■ 일이 뜻대로 되지 않아 어려울 때는 나보다 못한 사람을 생각하라. 그러면 원망하
는 마음이 저절로 사라질 것이다.

■ 일이 잘 풀려 마음이 나태해질 때는 나보다 나은 사람을 생각하라. 그러면 정신이
저절로 분발할 것이다.

도움말

■ 이원익(梧里 李元翼: 1547~1634)은 뜻과 행동은 나보다 나은 사람과 견주고, 분수
와 복은 나보다 못한 사람과 비교하였다고 한다. 또한 중국에도 나은 사람과 비교하
면 부족하지만 어려운 사람에 견주어 보면 여유가 있다(比上不足 比下有餘)는 격언
이 있다.

■ (Sydney J. Harris) 누군가 삶이 고달프다고 말하는 것을 들으면 '무엇과 비교해서?'
라고 묻고 싶다(When I hear somebody sigh that life is hard, I am always tempted to ask,
compared to what).

경솔하게 승낙하지 말고, 화를 내지 말고, 많은 일을 만들지 말고, 게으름을 피우지 말라.

(不輕諾 不生嗔 不多事 不倦怠 불경락 불생진 불다사 불권태)

Do not carelessly make promises;
Do not overstretch yourself;
Do not halt what you work on.

'Tis not the many oaths that makes the truth,

But the plain single vow that is vowed true.

진실을 밝히는 것은 수많은 맹세가 아니라,
진실을 고백하는 단 하나의 평범한 맹세이다.

(All's Well That Ends Well 끝이 좋으면 다 좋다: 4,2,21)

원문의역

- 기쁨에 들떠 경솔하게 승낙하지 말고, 술에 취해서 화를 내지 말며,
- 기분에 들떠서 일을 많이 만들지 말고, 피곤하다는 핑계로 일을 대충 끝내지 마라.

도움말

- (『노자』 63장) 약속을 너무 가벼이 하면 믿기 어렵고, 일을 너무 쉽게 취급하면 오히려 어려워진다(夫輕諾必寡信 多易必多難).
- (朱子十悔訓) 봄에 심지 않으면 가을에 후회하고(春不耕種秋後悔), 술 취해 헛소리 하면 술 깨서 후회하고(醉中妄言醒後悔), 어려울 것을 고려치 않으면 실패 후 후회하고(念不思難敗後悔), 절약하지 않으면 가난해져서 후회한다(富不節用貧後悔).

독서를 할 때는 그 속에서 즐거움을 찾을 때까지 읽고, 사물을
관찰할 때는 그 안의 본질을 볼 때까지 하라.

(讀書讀到樂處 觀物觀入化境 독서독도낙처 관물관입화경)

Read until the story sweeps you away;
Observe until you become one with Nature.

My books and instruments shall be my company,
On them to look and practice by myself.

나의 책과 악기는 나의 벗,
혼자서 독서와 음악에 헌신하렵니다.

(The Taming of the Shrew 말괄량이 길들이기: 1,1,82)

원문의역

■ 기쁜 마음으로 부지런히 책을 읽어라. 기뻐서 춤을 추는 경지에 이르러야 비로소
문자란 도구에 얽매이지 않는다.

■ 신중하게 자연을 관찰하라. 마음이 사물과 하나가 되는 경지에 이르러야 비로소 외
부의 형상에 얽매이지 않는다.

도움말

■ (조지훈) 독서를 잘 하는 사람은 (중략) 바로 글 지은 사람의 정신에 들어갈 것이요.
문자에 사로잡혀 그것의 천착(穿鑿)에만 고심하지 않는다. 사물을 잘 보는 자는 마
음이 융화(融和)하고 정신이 흡족한 경지에 이르는 사람이다.

■ (『장자』筌蹄) 물고기를 잡으면 소쿠리(가리)를 잊어버리고, 토끼를 잡으면 덫을 잊
어버리고, 뜻을 이해하면 말을 잊어버려야 한다(得魚忘筌, 得兔忘蹄, 得意忘言).

자신의 장점을 뽐내지 말고, 자신이 가진 것만 믿지 말라.

(勿逞己長 勿恃所有 물령기장 물시소유)

Stop showing off your talent or wealth to shame others.

When the offence is, let the great axe fall.

죄가 있는 곳에 철퇴(鐵槌)를 가한다.

(Hamlet 햄릿: 4,5,219)

원문의역

- 지혜를 뽐내지 말고 남을 깨우쳐 줘라. 하늘은 어리석은 중생을 가르치라고 지혜를 주었건만 제 잘났다 뽐내며 남의 부족함을 들추어내는구나.
- 재산을 과시하지 말고 남을 도와라. 하늘은 가난한 사람을 도우라고 재물을 주었건만 가진 것을 끼고 앉아 남을 가난하다고 업신여기는구나.
- (하늘을 대신하여 도를 실천하지 않은) 너야말로 참으로 어리석구나!

도움말

- 배운 자는 어리석은 사람을 가르치고, 가진 자는 가난한 사람을 도와야 한다. 이것이 하늘의 뜻이다. 고(故) 이태석 신부(1962~2010)는 하늘의 뜻에 따라 자신이 배운 의술(醫術)과 음악적 재능을 아낌없이 나누어주어 아프리카 남수단의 톤즈(Tonj) 나환자들에게 예수님이 되었다. 그런데 이 세상에는 아직도 자신의 재능과 부(富)로 자신들의 배만 불리고 이것을 내세워 남을 업신여기는 소인배와 졸부(猝富)가 의외로 많다. 어리석은 자들아, 배워서 자기 배만 채우지 말고, '배워서 남 줘라!' 이것이 재능 나눔이고 지식공유(knowledge sharing)이다.
- (성경: 「마태복음」 25: 29) 가진 자는 더 받아 넉넉해지고, 없는 자는 가진 것마저 빼앗길 것이다.

어중간한 재주를 가진 자와는 함께하기 어렵다.

(中才之人 難與下手 중재지인 난여하수)

It is better to be wise or ignorant than neither.

Ignorance is the curse of God.

무식은 신의 저주이다.

(Henry VI Part 2 헨리 6세 2부: 4,7,75)

원문의역

- 현명한 사람이나 어리석은 사람과는 함께 할 수 있다. 왜냐하면 현명한 사람은 근심 · 걱정이 없고, 어리석은 사람은 아무것도 모르기 때문이다.
- 재주가 어중간한 사람과는 함께하기 어렵다. 왜냐하면 나름대로 걱정과 아는 것이 많고, 또한 억측과 시기심도 많기 때문이다.

도움말

- 도(道)에 통달한 지인(至人)이나 아무것도 모르는 우인(愚人)은 지혜나 덕에 있어서는 양극(兩極)이지만, 인위적인 꾸밈이 없이 자연 그대로이고 허심탄회한 점에서는 일치하기 때문에 함께 할 수 있다. 그러나 어설픈 재주와 지식을 가진 사람은 고집을 부리면서 잘난 체하기 때문에 큰일을 함께 도모(圖謀)하기가 쉽지 않다. 자연 그대로인 깨끗한 종이에는 그림 그리기가 쉽지만 낙서한 종이에는 어렵다. 우선 깨끗이 지우기 위한 인내심과 노력이 필요하다.

220. 입은 마음의 문이다

말은 철저히 단속하고, 의지는 엄하게 제어한다.

(守口須密 防意須嚴 수구수밀 방의수엄)

Watch what you think;
Watch what comes out of your mouth.

We must speak by the card, or equivocation will undo us.

조심해서 정확하게 말해야지 잘못 지껄이다간 꼼짝없이 당하겠네.

(Hamlet 햄릿: 5,1,139)

원문의역

- 입은 마음의 문이다. 말을 단속하지 않으면 마음속 기밀이 새나간다.
- 뜻은 마음의 발이다. 의지를 철저히 막지 않으면 나쁜 길로 빠진다.

도움말

- (성경: 「잠언」 18: 21) 죽고 사는 것이 혀의 힘에 달렸나니 혀를 쓰기 좋아하는 자는 혀의 열매를 먹으리라.
- (중국 격언) 일이 적으면 고생이 적고, 말이 적으면 화를 적게 입고, 음식을 적게 먹으면 병이 적고, 욕심이 적으면 걱정도 적어진다(身上事少自然苦少 口中言少自然禍少 腹中食少自然病少 心中欲少自然憂少).
- 눈은 마음의 창이고, 입은 마음의 문이다. 오감(五感) 중 가장 문제가 되는 것이 입이다. 특히 한쪽 귀로 듣고 생각 없이 바로 입으로 내뱉는 말은 매우 위험하다. '허물은 입에서 나온다(禍從口出)'고 하였으니 늘 입을 조심하라. 프랑스 작가 Saint-Exupery(『어린왕자』)도 '말 때문에 오해가 생긴다(Words are the source of misunderstanding)'고 하였다.

남을 질책할 때는 너그러워야 하고, 스스로를 책망할 때는 냉정
해야 한다.

(責人宜寬 責己宜苛 책인의관 책기의가)

Be understanding of others' shortcomings;
Be stern on your own.

O, what a rogue and peasant slave am I!

아, 나는 정말로 보잘 것 없는 비겁한 자로다!

(Hamlet 햄릿: 2,2,560)

원문의역

■ 남을 꾸짖을 때는 그 잘못 가운데 그나마 잘한 일이 없는지 찾아라. 그러면 억울한
사람이 생기지 않는다.

■ 자신을 반성할 때는 잘한 일 가운데 혹시 잘못이 없는지 살펴라. 그래야 자신의 덕
성(德性)이 뿌리를 내린다.

도움말

■ (성경: 「갈라디아서」 6: 1) 형제들아 사람이 만일 무슨 범죄한 일이 드러나거든 신령
한 너희는 온유한 심령으로 그러한 자를 바로잡고 너 자신을 살펴보아 너도 시험을
받을까 두려워하라.

■ 어리석은 사람도 남의 잘못은 쉽게 찾아내어 곧잘 꾸짖는다. 현명한 사람은 자신에
대해서는 엄격하고 남에 대해서는 한없이 너그럽다(嚴以律己 寬以待人). 자신의 허
물은 아무리 작고 하찮은 것도 그냥 지나치지 않는다. 군자는 작은 것이 커져 끈질
긴 결박이 되고 멍에가 된다는 것을 알기 때문에 두려움과 부끄러움으로 하루 세 번
반성하고 고친다.

222. 어린이는 어른의 씨앗이다

어려서 배우지 않으면 훌륭한 인물이 되지 못한다.

(幼不學 不成器 유불학 불성기)

An educated boy becomes an enlightened man.

Die single and thine image dies with thee.
독신으로 남아서 죽으면 그대의 모습은 영원히 사라진다.

(Sonnets 소네트: 3)

원문의역

- 어린이가 커서 어른이 되고, 우수한 학생이 나중에 훌륭한 선비가 된다.
- 청소년기에 바르게 교육시키지 않으면, 훗날 사회생활에서 유능한 인재가 될 수 없다.

도움말

- 어린이가 어른의 씨눈이고 바탕이다. 총명한 젊은 학자가 고위관료의 태아(胎芽, embryo)이니 어려서 잘 가르쳐야 훌륭한 인물이 된다. 장래에 국가를 위하고 세계무대에서 큰일을 할 인재를 키우기 위해서는 어릴 때 가정교육부터 잘 해야 한다. 가정교육은 부모로부터 시작된다. 첫 스승이기 때문이다. 자란 후 자식의 잘못을 고치려하지 말고 부모는 행동으로 모범을 보여라. 때로는 많은 말이 간섭으로 여겨지니 말은 줄이고 행동으로 솔선수범하라.
- (고사성어) 옥은 다듬지 않으면 그릇이 되지 않고, 사람은 배우지 않으면 의로움을 알지 못한다(玉不琢不成器 人不學不知義). 아무리 천성이 뛰어난 사람이라도 학문과 수양을 쌓지 않으면 훌륭한 인물이 될 수 없다.
- (성경: 「잠언」 22: 6) 마땅히 행할 길을 아이에게 가르치라. 그리하면 늙어도 그것을 떠나지 아니하리라.

군자는 환난을 걱정하지 않고, 권세가를 두려워하지 않는다.

(不憂患難 不畏權豪 불우환난 불외권호)

The great do not fear crises;

They are afraid of neither the rich nor powerful.

'Tis true that we are in great danger:

The greater therefore should our courage be.

우리는 중대한 위기에 직면하고 있다.

그러기 때문에 우리들의 용기도 막강(莫强)해야 한다.

(Henry V 헨리 5세: 4,1,1)

원문의역

■ 군자는 어려움에 처하여도 근심하지 않는다. 그러나 즐겁게 놀 때는 조심하고 염려한다.

■ 군자는 권세 있는 사람을 만나도 위축되지 않는다. 그러나 의지할 곳 없는 어려운 사람을 만나면 안쓰러워한다.

도움말

■ 뜻은 높이 가지되 몸은 낮추어야 한다. 몸은 낮추고 뜻은 높이면 욕심이 억제되고 가난하지만 편안하게 살아갈 수 있을 것이다. 가장 확실한 행복의 길은 안빈낙도(安貧樂道)이다.

■ (조지훈) 군자는 환난 속에서는 근심하지 않고 즐거운 때에 근심하며, 권세 가진 사람을 겁내지 않고 고독한 사람을 대하여 안타까워한다. 환난 속에는 빛이 있으나 쾌락에는 어두움이 따르는 법이요. 권세는 한때의 가태(假態)이니 마음으로 겁낼 것이 없으나 의지 없는 사람을 아끼는 것은 진심(眞心)이 우러남이기 때문이다.

224. 큰 그릇은 늦게 이루어진다

화려한 것은 일찍 시들해지고 수수한 것이 오래가고, 큰 그릇
은 늦게 이루어진다.

(濃夭淡久 大器晩成 농요담구 대기만성)

It is better to age well than peak early.

They that stand high have many blasts to shake them.

And if they fall, they dash themselves to pieces.

너무 높이 올라가면 숱한 강풍을 만나고,

강풍을 맞고 쓰러지면 박살난다.

(Richard Ⅲ 리차드 3세: 1,3,258)

원문의역

- 복숭아꽃과 자두꽃이 곱다 해도 소나무와 잣나무만큼 굳셀 순 없다.
- 배와 살구가 달다 해도 노란 유자와 푸른 귤처럼 향긋할 순 없다.
- 진실로 알겠다! 곱지만 일찍 시드는 것은 담담하게 오래가는 것만 못하고, 일찍 뛰어난 것은 늦게 이루어지는 것만 못하다.

도움말

- 어려서 곁가지가 많은 과수(果樹)는 큰 나무가 되지 못하고 큰 과일도 맺을 수 없다. 사람도 제 중심을 세우기 전에 오지랖만 넓히면 큰 뜻을 이루지 못한다. 그래서 이익(李瀷: 1681~1763)은 나무를 처음에 촘촘하게 심고 자라기를 기다려 발육이 나쁜 것을 솎아내서 간격을 넓히는 방법으로 '가지를 꺾어 나무의 속이 상하지(披枝傷心: 피지상심)' 않게 하였다고 한다.
- (Steve Jobs) 사람은 결과로 평가받는다. 어떤 사람은 그 탁월함이 기대되는 환경에 잘 적응하지 못하기도 한다(People judge you by your performance. Some people aren't used to an environment where excellence is expected).

고요함 속에서 삶의 참 모습을 발견하고, 순박함 속에서 마음
의 고향을 느낄 수 있다.

(靜中見眞境 淡中識本然 정중견진경 담중식본연)

Discover the true form of human life in peace;
Detect the original nature of the mind in quiet.

In peace there's nothing so becomes a man
As modest stillness and humility.

겸손한 마음의 고요와 자비심은 인간에게 가장 적합한 평화이다.

(Henry V 헨리 5세: 3,1,3)

원문의역

■ 평온한 산들바람과 고요한 물결 가운데서 삶의 참된 경지를 보고,

■ 담담한 취향(simple liking)과 고요함이 흐르는 청빈한 생활 속에서 마음의 참된 모습
을 느낄 수 있다.

도움말

■ (안길환) 저자 홍자성은 『채근담』 전집(前集)에서 주로 세상을 살아가는 처세의 마
음가짐을 설명해 왔는데, 그것을 마무리 짓는 데 썩 잘 어울리는 내용을 맨 끝 구절
로 담아냈다. 격렬한 폭풍과 파도에 휩싸이면서 한순간도 마음을 놓지 못한 채 키를
잡고 돛을 펴야 했던 시절, 곰곰이 생각해 보면 용케도 그 시절을 넘겨왔다. 그러나
어느새 썰물 때가 되었다. 경쟁의 소용돌이 속에서 몸을 빼고 이제 뜻한 바에 따라
평온하고 자유로운 삶을 누릴 때가 온 것이다.

226(후001): 말부터 앞세우지 마라

말하는 자는 실행에 옮기지 않는 경우가 대부분이고, 이야기하는 자가 반드시 진실을 아는 것은 아니다.

(言者多不顧行 談者未必眞知 언자다불고행 담자미필진지)

Talkers say empty words;
They know not what they say.

Talkers are no good doers.
말을 앞세우면 훌륭한 실천가가 못된다.

(Richard Ⅲ 리차드 3세: 1,3,350)

원문의역

- 자연의 즐거움을 제대로 깨달은 사람은 좋다는 말조차 하지 않고,
- 명리(fame and profit)에 미련이 없는 사람은 싫다는 말조차 하지 않는다.

도움말

- 자연에서 얻는 즐거움은 직접 자신의 몸으로 느껴야 할 영역(領域)이다. 말로써 표현할 수 있는 것은 그 진실의 아주 작은 한 부분에 불과하다. 장황하게 설명하다 보면 오히려 오류만 생긴다. 노자(老子)는 말로 표현할 수 있는 것은 진실이 아니다(名可名非常名). 따라서 구태여 무엇을 설명하려고 하면 결국 그 껍데기 현상밖에 볼 수 없다(常有欲以觀其徼).'고 하였다.
- (『노자』 81장) 믿음직한 말은 아름답지 못하고, 아름다운 말은 믿음직하지 못하다. 선한 사람은 따지지 않고, 따지는 사람은 선하지 않다. 참으로 아는 사람은 남의 흠을 찾지 않고, 흠을 찾는 사람은 도를 알지 못한다(信者不美 美者不信. 善者不辯 辯者不善. 知者不博 博者不知).
- (성경: 「잠언」 10: 19) 말이 많으면 허물을 면하기 어려우나 그 입술을 제어하는 자는 지혜가 있느니라.

억지로 일을 만들지 말고 고요하고 안락함을 즐겨라.

(無爲無作 優游淸逸 무위무작 우유청일)

It is foolish to work for the sake of working.

You are made/ Rather to wonder at the things you hear

Than to work any.

스스로 놀라운 일거리를 만들기보다는
소문 듣고 신통한 일을 보고 놀라면 된다.

(Cymbeline 심벌린: 5,3,53)

원문의역

- 낚시는 고상한 취미지만 살생을 저지르고, 바둑과 장기는 정당한 놀이지만 동시에 전쟁심리도 발동하게 된다.
- 일을 즐기는 것은 일을 덜어내어 여유자재(餘裕自在)하는 것만 못하고, 재주가 많은 것은 무능하여 진실을 보전하는 것만 못하다.

도움말

- (Steve Jobs) 여러분이 진정으로 사랑하는 일을 찾아라. (중략) 여러분의 시간은 한정돼 있다. 다른 사람의 삶을 사느라 시간을 낭비하지 마라. (중략) 그리고 가장 중요한 것은 여러분의 마음과 직관을 따르는 용기를 갖는 것이다 (You've got to find what you love. Your time is limited, so don't waste it living someone else's life. And most important, have the courage to follow your heart and intuition).
- (박노해, 「시간이 없다」) 삶에서 가장 중요한 일 말고는/ 무엇이든 할 시간은 있는데/ 끊임없이 이런저런 바보같은 일로/ 나를 내모는 바쁜 시간은 있는데// 시간이 없다/ 내가 정말 해야 하는/ 시간은 없다// 돈 때문이라고 중얼거리다가/ 삶에서는, 시간이 많은 사람이 부자다 (이하 생략)

228(후003): 부귀영화는 허상이다

봄 경치는 허상이고, 가을 기운에 천지의 참 모습이 드러난다.

(春爲幻境 秋見眞吾 춘위환경 추현진오)

Mother Nature reveals its essence in the Autumn fall, rather than Spring growth.

Thou knowst 'tis common, all that lives must die,

Passing through nature to eternity.

살아있는 모든 것은 죽을 운명이라는 것을 알겠지.

인간은 누구나 지상에서 저승으로 영원히 사라진다.

(Hamlet 햄릿: 1,2,72)

─────

원문의역

- 꾀꼬리 울고 꽃이 만발한 봄날에 산과 골짜기가 아무리 아름다워도 이것은 모두 천지의 허상(illusory scenes of the cosmos)일 뿐이다.
- 오히려 낙엽 떨어져 바위절벽이 앙상해지는 가을에 비로소 천지의 참 모습(the true face of heaven-and-earth)이 드러난다.

도움말

- (나관중, 『三國演義』 序曲) 양자강 세찬 물결이 영웅을 모두 휩쓸어 가니, 세상의 시비와 성패도 모두 부질없이 되었구나. (중략) 고금의 수많은 일들을 깡그리 우스갯소리에 부친다(滾滾長江東逝水 浪花淘盡英雄 是非成敗轉頭空 靑山依舊在 幾度夕陽紅 … 古今多少事 都付笑談中).
- (티베트 격언) 해결될 문제라면 걱정할 필요가 없고, 해결이 안 될 문제라면 걱정해도 소용없다.
- (중국 격언) 짧은 인생! 어찌 명리를 추구하느냐? 내버려 두어서 되지 않는 것은 없다(短暫人生 何事名利? 無爲而無不做).

세상의 넓고 좁음은 모두 스스로 만드는 것이다.

(世間之廣狹 皆由於自造 세간지광협 개유어자조)

The world is what you make of it:
Time is long, but the preoccupied man hurries;
The world is expansive, but the petty feel squeezed.

All things are ready, if our minds be so.

세상만사 마음 내키면 시작이다.

(Henry V 헨리 5세: 4,3,71)

───⁘───

원문의역

- 세월은 원래 장구하건만 마음 급한 사람은 스스로를 재촉하고,
- 천지는 원래 넓건만 마음 좁은 사람은 스스로를 좁은 공간 속에 묶고,
- 봄꽃과 가을 달은 한가롭지만 억척스러운 사람은 스스로 번거롭단다.

도움말

- 인간에게 주어진 시간은 짧고 한정되어 있지만, 몸담고 있는 이 천지는 끝없이 넓고 세월은 영원하다. 세월이 언제 끝난 적이 있기에 짧다 하는가? 천지가 어디에 우리를 가둔 적이 있는가? 생각하기 나름이다. 스스로 서둘러 시간을 재촉하지 말고, 각박하게 굴어 자신을 구속하지 마라. 낭비하지 않으면 시간은 늘 넉넉하고, 마음을 넓게 가지면 이 세상 어디나 풍족하다. 부귀영화는 눈앞을 지나가는 구름이나 연기와 같고(榮華富貴如過眼雲烟), 희로애락, 부귀에 대한 욕구는 모두 인연을 따른다(喜怒哀樂富貴一切皆隨緣). 모든 일에 인연을 따르는데 무엇이 두려우랴?

230(후005): 지금 이 자리가 가장 소중하다

삶의 즐거움과 소중함이 자연의 참 의미이고, 아름다운 풍경은
그리 먼 곳에 있지 않다.

(樂貴自然眞趣 景物不在多遠 낙귀자연진취 경물부재다원)

The happy, the dear and the beautiful are all near and now.

There was a star danced, and under that was I born.

별이 춤을 추었다. 그 별 아래서 나는 태어났다.

(Much Ado About Nothing 헛소동: 2,1,331)

원문의역

- 많이 가져야 삶이 여유롭고 즐거운 것은 아니다. 작은 연못과 괴석(怪石)에도 산천
  의 정취가 두루 서린다.
- 좋은 풍경은 먼 곳에 있지 않다. 초라한 대나무 집에도 맑은 바람과 달빛이 저절로
  스민다.

도움말

- 지금 여기에 주어진 자신의 삶을 소중히 여기고 감사하고 그리고 즐겨라. 그러면
  행복할 것이다. 낙원은 멀리 있지 않고 자신의 마음속에 있다. 마음만 한가로우면
  눈앞과 발밑에 풍월(風月)이 절로 넉넉하다. 이 즐거움과 여유로움을 가까운 사람
  과 함께 나누어라. 태어나면서부터 당신은 이곳에 함께 있었고 지금도 이곳이 당
  신의 세상이다. 눈을 감아봐라. 우주가 당신 속에 있지 않은가. 눈을 뜨니 이곳에
  당신이 있지 않은가.
- 『노자』 47장) 문을 나가지 않고도 세상을 알고, 창문을 통해 내다보지 않아도 하늘
  의 방식을 본다. 오히려 멀리 갈수록 아는 것은 줄어들 것이다(不出戶 知天地. 不窺
  牖 見天道. 其出彌遠 其知彌少).

마음이 고요하니 본래 모습이 드러나고, 물이 맑으니 달그림자가 또렷하다.

(心靜而本體現 水淸而月影明 심정이본체현 수청이월영명)

Calmness reveals truth as the pond reflects the moon.

Soft stillness and the night Become the touches of sweet harmony… Such harmony is in immortal souls.

밤의 포근한 고요함은 아름다운 음악의 나래를 펴네… 이 음악은 불멸의 영혼 속에 있네.

(Merchant of Venice 베니스의 상인: 5,1,56)

원문의역

- 고요한 밤 종소리에 허황된 꿈과 환상에서 깨어나 생명의 진리를 깨닫고,
- 맑은 연못에 비친 달을 보니 몸 밖에 있는 내 영혼을 엿보는 듯하다.

도움말

- 우리가 이 세상을 살아가는 것이 마치 꿈을 꾸고 있는 듯하다. 인생여몽(人生如夢)이다. 그런데 꿈같은 내 삶 속에 또 다른 꿈이 있다. 꿈속에 내 꿈(my dream within a dream)이 있고, 덧없는 이 몸 밖에 우주의 본체(the body beyond my earthly shell)가 있다. 꿈이란 한번 꾸고 사라지는 환상이거나(一夢之幻滅) 겉모양만 있는 미혹(外物所迷惑)이라 하지만, 고요한 밤에 그윽한 종소리에 문득 꿈 깨어 달그림자를 보니 내 영혼의 참 모습이 보인다(夜鐘醒迷夢 觀影見本眞).
- (성경: 「시편」 132: 2) 실로 내가 내 영혼으로 고요하고 평온하기를 젖 뗀 아이가 그의 어머니 품에 있음 같게 하였나니 내 영혼이 젖 뗀 아이와 같도다.

232(후007): 산은 산이요 물은 물이다

우주만물은 모두 있는 그대로가 참 모습이다.

(天地萬物 皆是實相 천지만물 개시실상)

All things in Heaven and Earth are just what they are.

Thou, Nature, art my goddess, to thy law
My services are bound.

그대 자연이여, 나의 여신이여,
그대 섭리(攝理)에 이 몸 바칩니다.

(King Lear 리어왕: 1,2,1)

원문의역

■ 새소리와 벌레소리는 모두 그들의 마음을 서로 전달하는 비결(secret)이고, 꽃의 아름다움과 잡초의 푸른빛도 모두 진리의 문장이다.
■ 도를 배우는 사람은 마음을 깨끗이 하고 사사로움이 없어야 한다. 그러면 보고 듣는 것마다 깨달음이 있을 것이다.

도움말

■ 불교에서는 부처와 중생의 차이를 단지 깨달음(悟)과 미혹(迷)의 차이라고 생각한다. 어떤 스님은 꽃이 피는 것을 보고, 어떤 이는 대나무 흔들리는 소리를 듣고 깨달았고, 석가모니는 새벽별을 보고 문득 깨달아 부처가 되었다. 이같이 깨우치는 계기는 사람에 따라 다르지만 마음가짐은 다르지 않다. 혼탁한 마음으로는 득도(得道)할 수 없을 것이다. 마땅히 천연(天然)의 심기를 맑게 하여 흉중에 일점의 사념(邪念)도 없이 함으로써 보고 듣는 것마다 마음에 체득함이 있어야 한다. 맑은 마음으로 자연의 이치를 깨달아야 한다. 마음이 깨끗하고 뜻이 투명하면 접촉하는 모든 사물의 마음과 조화(in harmony with the heart of all things they touch)를 이룰 수 있다.

외형보다 마음을 읽을 줄 알아야 하고, 무형을 이해하는 것이
유형을 운용하는 것보다 더 큰 의미가 있다.

(觀形不如觀心 神用勝過迹用 관형불여관심 신용승과적용)

Books tell stories, not words;
Lutes play music, not strings.

For things are often spoke and seldom meant.
말은 그렇더라도 속마음은 그것이 아니다.

(Henry VI Part 2 헨리 6세 2부: 3,1,268)

원문의역

■ 사람들은 글자가 있는 책은 읽으면서도 글자 없는 책은 이해하지 못하고, 줄 있는
거문고는 연주하면서도 줄 없는 거문고는 켜지 못한다.

■ 형체(form)에 얽매여 그 정신(the spirit)은 알지 못한다면, 사람들이 어찌 음악과 학
문의 참맛을 알겠는가.

도움말

■ (조지훈) 언어보다는 마음이 더 먼저요 완전하다. 문자(文字) 없는 책은 마음이요 줄
없는 거문고도 마음이다. 보이는 것만 볼 줄 알고 형틀이 있는 것만 쓸 줄 알아서는
참맛을 모른다. 멀리 산에 빛이 있음을 보고 가까이 물이 소리 없음을 들으며 줄 없
는 거문고를 어루만지고 구멍 없는 피리를 불 줄 알아야 바야흐로 책과 거문고가 없
어도 그 뜻 그 가락을 알리라.

■ '글자가 없는 책(無字書)'은 일상(日常)의 지혜를, '줄이 없는 거문고(無絃琴)'는 삶의
운치(韻致)를 의미한다.

234(후009): 음악과 책이 있어 행복하다

마음속에는 물욕이 없고, 곁에는 늘 음악과 책이 있다.

(心無物慾 坐有琴書 심무물욕 좌유금서)

My mind feels free without material wants;
With my books and music, I feel bliss.

In sweet music is such art,
Killing care and grief of heart.

아름다운 음악은 근심 · 걱정과
마음의 슬픔을 없애는 예술이다.

(Henry VIII 헨리 8세: 3,1,12)

원문의역

- 세상 욕심을 버리니 마음이 가을 하늘과 잔잔한 바다와 같이 평화롭다.
- 음악(거문고)과 책을 늘 곁에 두니 머무는 곳마다 신선이 사는 집이다.

도움말

- (『명심보감』省心篇上) 황금이 귀한 것이 아니다. 편안하고 (독서와 음악을) 즐기는 것이 돈보다 더 값어치가 많다(黃金未是貴 安樂値錢多); 하루라도 마음이 깨끗하고 한가로우면 그 하루 동안은 신선이 된다(一日淸閑 一日仙).
- (조지훈) 마음에 욕심 없으면 근심과 괴로움이 있을 리 없다. 세리(世利)의 어지러움이 어둡고 험난해도 마음 고요하면 가을하늘 물결 없는 바다와 같으리라. 옆에 거문고와 책이 있어 이를 즐길 줄 알면 시끄러운 저자에 살아도 그 곳이 곧 그대로 신선이 사는 석실(石室)이나 밤낮을 밝은 선향(仙鄕)이 될 것이다.

즐거움이 극에 달하니 슬픔이 커지고, 흥취가 무르익은 후에는
재미가 사라진다.

(樂極而哀 興味索然 낙극이애 흥미색연)

No party ever ends;
Do not celebrate to the extreme.

Where joy most revels, grief doth most lament.

즐거운 파티가 절정에 달할 때, 슬픈 만가(輓歌)도 극에 달한다.

(Hamlet 햄릿: 3,2,198)

원문의역

■ 손님과 친구들이 구름처럼 몰려와 실컷 마시고 즐기는 파티는 즐거웠지만, 파티가
끝나니 그 즐거움이 도리어 우리를 쓸쓸하게 하는구나.

■ 세상일이 모두 이와 같은데 어찌타 사람들은 일찍감치 생각을 돌리지 않는가?

도움말

■ (漢武帝, 「秋風辭」) 즐거움 최고조에 이르렀더니 슬픔도 함께 커지는구나. 좋았던
젊은 날은 금방 지나고 내가 이미 이렇게 늙어가는 것을 어찌할꼬(歡樂極兮哀情多
少壯幾時兮奈老何)!

■ (성경: 「잠언」 14: 13) 웃을 때에도 마음에 슬픔이 있고 즐거움이 끝에도 근심이 있
느니라.

236(후011): 참된 멋은 내 마음에 있다

사물의 기미를 인지하면 세상의 밝은 이치를 즐길 수 있다.

(知機其神乎 會趣明道矣 지기기신호 회취명도의)

Know thyself, know the Universe.

A golden mind stoops not shows of dross.

참된 마음은 불순한 짓거리에 굴복 않는다.

(Merchant of Venice 베니스의 상인: 2,7,20)

원문의역

- 만물 가운데 하나라도 깊이 관찰하여 그 참된 멋을 깨달으면 모든 산천이 마음속으로 들어오고,
- 눈앞에서 일어나는 변화의 기미(secrets)를 파악하면 옛 영웅호걸도 다 손아귀에 들어온다.

도움말

- (『대학』 格物致知) 자신의 앎을 완성시키려면 눈앞에 펼쳐지는 사물이나 현상 속에 내재하고 있는 이치를 하나하나 철저히 탐구하여야 한다(致知在格物). 즉, 사물의 이치를 철저히 분석하여야 비로소 나의 앎을 극진하게 할 수 있다(欲致吾之知在卽物而窮其理也).
- (蘇東坡,「赤壁賦」) 천지간 만물은 각각 주인이 있으니 내 것이 아니면 털끝 하나라도 갖지 마라. 그러나 맑은 강바람, 밝은 산속의 달, 귀를 즐겁게 하는 소리, 눈에 들어오는 풍광은 아무리 가져도 아무리 즐겨도 줄어들지 않는다(天地之間 物各有主 苟非我所有 雖一毫而莫取. 惟江上之淸風 與山間之明月 耳得之以爲聲 目遇之而成色 取之不盡 用之不竭.).

우주만상은 모두 텅 빈 환상이니, 이치에 통달하려면 사물에 대한 식견과 통찰력이 있어야 한다.

(萬象皆空幻 達人須達觀 만상개공환 달인수달관)

Our bodies are more insignificant than a speck of dust;
Our names are more meaningless than a shadow.

Alexander died. Alexander was buried,
Alexander returned into dust; the dust is earth;

알렉산더 대왕은 죽었다. 알렉산더 대왕은 묻혔다.
알렉산더 대왕은 먼지가 되었다. 먼지는 흙이다.

(Hamlet 햄릿: 5,1,230)

원문의역

■ 우리의 지구도 작은 티끌인데, 그 위에 사는 인간이야 오죽하겠는가. '티끌 속의 티끌(塵中之塵)'이다.
■ 우리의 몸도 곧 그림자나 물거품으로 돌아가는데, 그 몸에 따라다니는 공명과 부귀야 오죽하겠는가. '그림자 밖의 그림자(影外之影)'이다.
■ 아주 밝은 지혜가 아니면 깨우침을 얻는 밝은 마음도 없다.

도움말

■ (불교: 『金剛經』 제32) 모든 사물은 꿈, 환상, 물거품과 그림자 같고, 또한 이슬과 번개 같으니, 응당 이렇게 보아야 한다(一切有爲法 如夢幻泡影 如露亦如電 應作如是觀, As a lamp, a cataract, a star in space/ an illusion, a dewdrop, a bubble/ a dream, a cloud, a flash of lightning/ view all created things like this).
■ (성경: 「시편」 103: 14) 이는 그가 우리의 체질을 아시며 우리가 단지 먼지뿐임을 기억하심이로다.

물거품 같은 인생인데 어찌 명예와 이득을 따지느냐?

(泡沫人生 何爭名利 포말인생 하쟁명이)

Obsessing over fame and fortune is like fighting atop snail horns.

Appetite, an universal wolf.

탐욕은 이 세상 늑대다.

(Troilus and Cressida 트로일러스와 크레시다: 1,3,121)

원문의역

- 부싯돌의 불빛 같이 짧은 삶에서 길고 짧음을 따진들 그 세월이 얼마나 되겠는가?
- 달팽이의 뿔 끝 같이 좁은 곳에서 힘을 겨룬들 그 세계가 얼마나 넓겠는가?

도움말

- (마르쿠스 아우렐리우스, 『명상록』) 우주의 모든 존재를 생각해 보라. 그 속에서 너의 존재는 얼마나 작은가. 무한한 시간을 생각해 보라. 그 중에서 너에게 할당된 시간은 얼마나 짧은 순간에 불과한가.
- (조지훈) 사람의 일생은 짧기가 마치 돌이 부닥칠 때 불빛 같다. 그 속에서 길고 짧은 것을 다투니 이겨 본들 얼마 되는 세월이랴.
- (『장자』) 어떤 사람은 달팽이의 왼쪽 뿔에 나라를 정하고, 어떤 사람은 달팽이 오른쪽 뿔에 나라를 정하였다. 그리고 두 나라가 자주 전쟁을 하여 수만 명이 죽었다.

너무 경사스러우면 공허해지고, 지나침은 미치지 못함과 같다.

(極瑞空寂 過猶不及 극서공적 과유불급)

Too much is no better than too little.

They are sick that surfeit with too much/ As they that starve with nothing.

과식하는 사람은 굶주리는 사람과 마찬가지로 병든다.

(Merchant of Venice 베니스의 상인: 1,2,5)

원문의역

- 가물거리는 등불에는 불꽃이 없고 낡은 옷은 따뜻하지 않다. 이것은 모두 우리 자신의 무관심(neglect) 때문이다.
- 몸이 마른 나무와 같고 마음은 마치 식은 재처럼 될 때, 우리는 자신이 공허(vacancy) 속으로 빠져드는 것을 면할 수 없다.

도움말

- (소승불교: 頑空) 우주 만상(萬相)의 근본은 무일물(無一物)로써 사람의 신체도 정신도 모두 공(空)이다. 이런 무아관(無我觀)에 빠져 멀리 보지 못하면 돌이킬 수 없는 공허감에 빠진다(人生無望 必墮頑空).
- (대승불교: 眞空妙有) 무일물(無一物)한 가운데 무진장(無盡藏)이 있어 인연이 무르익으면 잎이 피고 꽃도 핀다. 따라서 색(色)이 곧 공(空)이고, 공이 그대로 색이다(色卽是空 空卽是色).
- (조설근, 『紅樓夢』) 가짜가 진짜라면 진짜도 역시 가짜이고, 없음이 물질로 변하면 그 물질은 없음으로 돌아간다(假亦眞來眞亦假 無爲有處有還無).

240(후015): 쉴 수 있을 때 쉬어라

쉴 수 있을 때 푹 쉬어라. 지금 쉬지 않으면 결국 쉬지 못한다.

(得休便休 得了便了 득휴변휴 득료변료)

Rest whenever you can.

A light heart lives long.

가벼운 마음을 지녀야 오래 산다.

(Love's Labor's Lost 사랑의 헛수고: 5,2,18)

원문의역

- 그만두려거든 주저하지 말고 바로 그만두라.
- 만일 더 좋은 기회를 찾다보면, 아들 딸 모두 혼인시켜도 일이 남아있고, 출가를 해도 그 마음으로는 도를 깨달을 수 없다.
- 옛말에 이르기를 '만약 지금 쉬고 싶다면 바로 쉬어라. 만약 더 좋은 계기를 찾는다면 그 시간은 다시 오지 않는다.'고 하였으니, 참으로 훌륭한 생각이다.

도움말

- (『홍루몽』 好了歌) 중국 청나라 曹雪芹(曹霑: 1715~63)이 쓴 소설
  신선이 좋은 줄은 번연히 알면서도/ 오로지 공명출세 잊지 못하네.
  고금의 재상 장수 어디를 갔나?/ 거친 무덤에 풀만 덮였네.
  (世人都曉神仙好/ 惟有功名忘不了/ 古今將相在何方/ 荒塚一堆草沒了)

  신선이 좋은 줄은 번연히 알면서도/ 오로지 금은보화 잊지 못하네.
  해종일 아글타글 돈을 벌어도/ 돈푼이나 모았을 땐 흙에 묻히네.
  (世人都曉神仙好/ 只有金銀忘不了/ 終朝只恨聚無多/ 及到多時眼閉了)

  * 제1절 영어 번역문은 290장, 제2절은 292장 참조.

냉정하게 세상사를 관찰하고, 바쁜 중에도 마음의 여유를 가져라.

(冷靜觀世事 忙中去偷閑 냉정관세사 망중거투한)

Try viewing the chaotic world with a sense of detachment.

Our life, exempt from public hunt,
Finds tongues in trees, books in the running brooks,
Sermons in stones, and good in everything.

속세를 멀리하여 은둔 생활하는 우리들은
나무에서 언어를 읽고, 개울에서 책을 보며,
돌에서 설교를 듣고, 우주만물에서 선(善)을 본다.

(As You Like It 당신이 좋으실 대로: 2,1,15)

원문의역

- 때로는 왜 바쁘게 사는지 냉정한 눈으로 관찰해 봐라. 그러면 그리 바쁘게 열정(passion)을 쫓아다닌 것이 다 소용없는 일임을 알게 될 것이다.
- 바쁜 중에도 마음의 여유를 가져라. 그러면 그 여유로움의 즐거움(the taste of leisure)이 좋다는 것을 알게 될 것이다.

도움말

- (조지훈) 흥분이 가라앉아 냉정하여진 뒤에 열광하였던 때를 생각하면 한때의 정열에 끌리어 분주하게 쫓아다닌 것이 무익한 일이었던 것을 알 것이다. 시끄러운 곳으로부터 한가로운 곳에 들어가 보면 한중(閑中)의 취미가 각별히 유장(悠長)한 줄을 알게 된다.
- (성경: 「시편」 23: 1~2) 여호와는 나의 목자시니 내게 부족함이 없으리로다. 그가 나를 푸른 풀밭에 누이시며 쉴 만한 물가로 인도하시는도다.

242(후017): 먹고 즐기는 데 빠지지 말라

부귀를 탐하지 말고, 먹고 노는 것에 탐닉하지 말라.

(不親富貴 不溺酒食 불친부귀 불익주식)

Transcending wealth and power is not necessarily becoming a hermit.

I earn that I eat, get that I wear,/ Owe no man's hate, envy no man's happiness,/ Glad of other men's good.

나는 먹고, 입기 위해 돈을 번다. 나는 남의 미움을 사지 않고, 남의 행복을 시기하지도 않는다. 이웃이 착한 일을 하면 기쁘다.

(As You Like It 당신이 좋으실 대로: 3,2,73)

원문의역

- 부귀를 뜬구름처럼 여긴다면 굳이 산속 동굴에 살 필요가 없다.
- 스스로 술을 즐기고 시를 읊을 수 있다면 굳이 자연을 좋아할 필요가 없다.

도움말

- (남종진) 진심으로 부처를 믿는 사람은 결코 집 안에 불상을 모셔둘 필요가 없다. 부귀를 흙더미처럼 여기고 공명을 초개처럼 여길 수 있는 사람이 반드시 신선처럼 산림에 은둔해야 하는 것은 아니다. 시인 역시 반드시 산수를 유람해야만 하는 것은 아니다.
- (乙力) 자신이 바르면 그림자가 기울 것을 걱정하지 마라. 그림자는 형식이고 몸이 본질이다. 따라서 겉치레에 신경 쓰지 말고 허장성세(虛張聲勢) 부리지 마라(身正不怕影子斜 但是影子只有形式 身正才是根本. 所以在生活中 不要看重外在的形式 更不要裝腔作勢).

사리사욕 없이 자족하면 몸과 마음이 자유로워진다.

(恬淡適己 身心自在 념담적기 신심자재)

Pace yourself;
Liberate your body and soul.

For honor travels in a strait so narrow
Where one but goes abreast: keep, then, the path.

명예로 가는 길은 두 사람이 못 가는 좁은 길이다.
그러기 때문에 먼저 그 길을 차지해야 한다.

(Troilus and Cressida 트로일러스와 크레시다: 3,3,154)

원문의역

- 명리를 좇는 것은 남들에게 맡기고, 남들이 모두 취해있어도 미워하지는 마라.
- 조용하고 담백함을 즐기더라도, 나만 홀로 깨어있다고 자랑하지는 마라.
- 부처님은 이를 '불법(佛法)에도 얽매이지 않고 공(空)에도 얽매이지 않으면, 몸과 마음이 모두 자유롭다.'고 말한다.

도움말

- (Henry D. Thoreau, 『Walden』) 왜 우리는 성공하려고 그처럼 필사적으로 서두르며, 그처럼 무모하게 일을 추진하는가? 어떤 사람이 자기 또래들과 보조를 맞추지 않는다면 그것은 아마 그는 자기 또래와는 다른 고수(鼓手)의 북소리를 듣고 있기 때문이니, 자신이 듣는 음악에 맞추어 걸어가도록 내버려둬라. 그가 남들과 보조를 맞추기 위해 자신의 봄을 여름으로 바꾸어야 한단 말인가?

244(후019): 길고 짧음은 생각하기 나름이다

넓고 좁음이나 길고 짧음은 모두 생각에서 비롯된다.

(廣狹長短 由於心念 광협장단 유어심념)

Expansive and confined are all in your thinking;
Broad and narrow are defined by your mind.

You cannot shun yourself.

당신은 당신 자신을 피할 수 없다.

(Troilus and Cressida 트로일러스와 크레시다: 3,2,146)

원문의역

- 길고 짧음은 생각에 달려 있다. 마음이 한가로우면 하루가 천 년보다 길다.
- 넓고 좁음도 마음에 달려 있다. 뜻이 넓으면 좁은 방도 우주보다 넓다.

도움말

- 시간의 길고 짧음과 공간의 넓고 좁음은 모두 마음먹기 나름이다. 도시에서 시간에 쫓겨 생활하면 시간이 매우 짧게 느껴지지만, 시골이나 산속에 들어가서 마음을 느긋하게 풀어놓고 지내면 시간이 길게 느껴질 것이다. 시간도 공간도 절대적이지 않고 상대적이다. 마음을 내려놓고 느긋하게 살아라. 뜻이 넓은 사람의 가슴은 온 세상을 모두 담고도 여유가 있을 것이다.
- (소동파, 「赤壁賦」) 일 없이 느긋하게 앉아 있으니 하루가 이틀같이 길다. 이렇게 한가롭게 70년을 산다면 140년을 사는 셈이다(無事此靜座 一日是兩日 若活 七十年 便 是百四十).
- (성경: 「잠언」 17: 22) 마음의 즐거움은 양약이라도 심령의 근심은 뼈를 마르게 하느니라.

꽃을 가꾸고 대나무를 심으니, 마음속이 무아지경이다.

(栽花種竹 心境無我 재화종죽 심경무아)

Getting in touch with Nature is a good way to dissolve your ego.

Bell, book, and candle shall not give me back,

When gold and silver becks me to come on.

금은보화가 오라고 손짓하기 때문에,

종(鐘), 성경, 그리고 촛불은 나를 돌려놓지 못한다.

(King John 존 왕: 3,3,12)

원문의역

■ 욕심을 버리고 꽃과 대나무를 가꾸니, 이 몸이 자연과 하나가 되었고,

■ 차를 끓이니, 이 몸은 신선의 경지에 이르렀다.

도움말

■ (류영모, 『瞑想錄』) 제나(自我)는 삼독충(三毒蟲)! 모든 동물은 탐(貪, feeding), 진(嗔, fighting), 치(痴, sex)로 생존하고 존속하듯이, 한낱 짐승에 지나지 않는 사람도 짐승 성질(獸性)인 삼독(三毒)으로 살며 대를 잇는다. 사람은 짐승인 제나(自我)에서 벗어나(解脫) 하느님의 아들인 얼나(靈我)로 자유(自由)해야 한다. 해탈은 멸망의 제나를 버리는 것이고 자유한다는 것은 영생(永生)의 얼나를 얻는 것이다. * 다석多夕 류영모(柳永模, 1890~1981)

■ 마음과 물질(色)이 구분 없이 하나로 일치되어(物我一體), 외물(外物)에 끌리지 않으니 참으로 고요하고 적막하다. 이 경지에서 우리는 물질과 하나같다(物心一如).

만족할 줄 알면 신선이고, (인연과 사물을) 잘 이용할 줄 알면 잘 살 수 있다.

(知足則仙 善用則生 지족즉선 선용즉생)

The wise embrace reality while utilizing encounters and tools to create destiny.

Our content is our best having.

우리들 만족감이 우리들 최고 재산이다.

(Henry VIII 헨리 8세: 2,3,23)

원문의역

- 눈앞의 일에 만족하면 신선같이 즐겁지만, 그렇지 않으면 괴롭다.
- 세상의 인연을 잘 이용하면 좋은 기회가 생기지만, 그렇지 않으면 목숨을 잃을 수도 있다.

도움말

- 만족을 아는 사람은 맨바닥에 누워 있어도 편안하고 즐겁지만, 만족을 모르는 사람은 천당에 가더라도 원하는 대로 되었다고 생각하지 않는다.
- (Benjamin Franklin, 『The Art of Virtue』) 덕(德)이 있고 스스로 만족하는 행위만이 행복을 가져다준다. 행복하려면 세속적인 욕망을 좇기보다는 집착과 욕망을 통제하고, 쾌락을 절제하고, 매사에 조심하라.
- (성경: 「히브리서」 13: 5) 돈을 사랑하지 말고 있는 바를 족한 줄 알라 그가 친히 말씀하시기를 내가 결코 너희를 버리지 아니하고 너희를 떠나지 아니하리라 하셨느니라.

정도(正道)를 지키면서 분수(分數)를 아는 것이 재앙을 멀리하는 길이다.

(守正安分 遠禍之道 수정안분 원화지도)

Living in moderation and within your means is the easiest way to happiness.

Do not cry havoc, where you should hunt

With modest warrant.

안전한 사냥이 보장될 때,
약탈의 신호를 내지 마라.

(Coriolanus 코리올레이너스: 3,1,273)

원문의역
- 권세를 좇아 아첨하여 생긴 재앙은 빨리 닥치고 매우 참혹하다(harsh).
- 편안하고 조용히 살아가는 재미는 담백하고(light) 오래 간다.

도움말
- 이 세상에서 진정한 부자는 자신의 시간을 많이 가지는 사람이고, 가장 막강한 사람은 권력을 잡으려 안달하지 않고, 권력을 잡아도 멋대로 휘두르지 않는 겸손한 사람일 것이다. 굽신거리며 작은 이익과 권세를 좋아다니지 마라. 공자(子路篇)께서도 '작은 이익을 챙기면 큰일을 이룰 수 없다(見小利則大事不成).'고 하셨지 않느냐.
- (『노자』 61장) 큰 나라는 강물이 바다로 흐르듯 가장 낮은 곳에 처하여야 한다. 그래야 그곳이 모체(母體)가 되어 모든 것들이 모여든다. 암컷은 언제나 고요하고 스스로 낮추기 때문에 수컷을 이긴다. 스스로 낮은 데 있어야 높아지고, 높은 곳에 있을 때는 자신을 낮추어야 한다(大邦者下流 天下之牝 天下之交也. 牝常以靜勝牡 以靜爲下. 夫兩者各得其所欲 大者宜爲下).

248(후023): 자연과 함께 하는 즐거움

한가로이 떠가는 구름과 벗을 삼고, 바람소리와 달빛으로 가족을 삼는다.

(與閒雲爲友 以風月爲家 여한운위우 이풍월위가)

Make friends with Nature;
Do not fill it with fantasies of fame and fortune.

I have seen a medicine
That's able to breathe like into a stone.

돌에 생명의 입김을 넣는 묘약을 나는 보았다.

(All's Well That Ends Well 끝이 좋으면 다 좋다: 2,1,747)

원문의역

- 소나무 골짜기를 지팡이 짚고 홀로 지나가니 멈추는 곳마다 구름이 피어난다.
- 대나무 창 아래 책을 베고 누웠다 깨니 달빛이 방안 가득 스며든다.

도움말

- (조지훈) 시끄럽고 어지러운 세상에도 이렇게 맑고 한가로운 경계가 가까이 있는 것이니 찢어진 옷은 구름 속이기에 구도자를 한층 거룩하게 하고 낡은 담요는 달빛에 젖음으로써 초탈한 이의 멋을 더해 준다. 명리(名利)를 탐하고 권세에 붙좇는 무리야 어느 때 이 맛을 알랴. 도를 구하고 시를 배우는 사람만이 누리는 청복(淸福)이다.
- (陶淵明,「歸去來辭」) 지팡이에 늙은 몸을 의지하여 한가로이 걷다가 쉬고 싶으면 아무데서나 쉬고, 때때로 머리를 들어 멀리 바라보기도 한다(策扶老以流憩 時矯首而遐觀).

덧없는 환상들을 없애면 바른 마음이 커진다.

(消除幻業 增長道心 소제환업 증장도심)

Nourish the mind with virtue, not fantasies of fame and fortune.

Tell truth and shame the devil.

진실을 말하고, 악마를 저주하라.

(Henry IV Part 1 헨리 4세 1부: 3,1,58)

원문의역

- 불길같이 타오르는 색욕(lust)도 병이 났을 때를 생각하면 이내 식은 재처럼 사그러지고,
- 사탕처럼 달콤한 명리(fame and fortune)도 죽음을 생각하면 그 맛이 바로 없어질 것이다.
- 그러므로 죽음과 질병에 대해 늘 생각하면서 사는 것이 좋다. 그러면 헛된 유혹이 사라지고 도덕심이 자랄 것이다.

도움말

- (乙力) 인생이 젊고 한창 때일 때 늙어 쇠약할 때를 생각하고, 욕망이 한창 때일 때 질병을 생각해야 한다(人生正盛時要想到衰敗 慾望正盛時要想到疾病).
- (『논어』 衛靈公篇) 사람은 멀리 그리고 크게 생각해야 한다. 그렇지 않으면 반드시 눈앞에 근심이 생긴다(人無遠慮 必有近憂).
- (성경: 「요한복음」 8: 32) 진리를 알지니 진리가 너희를 자유롭게 하리라.

250(후025): 앞 다투면 길이 좁아진다

뒤로 한 걸음 물러서면 한 걸음만큼 길이 넓어진다.

(退後一步 寬平一步 퇴후일보 관평일보)

When walking a narrow path, yield a step.

Sweet flowers are slow and weeds make haste.

아름다운 꽃은 천천히 핀다. 잡초는 빠르게 자란다.

(Richard Ⅲ 리차드 3세: 2,4,15)

원문의역

■ 다투어 먼저 가려하면 길이 더욱더 좁아지지만, 한 걸음 물러서 양보하면 그만큼 길이 넓어진다.

■ 너무 짙고 고운 맛은 사람을 쉽게 싫증나게 하지만, 조금이라도 담백하게 하면 그만큼 오래 즐길 수 있다.

도움말

■ (『논어』 子路篇) 급히 서두르지 말고, 작은 이익을 탐내지 마라. 너무 급히 서두르면 목표에 이루지 못하고, 작은 이익을 탐내면 큰일을 이루지 못한다(無欲速 無見小利. 欲速則不達 見小利則大事不成).

■ (『노자』 67장) 나(老子)는 세 가지 보배를 간직하고 있다. 첫째 사랑(mercy), 둘째 검소(moderation), 셋째 겸손(modesty)이다. 사람을 사랑하므로 용기가 생기고, 검소하게 생활하므로 생활이 넉넉할 수 있고, 남보다 앞서지 않으므로 지도자가 될 수 있다(我有三寶 持而寶之. 一曰慈 二曰儉 三曰不敢爲天下先. 慈故能勇 儉故能廣 不敢爲天下先 故能成器長).

한가할 때에 수양해두면 예상치 못한 상황에서도 갈팡질팡하지 않는다.

(修養定靜工夫 臨變方不動亂 수양정정공부 임변방불동난)

Practice daily meditation and you will stay calm in calamity.

Out of this nettle, danger, we pluck this flower, safety.

위험한 쐐기풀에서 이 꽃을 안전하게 뽑아내야지.

(Henry Ⅳ Part 1 헨리 4세 1부: 2,3,9)

원문의역

■ 바쁠 때 당황하지 않으려면 한가할 때 수양(養性)하여 정신을 맑게 두어야 하고,

■ 죽음에 임하여 마음이 흔들리지 않으려면 평소에 차분하게 수신(修身)하여 삶의 의미를 철저히 깨우쳐두어야 한다.

도움말

■ (『주역』系辭傳下) 군자는 편안함에 처하여 위태로움을 잊지 않고, 살아가면서 죽음을 잊지 않고, 평화로울 때도 전쟁을 잊지 않는다(君子安而不忘危 存而不忘亡 治而不忘亂).

■ (『左傳』) 편안할 때 위험을 생각하라. 생각하는 것은 대비하는 것이고, 대비하면 근심이 없다(居安思危 思則有備 有備無患).

■ (『장자』大宗師) 죽고 사는 것은 운명이고 낮과 밤이 일정함은 하늘의 법칙이다. 사람이 관여할 수 있는 것이 아니다. (중략) 천지는 나에게 생명을 주고, 일하게 살게 하고, 늙어 쉬게 하고, 영원한 안식을 위해 죽음을 주었다(死生命也 其有夜旦之常 天也. 人之有所不得與. 夫大塊載我以形 勞我以生 佚我以老 息我以死).

252(후027): 숲속에는 영욕이 없다

은자(隱者)는 영욕과 치욕에 개의치 않고, 도의(道義)를 중시하는 자는 돈과 권세에 기대지 않는다.

(隱者無榮辱 道義無炎涼 은자무영욕 도의무염량)

Moral principles do not heat up or cool down.

My house, mine honor, yes, my life be thine.

나의 집, 나의 명예, 그렇다, 나의 목숨까지도 당신의 것.

(All's Well That Ends Well 끝이 좋으면 다 좋다: 4,2,52)

원문의역

- 은둔(seclusion)하는 숲속에는 영예와 욕됨이 없고,
- 도의(right conduct)를 지키며 가는 길에는 춥고 더운 인정의 변덕이 없다.

도움말

- (조지훈) 공명정대한 도의(道義)의 길 위에는 뜨거웠다 식었다 하는 변덕은 없다. 부귀라 하여 정의(情義)를 두터이 하고 빈천(貧賤)이라 하여 정의를 박(薄)하게 하는 것은 인의도덕(仁義道德)으로 교제하는 사람에겐 있을 수 없는 일이다.
- (『주역』 文言) 군자는 성품이 바르고 정의롭게 처신하고 늘 사랑을 베풀어 외롭지 않다(君子敬以直內 義以方外 仁以行之 敬義立而德不孤). * 내방외원(內方外圓): 성품이 방정하고 일처리가 원만하다.
- (옛말) 물이 있고 뫼가 있는 곳에 영화도 없고 욕됨도 없다.

어렵다는 생각을 떨쳐버리면 즐거워지고, 덥다는 마음을 잊으면 시원해진다.

(去思苦亦樂 隨心熱亦凉 거사고역낙 수심열역량)

Stay centered: poised when trying, cool when hot.

All may be well; but if God sort it so,
'Tis more than we deserve or I expect.

만사형통(萬事亨通)할 것이다. 만약 하느님이 그렇게 해주시면,
내가 받을 보상 이상이고, 기대하지 않았던 일이 된다.

(Richard III 리차드 3세: 2,3,36)

원문의역

- 더위 자체를 없앨 수는 없지만, 덥다고 짜증내는 마음만 없애도 몸이 상쾌해진다.
- 가난 자체를 없앨 수는 없지만, 가난에 대한 걱정만 하지 않아도 마음이 편해진다.

도움말

- (조지훈) 인생의 괴로움은 불같이 뜨겁다 해서 열뇌(熱惱)라 한다. 뜨겁다 하여 그 뜨거움을 어디에고 집어던질 수는 없고 또 그렇게 할 필요도 없으니, 다만 이 뜨겁다 뜨겁다하고 괴로워하는 그 마음만 제하고 나면 몸은 항상 시원한 고대(高臺)에 앉은 것 같을 것이다.
- (성경: 「잠언」 15: 13) 마음의 즐거움은 얼굴을 빛나게 하여도 마음의 근심은 심령을 상하게 하느니라.

편안할 때 위기를 생각하고, 나아갈 때 물러날 것을 생각하라.

(居安思危 處進思退 거안사위 처진사퇴)

Plan for retreat when advancing;
Expect discomfort when relaxing.

Let us make an honorable retreat
though not with bag and baggage.

보따리 짐짝은 없더라도 명예롭게 물러나자.

(As You Like It 당신이 좋으실 대로: 3,2,70)

원문의역

■ 한 걸음 나아갈 때 한 걸음 물러설 생각을 미리 해두면, 진퇴양난의 재앙을 면할 수 있고,

■ 일을 시작할 때 손을 뺄 생각을 미리 해두면, 호랑이 등에 타는 위험을 피할 수 있을 것이다.

도움말

■ 서양에서는 '어릴 때부터 위험을 무릅쓰지 않으면 얻을 것도 없다(Nothing ventured, nothing gained).'는 말로 도전정신을 키운다. 반면에 동양의 철학은 소인을 피하여 은인자중(隱忍自重)하면서 시기를 기다리는 것도 일종의 투쟁이라고 가르친다. 『주역(遯卦)』은 '하늘은 산이 높으면 높을수록 그만큼 물러나 있듯이 소인을 만났을 때는 무조건 미워하거나 힘으로 누르려하지 말고 지혜로 대처하라.'고 한다.

■ (중국 격언) 비 오기 전에 미리 주도하게 준비하고(未雨綢繆), 바둑에서 최소한 세 수 앞은 읽어야 한다(看棋須得看三步). 앞으로 나갈 줄 알면 물러설 줄도 알고(知進知退), 때로는 긴장하고 때로는 느긋해야 한다(有張有弛).

부(富)를 탐하면 가난하고, 만족할 줄 알면 부유하다.

(貪富則貧 知足則富 탐주즉빈 지족즉부)

Dissatisfaction turns the rich into beggars.

Thou seek'st the greatness that will overwhelm thee.

더 큰 것을 쫓다가 당신은 그 일 때문에 무너진다.

(Henry Ⅳ Part 2 헨리 4세 2부: 4,5,97)

원문의역

- 욕심이 많은 자는 금을 주어도 더 좋은 보석을 달라고 하고, 관직을 주어도 더 높은 벼슬을 달라 불평한다. 이것은 스스로 거지 노릇하는 꼴이다.
- 만족할 줄 아는 사람은 나물국도 고깃국보다 더 맛있게 여기고, 베옷도 털옷보다 더 따뜻하게 여긴다. 이런 사람은 귀족을 부러워하지 않는다.

도움말

- (성경: 「전도서」 5: 10) 은을 사랑하는 자는 은으로 만족하지 못하고 풍요를 사랑하는 자는 소득으로 만족하지 아니하나니 이것도 헛되도다.
- 사람들은 아무리 많이 가져도 가진 것에 만족을 느끼며 감사하는 마음으로 살기란 쉽지 않다. 비행기 타고 외국 여행을 가면서도 돈이 적어 일등석을 타지 않았다고 불평하고(到得外國嫌錢小), 출세해서도 관직이 낮다고 불평하는 것(進得京城嫌官小)이 사람이다. 이같은 욕심이 자신의 인생을 망치게 하니, 안분자족(安分自足)하라. 부자가 되는 가장 확실한 방법은 자신의 분수를 알고 고생 속에서 기쁨을 찾으면서 항상 자신의 삶에 만족하는 마음을 갖는 것이다. 그러면 물질적 가난은 큰 문제가 되지 않을 것이다.

256(후031): 일은 줄일수록 좋다

명성을 숨겨야 고명하고, 일을 줄여야 평안하다.

(隱者高明 省事平安 은자고명 성사평안)

Avoid the pitfalls of fame;
Do not try to do too much.

Many young gentlemen flock to him every day,
and fleet the time carelessly as they did in the golden world.

매일 많은 젊은 귀공자들이 그에게 몰려들지요, 그리고는
그들이 무릉도원(武陵桃源)에서 지냈던 것처럼 편안하게 시간을 보냅니다.

(As You Like It 당신이 좋으실 대로: 1,1,113)

원문의역

- 명성을 자랑하는 것은 스스로 명성을 숨기는 즐거움만 못하고,
- 정성을 쏟아 일을 익히는 것은 스스로 일을 줄여 한가로움을 누리는 것만 못하다.

도움말

- 산이 스스로 높음을 자랑하지 않듯이 자신의 명성(your name)을 스스로 뽐내지 말라. 명성이란 원래 남들이 평가하여 높여 주는 것이기에 스스로 이름을 세상에 자랑하며 뽐내는 것은 참 못난 노릇이다. 세상을 살다보면 명성을 피하는 것이 좋을 때가 종종 있다. 드날릴 자격이 있어도 스스로 그 명성에서 벗어날 줄 아는 사람이 진정으로 큰 사람이다. 한편, 일은 가급적이면 줄여라. 능력이 있고 기회가 있더라도 일을 줄여 보아라. 그래야 심신이 편안하여 건강하고 행복하게 살아갈 수 있을 것이다. 일 없음이 가장 큰 행복이란 말도 있지 않은가.

요란함과 고요함을 초월해야 여유 있게 유유자적할 수 있다.

(超越喧寂 悠然自適 초월훤적 유연자적)

Anywhere is pleasant when unaffected by noise or quiet.

I do begin to perceive that I am made an ass.

이제야 나는 바보가 된 것을 알게 되었어요.

(The Merry Wives of Windsor 윈저의 즐거운 아낙네들: 5,5,122)

원문의역

- 고요함을 즐기는 사람은 구름과 바위를 보면서 깊고 오묘한 도리를 깨닫고, 화려함을 좋아하는 사람은 노래와 춤을 감상하면서 심심함을 잊는다.
- 그러나 자족(self-sufficient)하는 선비는 시끄러움과 고요함, 번영과 쇠퇴에 상관없이, 가는 곳마다 마음에 맞지 않는 세상은 없다.

도움말

- (성경: 「디모데전서」 6: 5~6) 마음이 부패하여지고 진리를 잃어 버려 경건을 이익의 방도로 생각하는 자들의 다툼이 일어나느니라. 그러나 자족하는 마음이 있으면 경건은 큰 이익이 되느니라.
- 무엇을 좋아하더라도 집착하지는 마라. 그것을 얻지 못하는 경우 욕구불만만 쌓이고 즐거움은 얻을 수 없다. 세상을 불평하지 마라. 자신의 집착과 편견과 고집을 버리면 제 마음에 안 맞는 세상은 없을 것이다. 불교(108참회문)는 많고 적음, 높고 낮음, 좋고 나쁨, 그리고 옳고 그름에 대한 분별심(分別心)을 없애야 유유자적(悠悠自適)할 수 있다고 가르치고 있다.

258(후033): 구름에 달 가듯 살아라

도를 깨우치면 마음에 거리낌이 없어, 고요함과 조급함 모두
상관이 없다.

(得道無牽系 靜躁兩無關 득도무견계 정조양무관)

The Way is drifting like the clouds and moon in the sky.

Under the greenwood tree,/ Who loves to lie with me,
And turn his merry note,/ Unto the sweet birds throat,
Come hither, come hither, come hither./ Here shall he see no enemy,
But winter and rough weather.

푸른 숲 나무 아래 나랑 함께 누워서 새들 달콤한 지저귐 따라 즐겁게 노래하
고 싶은 사람 오라, 오라, 오라. 이곳에는 적이 없다, 겨울의 스산함 말고는.

(As You Like It 당신이 좋으실 대로: 2,5,1)

원문의역

- 외로운 구름은 산골에서 피어나서 오가는 데 아무런 거리낌이 없고,
- 밝은 달은 하늘에 걸려 고요하고 시끄러움을 상관하지 않는다.

도움말

- (조지훈) 외로운 구름이야 가고 머무름에 제 뜻대로 할 뿐이요. 밝은 달은 하늘에 떠
  서 세상의 고요함과 시끄러움에 마음을 쓰지 않는다. 구름같이 또 달같이 세속의 티
  끌을 벗어나 유유자적하면 (중략) 매일 곳이 어디 있으며 오호애증(好惡愛憎) 정적
  훤소(靜寂喧騷)에 괴로울 것이 무엇인가.
- (Steve Jobs) 남의 생각을 따라 살지 말라(Don't be trapped by dogma-which is living
  with the results of other peoples's thinking). 다른 사람의 의견이 자기 내면의 목소리를
  방해하지 못하게 하라.

짙은 맛은 금방 사라지고, 담백한 맛은 오래 간다.

(濃處味短 淡中趣長 농처미단 담중취장)

Strong flavors are fleeting;
Subtle tastes are lasting.

There's not a minute of our lives should stretch
Without some pleasure now.

즐거움이 없으면 단 한 순간도 살아갈 수 없다.

(Antony and Cleopatra 안토니와 클레오파트라: 1,1,46)

원문의역

- 오래 가는 맛은 좋은 술에서 얻지 못하고 밍밍한 물에서 얻는다.
- 그립고 슬픈 감회는 쓸쓸한 적막함에서 생기지 않고 소박한 피리와 거문고 연주에서 나온다.
- 화끈한 맛은 금방 사라지고, 소탈한 생활 속 덤덤한 맛이 오래 간다.

도움말

- (諸葛亮: 181~234, 중국 촉한 책략가) 담박하지 않으면 참뜻이 밝을 수가 없고, 편안하고 고요하지 않으면 멀리 다다를 수가 없다(非淡泊無以明志 非寧靜無以致遠).
- (『노자』 35장) 걷다가 잠시 멈추어 음악을 듣고 음식도 먹어봐라. 그리고 도(道)를 맛보면 아무런 맛이 없이 담박할 것이다. 보아도 아무것도 보이지 않고, 들어도 들리지 않는다(樂與餌 過客止. 道之出口 淡乎其無味, 視之不足見, 聽之不足聞).

260(후035): 진리는 평범한 곳에 있다

진리는 평범한 곳에 있고, 길은 먼 곳에 있지 않다.

(理出於易 道不在遠 이출어이 도부재원)

The Truth is close to you.

Truth is truth
To the very end of reckoning.

아무리 생각해 봐도 결국 진리는 진리이다.

(Measure for Measure 자에는 자: 5,1,45)

원문의역

■ 선종(禪宗)에 "배고프면 밥 먹고 피곤하면 잠잔다."고 했고, 시지(詩旨)에 "눈앞 경치를 평범한 말로 표현한다."고 했다.

■ 대체로 높은 진리는 평범한 곳에 있고, 어려운 일은 쉬운 곳에서 생긴다. 또한 인위적으로 하려고 하면 오히려 멀어지고, 마음을 비우면 저절로 가까워진다.

도움말

■ 진리는 지극히 평범하고 쉬운 데 있다. 배고프면 밥 먹고, 피곤하면 잠자는 것은 배우지 않고도 누구나 하고 있는 지극히 일상적이고 평범한 일이다. 이것이 삶의 진리이고 도(道)의 길이다. '천하는 신비스러운 그릇(天下神器)'이라 인위적으로는 얻을 수 없다. 사랑도 마찬가지다. 애써 차지하려 하지 말고 내버려둬라. 통제하려 하지 말고 상대를 존중하라. 그러면 서로의 진실이 교감하고 사랑이 찾아올 것이다.

■ (『노자』 29장) 이 세상은 억지로 가질 수가 없다. 이 세상은 아주 신비로운 곳이기에 누구도 뜻대로 할 수 없고 가질 수도 없다(將欲取天下而爲之 吾見其不得已. 天下神器 不可爲也 不可執也).

움직임과 고요함이 적당히 조화를 이루어 나오고 들어감에 거리낌이 없다.

(動靜合宜 出入無碍 동정합의 출입무애)

The river flows quietly along its banks;
The clouds drift unhindered by mountain peaks.

Smooth runs the water where the brook is deep.

깊은 강물은 소리 없이 흐른다.

(Henry VI Part 2 헨리 6세 2부: 3,1,58)

원문의역

■ 큰 강물이 흘러도 물가에는 소리가 없다. 이렇듯 당신도 시끄러운 곳에 있어도 고요한 멋을 찾아라.

■ 산이 높아도 구름은 거리끼지 않는다. 이렇듯 당신도 유(有)에서 무(無)로 걸림 없이 들어가는 자연의 이치를 깨달아라.

도움말

■ (Steve Jobs: 스탠포드대학 졸업식 연설) 내가 곧 죽을 수 있다는 생각은 내 삶에 큰 결정을 내리는 데 중요한 역할을 했다. 왜냐하면 죽음 앞에 외형적 기대, 자부심, 좌절이나 실패에 대한 두려움들은 사라지고 진정으로 중요한 것만 남았기 때문이다. (중략) 여러분은 이미 벌거숭이다. 그러니 여러분의 마음이 가는대로 하지 못할 이유가 없다(Remembering that I'll be dead soon is the most important tool I've ever encountered to help me making the big choice in life. Because almost everything-all external expectations, all pride, all fear of embarrassment or failure-these things just fall away in the face of death, leaving what is truly important. ⋯ You are already naked. There is no reason to follow your heart).

262(후037): 집착이 고통을 낳는다

집착이 바로 고통의 바다이고, 해탈이 바로 신선의 고향이다.

(執着是苦海 解脫是仙鄕 집착시고해 해탈시선향)

Obsession is an ocean of suffering;
Freedom is the home of happiness.

In following him, I follow but myself.

그 사람을 따르다보니 결국은 나 자신을 따르게 된다.

(Othello 오셀로: 1,1,58)

원문의역

- 산과 숲이 경치 좋은 곳(scenic places)이긴 하나, 미련을 가지고 머물면 그곳이 시장 바닥(marketplace)으로 변한다.
- 책과 그림이 고상한 것(elegant things)이긴 하나, 탐내는 마음이 생기면 이것은 사고 파는 상품(commodities)이 되고 만다.
- 집착하는 마음을 버리면 욕망의 세상(欲界)도 신선이 사는 마을(仙境)이 되지만, 마음이 얽매여 미련을 가지면 좋은 곳도 고통의 바다(苦海)가 된다.

도움말

- (조지훈) 고통과 기쁨, 고상함과 세속적인 것 모두가 받아들이는 자신의 집착과 감정에 따른 것이다. 사물이 본래부터 이와 같은 것은 아니다. 오직 마음에 물드는 일이 없고 집착함이 없으면 욕계(欲界)에 살아도 선도(仙都)에 사는 것이 될 것이요. 마음에 연연한 거리낌이 있으면 아무리 낙경(樂境)이라도 고해(苦海)를 이루고 말 것이다.
- (성경: 「누가복음」 12: 15) 그들에게 이르시되 삼가 모든 탐심을 물리치라. 사람의 생명이 그 소유의 넉넉한 데 있지 아니하니라 하시고.

조급함이 극에 달하면 혼미해지고, 고요함이 극에 달하면 정신
이 맑아진다.

(躁極則昏 靜極則明 조극즉혼 정극즉명)

Haste makes the mind hazy; patience clears it.

The good I stand on is my truth and honesty.
내가 믿는 선(善)은 나의 진실과 정직이다.

(Henry VIII 헨리 8세: 5,1,122)

원문의역

- 마음이 조급하고 어수선하면 평소의 기억도 멍하니 잊어버리고, 주변이 깨끗하고 고요하면 지금껏 잊었던 것도 다시 또렷해진다.
- 이같이 조급함과 고요함에 따라 정신의 혼미함과 밝음이 달라진다.

도움말

- 조급함을 버리고 삶의 여유를 찾아라. 주변이 고요하고 마음이 평온하면 지난날 잊었던 기억들이 되살아나지만, 주변이 어수선하고 마음이 조급하면 평소에 잘 알고 있던 일들도 생각나지 않는다. 마음을 비워 고요함을 찾아라. 고요함이 바로 하늘의 뜻이기에 늘 편안할 것이다.
- (『노자』 16장) 내가 마음 비우기를 지극히 하고, 고요함 지키기를 돈독히 하니, 만물이 함께 생장하고 또한 돌아가는 것을 본다. 천지만물은 자라서 무성하면 각각 그 뿌리로 돌아간다. 뿌리로 돌아가면 고요하고, 고요함은 바로 하늘의 뜻이고, 하늘의 뜻으로 돌아가면 영원하며, 영원을 아는 것이 지혜이다(致虛極 守靜篤, 萬物幷作 吾以觀其復. 歸根曰靜 靜曰復命 復命曰常 知常曰明).

264(후039): 자연에 묻혀 자연을 노래하라

구름 아래 누워 달과 노닐면 속세와도 멀어진다.

(臥雲弄月 絶俗超塵 와운농월 절속초진)

I am at peace in the misty moonlight, sipping wine out of bamboo leafs;
I am at one with Nature, away from the noisy world, reciting poetry.

Adam was a gardener.

아담은 정원을 즐기며 살았다.

(Henry VI Part 2 헨리 6세 2부: 4,2,134)

원문의역

■ 눈 내리는 밤에 갈대꽃 이불을 덮고 누워 밤의 평온함을 음미하고,
■ 산들바람과 달빛 속에서 댓잎 술잔을 기울이고 시를 읊으며 속세의 번잡함을 잊는다.

도움말

■ (안길환) 산골 생활의 풍취와 청아한 기품이 한 폭의 동양화처럼 펼쳐지는 구절이다. 초가집에서 갈대꽃 이불(가난함)을 덮고 자더라도 청명한 밤기운을 보전할 수 있고, 죽엽주(竹葉酒: 시적 운치)를 마시며 음풍농월하노라면 속세의 티끌을 다 떨쳐버릴 수 있다 했으니, 그 안빈낙도(安貧樂道)의 경지는 어디쯤일까.
■ (성경: 「고린도후서」 3: 5) 우리가 무슨 일이든지 우리에게서 난 것같이 스스로 만족할 것이 아니니 우리의 만족은 오직 하나님으로부터 나느니라.

저속함은 고상함만 못하고, 담백함은 오히려 농후함을 능가한다.

(鄙俗不及風雅 淡泊反勝濃厚 비속불급풍아 담박반승농후)

Simple leisurely pursuits are better than complicated worldly desires.

Never anything can be amiss

When simpleness and duty tender it.

소박하게, 성실하게 살아가면 잘못되는 일이 없다.

(A Midsummer Night's Dream 한여름 밤의 꿈: 5,1,82)

원문의역

■ 고관들이 모인 자리에 명아주 지팡이 짚은 산사람이 나타나면 고상해 보이지만,

■ 농어민들이 모인 자리에 비단옷 입은 벼슬아치가 끼어들면 도리어 속되어 보인다.

도움말

■ (조지훈) 어옹(漁翁)이 낚싯대를 드리운 강기슭이나 나무꾼이 나무 가는 길에 예복을 입은 고관이 있다면 그 꼴이 어떠하겠는가. 이로써 보더라도 짙은 것은 담박(淡泊)함만 못하고 속됨은 풍아(風雅)함만 같지 못함을 알 것이다.

■ (남종진) 옛날에는 관리와 은사(隱士)를 다른 부류로 나누었다. 관리는 탁류(濁流)이고, 은사는 청류(淸流)였다. 옛사람들에게 있어서 벼슬길에 들어서는 것은 타락을 의미하였고, 산림에 은둔하는 것은 고결한 행위로 받아들여졌던 것이다. 그러나 관계(官界)에도 청류는 있었다. 그들은 권력을 두려워하지 않았으며, 백성들을 위하고, 자신의 안위는 돌보지 않았다.

266(후041): 머문 자리에서 최선을 다하라

세상 안에 있어야 속세를 벗어날 수 있고, 마음을 다해야 마음을 이해할 수 있다.

(出世在涉世 了心在盡心 출세재섭세 료심재진심)

Free yourself from suffering by facing it;
Enlighten your mind by dedicating it to the Way.

Much rain wears the marble.
많은 비는 대리석도 닳게 한다.

(Henry VI 헨리 6세 3부: 3,2,50)

원문의역

- 속세를 벗어나는 길은 이 세상 가운데 있으니, 세상 인연을 끊지 말라.
- 마음공부는 마음을 다하는 가운데 있으니, 모든 욕망을 끊어 마음을 타버린 잿더미처럼 싸늘하게 만들지 말라.

도움말

- 속세를 벗어나는 길은 세상을 살아가는 속에 있다. 이 세상의 지금(now), 여기(here)에서 행복을 찾고 이를 위해 최선을 다해야 한다. 왜냐하면 우리가 찾고 있는 행복은 멀리 있는 것이 아니라 지금 여기에 있기 때문이다. 현재 머물고 있는 자리에서 정성을 다하라(活在當下)!
- (Eckhart Tolle, 『The Power of Now』) 지금 이 순간 외에는 아무것도 존재하지 않는다(Nothing exists outside the Now). 과거가 현재 우리가 누구이며 어떻게 생각하고 행동하는지를 결정한다. 미래는 현재 우리가 취하는 행동에 따라 결정될 것이다. (중략) 그러나 과거엔 아무것도 일어나지 않았다. 오직 지금 이 순간(in the Now)에 일어났었다. 미래에도 아무것도 일어나지 않을 것이다. 오직 지금 이 순간에 일어날 것이다.

몸은 한가한 곳에 두고, 마음은 고요한 가운데 두어라.

(身放閑處 心在靜中 신방한처 심재정중)

Put your body at ease;
Keep your mind at peace.

Haste still pays haste, and leisure answers leisure.

서두르면 성급해지고, 유유자적(悠悠自適)하면 여유 생긴다.

(Measure for Measure 자에는 자로: 5,1,410)

원문의역

- 몸은 항상 한가하게 놓아두어라. 그러면 세상의 영욕이나 득실(得失)도 나를 해치지 못한다.
- 마음은 항상 고요하게 가져라. 그러면 세상의 시비(是非)나 이해관계도 나를 속이지 못한다.

도움말

- (조지훈) 아무것도 탓하지 말라. 허물은 항상 자신에게 있다. 마음에 번거로움 없이 하고 싶고 하기 싫은 두 마음이 곁고 트지 않으면 무엇이 능히 너를 속이며 어긋나게 할 것인가. 영욕의 득실과 시비의 이해가 다 너 자신의 안에서 일어나니 시끄러운 마음을 붙들어 고요히 앉게 하라.
- (성경:「마태복음」11: 29) 나는 마음이 온유하고 겸손하니 나의 멍에를 메고 내게 배우라. 그리하면 너희 마음이 쉼을 얻으리니.
- (『노자』45장) 고요함이 성급함을 이기고, 차가움이 뜨거움 극복한다. 따라서 마음을 맑고 고요하게 갖는 것이 세상을 바르게 사는 길이다(靜勝躁 寒勝熱. 淸靜爲 天下正).

268(후043): 자연과 벗하면 평화롭다

구름 가운데 세상이고, 고요함 안에 천지가 있다.

(雲中世界 靜裡乾坤 운중세계 정리건곤)

The realm of immortals and paradise of tranquility are nowhere but right here.

But as we often see, against some storm,/ A silence in the heavens.
the rock stand still,/ The bold winds speechless and the orb below/
As hush as death.

폭풍이 다가오자 세상천지에 침묵이 흐른다.
바위는 숨을 죽이고, 억센 바람도 묵묵(黙黙)히 있다.
지상에는 오로지 죽음의 고요가 흐르고 있다.

(Hamlet 햄릿: 2,2,513)

원문의역

- 대나무 울타리 옆에서 개 짖고 닭 우는 소리를 들으니, 구름 속 신선의 마을에 있는 듯이 황홀하다.
- 조용한 서재에서 자연의 소리를 들으니, 별천지(別天地)처럼 고요하다.

도움말

- (남종진) 이는 큰 깨달음을 얻은 이후의 담백하면서도 고아한 정취를 구현한 정경이다. 하지만 지금 세상에서 이런 모습을 다시 보기는 어렵다. 진취적이고 분투하는 인생의 길에서 자신을 위해 짐을 적당히 덜고, 명리를 삶의 전체로 보지 않는 것이 더욱 중요하다.
- (작가불명: 禪詩) 삶과 죽음이 인간으로서는 어쩔 수 없는 자연현상임을 깨닫고, 자신의 눈앞에 펼쳐지는 현실에 당당하여야 한다(生時的的不隨生 死去堂堂不隨死 生死去來不干涉 正體堂堂在目前). * 선시(禪詩)는 정해진 해석이 없고 단지 읽는 자의 마음이다.

부귀영달을 바라지 않으니 권세도 두렵지 않다.

(不希榮達 不畏權勢 불희영달 불외권세)

I do not seek gold and glory.
Therefore, I do not worry about worldly temptation.

Nothing routs us but the villainy of our fears.
우리들의 악독한 공포심이 우리를 망치게 한다.

(Cymbeline 심벨린: 5,2,12)

원문의역

- 부귀영화(glory)를 바라지 않거늘, 내가 어찌 명리(profits)의 유혹을 근심하겠는가?
- 승진(promotion)하려 경쟁하지 않거늘, 내가 어찌 관직의 위태로움을 두려워하겠는가?

도움말

- (안길환) 물욕과 권세욕, 명예욕 등을 모두 버려서 세상 살아가기에 조금도 두려움이 없다는 내용이다. 속세의 영달이란 어찌 보면 물고기가 낚싯밥을 무는 것과 같으니, 부귀영화를 바라지 않으면 명리(名利)라는 유혹의 미끼에 걸려들지 않을 것이다. 높은 자리란 본디 서로 다투어서 올라가는 것인데, 승진을 다투지 않으니 쫓겨나고 올라가고 하는 그러한 벼슬길의 위태로움이 있을 리 있겠는가.
- (성경: 「요한복음」 14: 1) 너희는 마음에 근심하지 말라. 하나님을 믿으니 또 나를 믿으라.

270(후045): 자연은 마음을 가라앉힌다

신성한 자연 속에서 마음을 살피고 정신을 가다듬어라.

(聖境之下 調心養神 성경지하 조심양신)

Find yourself and your path amidst Mother Nature.

O worthiness of nature!

Breed of greatness!

아, 자연의 유익함이여!

위대한 마음의 양식이여!

(Cymbeline 심벨린: 4,2,25)

원문의역

- 산과 숲 사이를 한가로이 걸으니 속세의 찌든 마음이 사라지고, 시와 책을 한가로이 읽으니 세상 걱정이 저절로 사라진다.
- 그러므로 군자는 자연 가까이서 한가로이 지내면서도, 그 뜻을 잃지 않고 오히려 다른 경지(another land)를 빌어 마음을 편안하게 한다.

도움말

- (조지훈) 산림천석(山林泉石)의 사이에 거닐면 진심(塵心)이 절로 걷히고 시서도화(詩書圖畵) 속에 마음을 놀게 하면 속기(俗氣)가 절로 사라지나니 군자(君子)는 비록 진기한 것을 완상(玩賞)함에 빠져 본심을 잃지 않는다고 하나 또한 유아(幽雅)한 경계를 빌려 마음을 고르게 한다.
- (William Wilson: 두 번째 문장의 영역) Therefore, the gentleman does not take pleasure in material things or lose his free will; But makes use of another land and pacifies his mind.

봄날의 화려함은 가을날의 청초함만 못하다.

(春之繁華 不若秋之淸爽 춘지번화 불약춘지청상)

Autumn freshness beats even Spring beauty.

The teeming autumn, big with rich increases,
Bearing the wanton burden of the prime.

풍성한 열매의 계절 가을은 수확으로 부풀고,
바람난 봄이 잉태한 아이들을 낳고 있다.

(Sonnets 소네트: 97)

원문의역

■ 봄날의 화려함이 사람의 마음을 즐겁게 하지만, 가을날의 맑음만은 못하다.

■ 가을은 난초와 월계나무가 향기롭고, 물과 하늘이 한 빛깔이고, 온누리에 달이 밝아, 사람의 몸과 마음을 모두 맑게 해 준다.

도움말

■ 새싹이 돋아나고 꽃들이 만발하는 봄이 좋다고 마냥 즐길 수만은 없다. 봄에 씨앗을 뿌리지 않으면 가을에 수확을 할 수가 없다. 청량한 가을철이 아무리 좋아도 거두어들일 것이 없으면 현실이 처량하다. 사람의 일생도 자연처럼 사계절이 있다. 자연의 사계절은 순환하지만 사람의 사계절은 한 번 지나가면 다시 오지 않는다. 따라서 사람은 푸르고 아름다운 젊은 시절에 촌음(寸陰)을 아껴서 노년에 거두어들일 씨앗을 뿌리고 열심히 가꾸어야 한다. 가을에 곡식을 거두어 두지 않으면 추운 겨울은 어떻게 보낼 것인가.

272(후047): 시인의 참마음을 읽어라

시인의 참된 흥취를 느끼고, 참선의 오묘한 이치를 깨달아라.

(得詩家眞趣 悟禪敎玄機 득시가진취 오선교현기)

Awaken to the essence of Zen through poetry.

Much is the force of heaven-bred poesy

하늘이 베푸는 시(詩)에서 큰 힘이 솟는다.

(The Two Gentlemen of Verona 베로나의 두 신사: 3,2,72)

원문의역

■ 글을 모르는 사람도 시적 감성이 풍부하면 시인의 참된 멋을 알 수 있고,

■ 경전을 읽지 않은 사람도 명상의 묘미를 알면 종교의 깊은 이치를 깨달을 수 있다.

도움말

■ (남종진) 자연적으로 만들어진 옥이 가장 아름답고, 꾸미지 않은 말이 가장 실제에 가깝다. 속됨도 극에 이르면 우아해지는 것이다. 참선을 하지 않은 사람은 말에 오히려 오묘한 의미가 가득하다. 선의 이치는 언어를 통한 이론으로는 터득할 수 없고, 세심한 관찰을 통해 터득될 수 있다.

■ (『노자』 1장) 갈 수 있는 길은 진정한 길이 아니고, 부를 수 있는 이름은 진정한 이름이 아니다. 그러므로 하고자 하는 마음이 없어야 숨겨진 진리를 알 수 있고, 구태여 알고자 하면 원하는 것밖에는 볼 수가 없다(道可道 非常道. 名可名 非常名. 故常無欲以觀其妙 常有欲以觀徼).

형상은 마음에서 생겨났다가 마음에서 사라진다.

(相由心生 相隨心滅 상유심생 상수심멸)

Physical matter is perceived through the mind.

Every cloud engenders not a storm.

구름이 모인다고 폭풍이 오는 것은 아니다.

(Henry VI Part 3 헨리 6세 3부: 5,3,13)

원문의역

- 마음이 불안한 사람(calculating person)은 활 그림자가 뱀으로 보이고, 넙적한 바위가 마치 엎드린 호랑이로 보여, 늘 마음속에 살기(sinister)가 가득하다.
- 생각이 차분한 사람(person of calm mind)은 사나운 호랑이를 갈매기처럼 유순하게 감화시키고, 시끄러운 개구리 소리도 아름다운 음악으로 들려, 어디서나 참된 기운 (truly genuine)을 맛볼 수 있다.

도움말

- (조지훈) 심기(心氣)가 어지러우면 사물에 흔들리기 쉬우니 그림자도 뱀같이 보이고 돌도 범같이 생각되어 모든 것이 자기를 노리고 있는 것처럼 보이지만, 심기가 평정하면 호랑이도 갈매기와 동일시할 수 있으며 개구리 소리도 음악으로 들을 수 있다는 말이다.

274(후049): 순리대로 살아라

오고 가는 것이 자유롭고, 일처리도 자유자재이다.

(來去自如 融通自在 내거자여 융통자재)

Let the body and mind flow with Nature, like a boat sailing along a river.

Men's judgments are/ A parcel of their fortunes.

인간의 판단력은 그들 운명의 꾸러미 속에 있다.

(Antony and Cleopatra 안토니와 클레오파트라: 3,3,31)

원문의역

- 몸은 매여 있지 않은 배와 같으니, 흘러가든 머물든 내맡겨 둘 것이며,
- 마음은 이미 타버린 나무와 같으니, 칼로 자르든 향을 칠하든 무슨 상관이겠는가?

도움말

- (안길환) 모든 것은 찾아왔다가 떠나가고 사라진다. 그것이 우주 자연의 섭리이건만, 떠나감을 못내 아쉬워하고 안타까워하고 슬퍼하면서 미련을 버리지 못하는 것은 인간이 지닌 정 때문이다. 이러한 정의 속박에서 벗어날 수만 있다면, 그래서 자연의 흐름 속에 자기 자신을 온전히 맡길 수만 있다면, 그 사람은 어떤 일에도 초연해질 수 있으리라.
- (조지훈) 「풍타지죽(風打之竹) 낭타지죽(浪打之竹)」이란 시가 있다. 바람 부는 대로 물결치는 대로라는 뜻의 기문(奇文)이다. 이 장의 글 뜻이 바로 이와 같다. 풍파가 무상한 이 세상에 살려면 그 풍파에 맡겨서 흔들리는 것이 제일이란 말이다. (중략) 마음이 움직이지 않고 무엇에 홀리어서 벗어나지 못할 위험이 없다면 천하에 경계할 일은 없다.

근심과 기쁨, 취함과 버림의 감정은 모두 형태와 기질로 일을 처리하기 때문에 생긴다.

(憂喜取捨 形氣用事 우희취사 개시용사)

What we like or dislike depends on how we apply our mind.

There is special providence in the fall of a sparrow.
새 한 마리 떨어져도 하늘의 특별한 뜻이 작용한다.

(Hamlet 햄릿: 5,2,219)

원문의역

■ 사람의 마음은 꾀꼬리 소리를 들으면 기뻐하고 청개구리 울음소리를 들으면 싫어한다. 또한 꽃은 가꾸고 싶지만 잡초는 없애고 싶어 한다.
■ 그러나 이것은 전적으로 사람의 감정에 따른 것일 뿐 그들의 천성(nature)은 아니다. 꾀꼬리와 청개구리는 자신들의 정서를 전달한 것이고, 꽃과 잡초는 자신들의 삶을 나름대로 표현한 것이다.

도움말

■ (성경: 「요한복음」 7: 24) 외모로 판단하지 말고 공의롭게 판단하라 하시니라.
■ (조지훈) 본성의 천의(天意)에서 보면 일체는 평등하여 미추(美醜), 선악(善惡), 시비(是非)의 차별이 없는 것이다. 차별 없는 이 성천(性天)을 밝히고 형기(形氣)에 따르는 편사(偏私)를 버려라.
■ (불교의 空思想) 자연계의 만물(是諸法空相)은 더럽지도 않고 깨끗하지도 않다(不垢不淨). 그런데 사람들이 자신이 느끼는 주관적인 감정(喜怒哀樂)에 따라 외물(外物)을 보고 아름답다거나 혹은 추하다고 덧씌워 버린다.

276(후051): 늙음을 슬퍼하지 마라

꿈과 환상 같은 인간사는 모두 헛된 겉모습이고, 오히려 달처럼 계속 변화하는 것이 진리이다.

(夢幻空華 眞如之月 몽환공화 진여지월)

Quit obsessing over aging and decay;
It is Nature's making way for physical and spiritual renewal.

Respect and reason wait on wrinkled age.

노년(老年)의 주름살을 존경과 이성이 시중든다.

(The Rape of Lucrece 루크리스의 강탈: 275)

원문의역

- 머리카락이 빠지고 이빨이 성글어지는 것을 슬퍼하지 마라. 이것은 허깨비 육신의 자연적 퇴화(withering)일 따름이다.
- 새가 노래하고 꽃이 피는 것이 자연의 참 모습이고, 너의 진짜 모습이다.

도움말

- (성경: 「잠언」 20: 29) 젊은 자의 영화는 그의 힘이요 늙은 자의 아름다움은 백발이니라.
- (조지훈) 이 세상의 모든 것은 인연으로 잠시 어울려서 있는 존재다. 눈에 보이고 손에 잡히는 이 형터리는 어느 것이나 다 허무한 형체다. 모발이 빠지거나 치아가 성겨지거나 시들고 변하는 대로 맡겨 두라. 슬퍼해도 소용없다. 그러나 모든 것이 제 자체란 것이 없으면서도 인연만 모여지면 새도 울고 꽃도 웃는다. 이 모두 다 변하는 가운데 영원히 변하지 않는 자의 모습이니 이를 알면 형터리는 상주불변(常住不變)하는 진여(眞如)의 실상임을 알 것이다.

욕심에서 나쁜 생각이 나오고, 마음을 비우면 올바른 생각이 나온다.

(欲心生邪念 虛心生正念 욕심생사념 호심생정념)

Temptation is born from the everwanting mind;
Correct thoughts come from the unwanting mind.

Bear free and patient thoughts.
근심 · 걱정을 털고 마음을 비워라.

(King Lear 리어왕: 4,6,80)

원문의역

- 욕심이 일면 마음속에 파도가 일어 산중에서도 고요함을 느낄 수 없고,
- 마음을 비우면 무더워도 시원하게 느껴져 소란한 시장터에 있어도 소란함을 모른다.

도움말

- 욕심이 있는 사람은 불만이 많고 그 원인을 남에게 돌린다. 따라서 타인에 대한 분노가 불길처럼 타올라 차가운 연못의 물도 끓게 만든다. 성경(「전도서」7: 7)은 '탐욕이 지혜자를 우매하게 하고 뇌물이 사람의 명철을 망하게 만든다.'고 하였다. 한편 마음을 비운 사람은 일이 잘 풀리지 않아도 화를 내지 않고 그 원인을 자신에게서 찾기 때문에 마음이 안정되어 늘 행복하다.
- (조지훈) 마음을 비워서 일점의 욕념(欲念)도 멈추지 않으면 한여름 혹서(酷暑) 속에서도 청량한 기운이 절로 생기고 차마 소리 시끄러운 시가(市街)에 있을지라도 그 시끄러움을 모른다. 왜 그러냐 하면 소인(小人)의 마음은 그 경우에 따라 여러 가지로 변하지만 달인(達人)은 마음으로써 경우를 전변(轉變)시키기 때문이다.

278(후053): 많이 가질수록 크게 잃는다

많이 가질수록 걱정도 많아지고, 높아질수록 위험도 더 커진다.

(富者多憂 貴者多險 부자다우 귀자다험)

More money, more problems:

Wealth and power bring their share of headaches;

The higher you are, the harder you fall.

Having nothing, nothing can he lose.

가진 것이 없으니, 잃을 것도 없다.

(Henry VI Part 3 헨리 6세 3부: 3,3,152)

원문의역

■ 가난해도 근심 없는 사람이 부자보다 낫다. 많이 가진 자는 잃는 것이 많기 때문이다.

■ 편안하게 사는 평민이 지위 높은 사람보다 낫다. 높은 지위에 있으면 쫓겨날까 늘 불안하기 때문이다.

도움말

■ 채근담을 주역(註譯)한 중국인 을력(乙力)은 '귀한 사람은 가진 것이 많아도 가난한 것 같고, 궁한 사람은 살림살이가 넉넉하지 못해도 오히려 부유한 것 같다.'고 하였다. 이같이 가난한 사람들 중에도 여유롭게 사는 사람이 있다. 이들은 자신의 수입과 형편에 따라 소박하게 살기 때문이다. 평민들 중에는 낮은 자리가 오히려 가장 안전하고 높은 자리라고 생각하는 사람도 있다. 이는 밑져야 본전이고 떨어져도 더 떨어질 수 없다고 생각하기 때문이다. 세계 부자들 중 부자였던 스티브 잡스(Steve Jobs)도 스탠퍼드대학 졸업생들에게 '여러분은 이미 벌거숭이이니(you are already naked) 마음이 가는대로 따라가라.'고 하였다.

소나무 사이에서 『주역』을 읽고, 대나무 아래서 불경을 공부한다.

(讀易松間 談經竹下 독역송간 담경죽하)

Reading the Book of Changes in the pine tree forest;
Studying the Buddhist scriptures in the bamboo garden.

Come and take choice of all my library,
And so beguile thy sorrow.

오너라, 내 장서에서 책을 빼 들고 그대 슬픔을 날려 보내라.

(Titus Andronicus 타이터스 안드로니커스: 4,1,34)

원문의역

■ 새벽 창가에서 『주역』을 읽으며 그 깊은 의미를 솔숲 이슬로 갈은 붉은 먹물로 표시하고,

■ 한낮에 책상에서 불경을 공부하다가 풍경 소리를 대숲에서 불어오는 바람에 실어 보낸다.

도움말

■ (조지훈) 이 얼마나 고요하고 깊으며 또한 멋스러운 경계이랴! 명리를 구하여 분주하는 자도 때로는 이와 같은 유한(悠閑)의 경지에 나아가 마음의 여유를 배우는 것이 좋다.

■ 『주역(周易)』은 중국의 유교 경전으로 역경(易經)이라고도 하고 영어로는 'The Book of Change'라고 한다. 대략 5천 년 전 주(周)나라 문왕(文王)이 복희씨의 선천팔괘를 근거로 괘(卦)를 만들고, 2천 5백 년 전 공자가 유교적 설명을 붙였다. 64괘상(卦象)과 384효사(爻辭)에 따라 길흉화복을 점치기도 하지만, 하늘의 운행을 본받은 변증법적 변화를 통하여 풍부하고 소박한 삶의 철학을 전하고 있다.

280(후055): 들꽃은 들에서 더 아름답다

인위적인 것은 자연의 묘미가 부족하고, 하늘의 이치는 자연에
있다.

(人爲乏生趣 天機在自然 인위핍생취 전기재자연)

Nature is self-governing;
Do not try to force it.

O sweetest, fairest lily!/ My brother wears thee not the one half so
well/ As when thou grew'st thyself.

아, 아름답고 황홀한 백합화여! 동생 몸에 꽂혔던 그대는 홀로 자연 속에서 피
고 있을 때보다 그 아름다움이 반도 되지 못했다.

(Cymbeline 심벨린: 4,2,201)

원문의역

- 화분에 심은 꽃은 자연스런 생기가 없고, 새장 속의 새는 타고난 운치를 잃어 측
  은하다.
- 그러나 산 속의 꽃과 새는 서로 어우러져 아름다움을 자아내고 자유롭게 날아다니
  며 마음껏 유쾌하게 즐긴다.

도움말

- (안길환) 자연은 있는 그대로가 최상의 경지이다. 그것을 인위적으로 가꾼다든가,
  집 안으로 끌어들이려 하면 천연의 운치와 활달한 벗이 줄어들게 마련이다. 인간의
  욕심이 자연의 순수함을 손상시키는 것이다. 꽃과 새들이 산 속에 있어 천연(天然)
  의 아름다움과 멋을 이루듯이 사람도 때때로 세속적인 욕망을 내려놓고 대자연의
  품속으로 돌아가 하늘이 부여한 인간으로서의 자유와 풍류(風流)를 즐겨야 한다.
- (『노자』 51장) 도를 존경하고 덕을 귀하게 따르는 것은 억지로 하는 것이 아니라 늘
  자연스럽다(道之尊 德之貴 夫莫之命而常自然).

번뇌는 나로부터 나오고, 기호도 내 마음에서 생긴다.

(煩惱由我起 嗜好自心生 번뇌유아기 기호자심생)

Both joy and anguish come from the Self.

Men are flesh and blood, and apprensive.

인간은 피와 살이요, 지각(知覺)이다.

(Julius Caesar 줄리어스 시저: 3,1,67)

원문의역

■ 애착과 번뇌는 자신을 너무 중요하게 여기기 때문에 생긴다.
■ "나의 존재도 알지 못하는데 어찌 물건이 귀한 줄을 알겠는가?"라는 옛말이 있고, "이 몸이 내가 아닌 줄 안다면 번뇌가 어떻게 침범하겠는가?"라는 말도 있다.
  참으로 옳은 말이다.

도움말

■ (성경: 「요한복음」 12: 25) 자기의 생명을 사랑하는 자는 잃어버릴 것이요 이 세상에서 자기의 생명을 미워하는 자는 영생하도록 보전하리라.
■ (불교) 세상의 모든 것은 텅 비어 본래 아무것도 없다(一切皆爲空). 과거 생각은 이미 지나가서 없고 미래 마음은 아직 오지 않아 없다. 또한 과거의 '나'만 없는 것이 아니라 미래의 '나'도 없다(無明日之我). 이렇게 나의 육신이 한갓 그림자(幻影)임을 깨닫고 온갖 애착을 '그림자 밖의 그림자'라고 생각한다면 어떤 번뇌도 나를 침범하지 못할 것이다.
■ (『노자』 13장) 큰 고난이 있는 것은 내 몸이 있기 때문이다. 만일 내 몸이 없다면 내게 무슨 고난이 있겠는가(吾所以有大患 爲吾有身 及吾無身 吾有何患).

282(후057): 젊을 때 노후를 생각하라

실패할 수 있다는 생각으로 좋아 날뛰는 마음을 제어한다.

(以失意之思 制得意之念 이실의지사 제득의념)

When slack, recollect hard times.

Give every man thine ear, but few thy voice.

모든 사람에게 귀를 기울이되, 자신의 소리는 내지 마라.

(Hamlet 햄릿: 1,3,68)

원문의역

- 늙은이의 입장에서 젊음을 보면, 바삐 달리고 싸우는 마음이 사라지고,
- 쇠락한 처지에서 영화로움을 보면, 사치와 화려함을 끊을 수 있다.

도움말

- (조지훈) 인생(人生)이 몇 날이관데 달리다가 한 세상이냐? 바쁘고 악착스런 마음은 늙음을 빨리 오게 하고 늙은 위에 그 독이 나타난다. 영화(榮華)는 또 얼마관데 꾸미고 차리다가 한 세상 보낼 건가? 번거롭고 사치스런 마음은 영락(零落)을 부르고 영락한 뒤에 그 괴로움이 더하다.
- (양성희) 사람은 반드시 높은 곳에 올라 더 멀리 바라보아야 한다. 즉, 높은 곳에서 낮은 곳을 보면 미래에서 현재를 보는 것처럼 눈앞이 환해진다. 노년의 안목으로 젊은 시절의 나를 본다면 치열한 경쟁심을 버릴 수 있다.

세태의 변화는 끝이 없으니 어떤 일에도 얽매이지 말라.

(世態變化 萬事達觀 세태변화 만사달관)

Do not obsess:
The future is ultimately beyond your control.

Dispense with trifles.

사소한 일에 연연하지 마라.

(The Merry Wives of Windsor 윈저의 즐거운 아낙네들: 2,1,46)

원문의역

- 인정과 세태는 예측할 수 없이 변하는 법이니 참된 것으로 여기지 마라.
- 송나라 소옹(邵雍)은 "어제의 내가 오늘은 남의 것이 되었으니, 내일은 누가 또 오늘의 내가 될지 알 수 없다."라고 말했다.
- 사람이 늘 이런 생각을 하면 마음속 번뇌를 모두 없앨 수가 있다.

도움말

- (불교: 偈誦) 내가 태어나기 전에는 누가 '나'였고, 내가 태어났을 때 '나'는 누구였던가? 자라서 성인이 되니 내가 비로소 '나'인데 나중에 눈을 감고 정신이 흐릿해져도 그때도 여전히 내가 '나'일까(未曾生我誰是我 生我之時我是誰? 長大成人方是我 合眼朦朧又是我)?
- (William Wilson: 소옹 시의 영역) In times long past, "myself" was said to be a certain person; But now, on the contrary, I believe that person was someone else. Thus, I don't know-the person I am today I may consider to be someone else in future.

284(후059): 냉정 속에서 열정을 찾아라

소란함 가운데 고요함을 찾고, 냉철함 속에 열정을 가져라.

(鬧日取靜 冷處熱心 료일취정 냉처열심)

Keep a cool head and warm heart in a pressure-packed, cold-hearted world.

violent fires soon burn out themselves.

Small showers last long, but sudden storms are short.

요란스런 불길은 곧 제 풀에 꺼진다.

작은 빗줄기는 오래가지만, 갑작스런 폭풍은 짧다.

(Richard II 리차드 2세: 3,1,34)

원문의역

- 소란한 가운데서도 냉정한 눈으로 사물을 살피면 불필요한 근심거리를 줄일 수 있다.
- 역경에 처했을 때도 열정을 가지면 참다운 재미를 많이 얻을 수 있다.

도움말

- 일이 복잡하고 바쁠 때일수록 냉철하게 처리하여야 한다. 냉정한 눈으로 사람을 관찰하고(冷眼觀人), 냉정한 귀로 남의 말을 경청하고(冷耳聽語), 냉정한 뜻으로 감정을 감당하고(冷情當感), 냉정한 마음으로 이치를 생각해야 한다(冷心思理). 이래도 안 되면 어떻게 할까? 낙담하지 말고 최선을 다하라. 정성을 다하면 이루지 못하는 일이 없다(情神一到 何事不成).
- (성경: 「베드로전서」 4: 13) 오히려 너희가 그리스도의 고난에 참여하는 것으로 즐거워하라. 이는 영광을 나타내실 때에 너희로 즐거워하고 기뻐하게 하려 함이라.

세상에는 원래 절대적인 것이 없고, 안락함도 예사로울 뿐이다.

(事無絕對 安樂尋常 사무절대 안락심상)

Everything in this world is relative;
Even beauty and happiness are in the eye of the beholder.

No profit grows where is no pleasure taken.

즐거움이 없는 곳에 이익도 없다.

(The Taming of Shrew 말괄량이 길들이기: 1,1,39)

원문의역

■ 즐거운 일이 있으면 괴로운 일이 생겨 서로 상쇄(offset each other)되고, 아름다운 풍경이 있으면 좋지 못한 풍경이 나타나 서로 엇갈린다.

■ 늘 먹는 밥과 평범한 삶을 즐겨라. 그래야 편안하다.

도움말

■ 세상사(世上事)는 모두 상대적(相對的)이다. 그래서 사람의 삶이 공평해지는 것이다. 가진 것이 적어도 마음을 비우면 이것들이 서로 상쇄되고 보완되어 행복해질 수 있다. 그러니 욕심을 줄여라. 그렇지 못하고 물질적 욕구가 커지면 커질수록 그 욕구를 채우기가 어려워 불행해진다. 운이 좋아 욕구를 충족시켜 기뻐도 그것은 일순간이다. 즐거움에는 고통이 들어 있어 즐거움 뒤에 괴로움이 따라온다(有樂必有苦 有好必有壞).

■ (Le Guin: 『노자』: 2장) For being and nonbeing arise together; hard and easy complete each other; long and short shape each other; high and low depend on each other(有無相生 難易相成 長短相形 高下相傾). * 국역문은 345장 참조

286(후061): 내 자신도 자연의 일부이다

대자연과 가까워지면 만물과 내가 하나가 된다.

(接近自然風光 物我歸於一如 접근자연풍광 물아귀어일여)

Forget that the external and I are two;
Become one with Nature.

I am a feather for each wind that blows.

나는 바람결 하나하나를 타고 나르는 깃털이다.

(Winter's Tale 겨울 이야기: 2,3,154)

원문의역

■ 커튼을 높이 걷어 올리고 큰 창문을 통하여 안개구름이 피어오르는 푸른 산과 맑은 개울물을 본다. 이때 나는 대자연이 얼마나 자유로이 노니는지를 알았다.

■ 대나무 숲이 우거진 곳에서 새끼 제비와 산비둘기가 겨울을 보내고 봄을 맞이하는 것을 본다. 이때 나와 자연이 하나임을 깨달았다.

도움말

■ 만물은 일체(一體)이니, 나(我)도 창문 너머로 보이는 외물(外物)과 하나이다. 환초 도인(還初道人) 홍응명(洪應明)은 푸른 산과 맑은 물, 새끼 제비와 산비둘기 등 자연 풍광(自然風光)에 접하면서 자신이 물아일치경(物我一致境)에 들어갔다. 또한 그는 대자연이 조화(和諧)의 세계이며 자재함(the just-so-ness of nature)이란 것을 알게 되면서 마침내 자유롭고 평화로운 경지에 이르렀다.

■ (『노자』 16장) 마음을 지극히 비우고 고요함을 돈독히 지켜라. 그러면 만물이 함께 생겼다 뿌리로 돌아가는 이치를 보게 된다(致虛極 守靜篤, 萬物竝作 吾以觀其復).

삶과 죽음, 성공과 실패는 모두 자연에 맡겨라.

(生死成敗 一任自然 생사성패 일임자연)

Do not get caught up in success and failure;
Leave life and death to Nature.

The web of our life is of a mingled yarn,
good and ill together.

우리 인생은 선과 악의 실로 짠 융단이다.

(All's Well That Ends Well 끝이 좋으면 다 좋다: 4,3,74)

원문의역

■ 이루어진 것은 반드시 무너지는 이치를 알라. 그러면 꼭 이루려고 안달하지 않는다.
■ 태어나면 반드시 죽는다는 이치를 알라. 그러면 꼭 오래 살려고 애쓰지 않는다.

도움말

■ (성경: 「야고보서」 4: 14) 내일 일을 너희가 알지 못하는 도다. 너희 생명이 무엇이냐. 너희는 잠깐 보이다가 없어지는 안개니라.
■ 중국 전국시대 손무(孫子兵法)는 '전쟁에서의 승리와 패배는 흔히 있는 일(成敗乃兵家常事)'이라고 하였다. 아무리 똑똑한 사람도 한 번의 실수는 있기 마련이다(智者千慮也必有一失). 이렇듯이 사람은 누구나 실패할 수 있고 또한 설사 성공하여도 무너지는 법이니, 특히 성공하였을 때 조심하여야 할 것이다. 성공 후에 실패가 있듯이 삶 후에는 죽음이 있다. 스티브 잡스(Steve Jobs)는 자신이 곧 죽을 것임을 알고 난 후에 죽음을 '삶이 만든 최고의 발명품'이라고 하면서, 죽음에 대한 생각이 새로운 결단에 도움을 준다고 하였다.

288(후063): 달빛은 흔적을 남기지 않는다

흐르는 물, 지는 꽃처럼 살아야 몸과 마음이 자유롭다.

(流水落花 身心自在 유수낙화 신심자재)

Like running water or falling leaves:
How free we are!

I must have liberty
Withal, as large a charter as the wind,
To blow on whom I please.

나는 바람의 자유로운 특권을 행사하면서
내가 좋아하는 사람에게 바람을 보내고 싶다.

(As You Like It 당신이 좋으실 대로: 2,7,47)

───────────────

원문의역

- 옛 고승은 "대나무 그림자가 축대 위를 쓸어도 먼지가 일지 않고, 달빛이 연못을 뚫어도 물위에 흔적이 남지 않는다."고 했고,
- 옛 선비는 "물은 바삐 흘러도 그 주위는 그지없이 고요하고, 꽃잎은 어지럽게 떨어져도 그 뜻은 스스로 한가롭다."고 했다.
- 사람은 늘 이러한 뜻을 가지고 타인과 사물을 대하면 그 몸과 마음이 얼마나 자유롭겠는가!

도움말

- (불교) 오관(五官: 眼耳鼻舌身)과 생각(意)이 깨끗하고 고요하면 온누리(四大: 土水火風)가 텅 비어(六根淸靜 四大皆空), 육근(六根)에 아무런 흔적(印象)도 남지 않는다.

천지의 묘미(妙味)를 간파하고, 세상의 원리를 깨달아야 한다.

(乾坤妙趣 天地文章 건곤묘취 천지문장)

The sounds of Nature reveal why Heaven created it.

I hold the world but as the world...

A stage, where every man must play a part.

나는 세상을 있는 그대로 받아들인다.

이 세상은 사람마다 한 가지 역할을 담당한 무대이다.

(The Merchant of Venice 베니스의 상인: 1,1,77)

원문의역

■ 산속 솔바람 소리와 돌 위 샘물 소리를 고요히 들으면서, 이 모두가 천지의 자연스런 노래임을 알았다.

■ 들판의 안개 빛과 물에 비친 구름 그림자를 한가롭게 바라보면서, 이것이 바로 자연이 만든 최고의 걸작임을 알았다.

도움말

■ (조지훈) 고요하고 조용한 바탕을 가진 사람이라야 천지의 참뜻과 자연의 참맛을 안다는 말이다. 거문고와 피리만이 음악이 아니듯이 붓과 먹으로 종이로 쓴 것만이 글이라고 생각함은 큰 잘못이다. 자연의 음악을 들을 줄 아는 마음의 귀와 건곤(乾坤)의 문장(文章)을 읽을 줄 아는 마음의 눈을 기르라. 이 이목(耳目)이 없이는 생의 참뜻과 멋을 모른다.

■ (성경: 「요한계시록」 4: 11) 우리 주 하나님이여 영광과 존귀와 권능을 받으시는 것이 합당하오니 주께서 만물을 지으신지라 만물이 주의 뜻대로 있었고 또 지으심을 받았나이다 하더라.

290(후065): 다스리기 어려운 게 마음이다

맹수를 길들이긴 쉬워도 사람의 마음을 다스리기는 어렵다.

(猛獸易服 人心難制 맹수이복 인심난제)

Taming wild animals is much easier than controlling a man's mind.

In nature there's no blemish but the mind.

자연은 사람의 마음을 빼고는 아무런 결함이 없다.

(Twelfth Night 십이야: 3,4,379)

원문의역

- 나라(西晉)가 망하여 왕궁(洛陽宮城)이 가시덤불로 변한 것을 보면서도 권세가들은 오히려 힘을 자랑하고, 공동묘지(北邙山)가 여우와 토끼들만이 찾음에도 세상 사람들은 아직도 재물을 탐내고 있다.
- 옛사람은 "사나운 짐승은 길들이기 쉬워도 사람의 마음은 항복시키기 어렵고, 계곡은 메울 수 있어도 사람의 마음은 만족시키기 어렵다."고 말했다.

도움말

- 오늘의 영광은 곧장 사라질 것이고 이 몸도 조만간 죽어 없어질 것이라는 성자필멸(盛者必滅)의 도리를 미처 깨닫지 못하고 여전히 욕심만 부리면서 권세를 뽐내는구나! 지금까지 '탐욕(貪慾)이 모든 악(惡)의 뿌리'라는 말을 얼마나 많이 들어왔던가.
- (『홍루몽』 好了歌 1절) Men all know that salvation should be won,/ But with ambition won't have done, have done./ Where are the famous ones of days gone by?/ In grassy graves they lie now, every one. (David Hawkes 역, The Story of the Stone, Volume I, PenguinBooks) * 원문과 번역은 240장에 있음.

마음이 평화롭고 고요하면 닿는 곳마다 아름답다.

(心地平靜 靑山綠水 심지평정 청산녹수)

A beautiful soul, a beautiful anywhere.

A peace above all earthly dignities.

A still and quiet conscience.

지상의 모든 권위보다도 중요한 것은
화평하고 고요한 마음이다.

(Henry Ⅷ 헨리 8세: 3,2,379)

원문의역

- 마음이 고요하여 풍파(storm)가 없으면 가는 곳마다 청산녹수와 같이 아름답고,
- 마음속에 따뜻한 사랑(化育, change and growth)이 있으면 닿는 곳마다 물고기가 물에서 헤엄치고 솔개가 하늘을 날듯이 자유롭다.

도움말

- (성경: 「요한복음」 14: 27) 평안을 너희에게 끼치노니 곧 나의 평안을 너희에게 주노라. 내가 너희에게 주는 것은 세상이 주는 것과 같지 아니하니라. 너희는 마음에 근심하지도 말고 두려워하지도 말라.
- (법정스님, 『텅빈 충만』) 진정한 자유는 마음으로부터 나온다. 욕심과 잡념을 버려 마음의 평화를 얻으면 눈앞에 아름다운 자연 풍경이 나타나고 이런 풍경 속에 창의성과 예술적 영감이 충만하게 흐른다. 자유와 충만감은 텅 빈 마음에서 나오는 것이다.

평민이라도 삶 자체에 만족하고 즐기면 그 행복이 고귀한 자보
다 낫다.

(生活自適其性 貴人不若平民 생활자적기성 귀인불약평민)

Why must people continue to strive for fame and fortune?
The simple man's life beats the complicated official's.

Thou shall be free/ As mountain winds.
산바람처럼 자유롭게 살아라.

(The Tempest 폭풍: 1,2,499)

원문의역

- 귀한 선비라도 소박한 농부가 한가로이 지내는 것을 보면 자신의 바쁜 삶을 개탄하고, 큰 부자라도 조용히 책 읽는 사람을 만나면 그 한가로운 삶을 부러워한다.
- 사람들은 어찌 그리 정신없이 달리며 욕망이 끝이 없는가? 어찌하여 유유자적(悠悠自適)하면서 무사청한(無事淸閑)한 본성(本性)의 삶으로 돌아가려 하지 않는가?

도움말

- (火牛와 風馬) 그런데 사람들은 어찌하여 '꼬리에 불이 붙은 소(火牛)'와 같이 바삐 달려가고 '암내 나는 말(風馬)'에 홀린 것같이 정신없이 욕망을 좇아 가는가?
- (『홍루몽』 好了歌 2절) Men all know that salvation should be won,/ But with their riches won't have done, have done./ Each day they grumble they've not made enough,/ When they've enough, it's goodnight everyone! (David Hawkes 역, The Story of the Stone, Volume I, PenguinBooks) * 원문과 번역은 240장에 있음.

세상에 살면서 세상을 잊고, 물욕에서 벗어나 낙천적으로 살아라.

(處世忘世 超物樂天 처세망세 초물낙천)

As a bird forgets about the wind it rides, forget about the world you live in.

Life's uncertain voyage.

인생은 불안한 항해이다.

(Timon of Athens 아테네의 타이몬: 5,1,156)

원문의역

■ 물고기는 물속을 헤엄치면서도 물을 잊고, 새는 바람을 타고 날면서도 바람이 있음을 알지 못한다.

■ 이런 이치를 알면, 사물의 얽매임(external involvements)에서 벗어나 하늘의 뜻을 즐길 수 있다.

도움말

■ 새는 바람을 잊고, 물고기는 물을 잊고 산다. 이렇듯이 사람도 세상을 잊고 살아야 한다. 외물(外物)에 의해 휘둘리지 마라. 내 마음을 주인으로 삼아라. 마음을 바람에 싣고 날개처럼 자유롭게 살아라. 외물은 단지 인간의 필요에 따라 사용될 뿐이다. 명리(名利)도 외물이고, 재산도 역시 외물이다. 외물(外物)은 모두 몸(그림자) 밖의 그림자인데 어찌 인간이 '그림자의 노예'가 되려 하는가?

■ (조병화, 「솔개」) 하늘에 살고 싶어라. / 바람에 / 떠 있고 싶어라. // 날개에, 날개에, / 떠 있고 싶어라. // 바람이 쓸고 가는 / 하늘 / 인간보다 쓸쓸히 / 보이지 않는 곳에, // 눈물보다 쓸쓸히 / 차가이 하늘 깊은 곳에, // 외로움보다 쓸쓸히 / 바람에 쓸려 / 바람에 쓸려 // 날개처럼 / 살고 싶어라.

294(후069): 흥망성쇠가 삶이다

인생은 본디 무상하거늘 어찌 성쇠(盛衰)에 의지하겠는가?

(人生本無常 盛衰何可恃 인생본무상 성쇠하가시)

Life is ups and downs going round and round,
so how can we tie ourselves down to the cycle of prosperity and decline?

Glory is like a circle in the water

Which never cease to enlarge itself

Till by broad spreading it disperse to nought.

영광은 물속의 파문과 같다

그 원은 한없이 스스로 퍼져나간다.

넓게 펴지다가 끝내 무(無)로 돌아간다.

(Henry VI Part 1 헨리 6세 1부: 1,2,133)

원문의역

- 여우가 잠자고 있는 저 무너진 섬돌! 산토끼가 뛰놀고 있는 저 황폐한 누대(terraces)! 이곳이 모두 지난날 미인들이 노래하고 춤추던 곳이다.
- 들국화가 찬 이슬을 머금고 마른 풀에 안개 감도는 이곳이 바로 옛날의 전쟁터였다.
- 번성하고 쇠퇴함이 어찌 오래 가겠는가? 강자와 약자가 어디 있느냐? 이를 생각하니 부귀공명(富貴功名)에 대한 불타는 욕망이 재처럼 싸늘하게 식어버리는구나!

도움말

- 인생은 무상(無常)하고 성쇠(盛衰)는 돌고 돈다. 세월이 지나면 푸른 바다도 뽕밭으로 변한다(滄海亦成桑田). 얼마나 많은 풍운의 인물(風流人物)들이 사라져 갔는가? 인간이 어찌 세상사(世上事)의 변화는 헤아릴 수 있겠는가? 그러니 영고성쇠(榮枯盛衰), 강(强)과 약(弱)에서 초탈하라.

총애와 수모에 놀라지 말고, 떠나고 머무름에 연연하지 말라.

(寵辱不驚 去留無意 총욕불경 거유무의)

Forget about praise or blame, staying or leaving;
Change is the Way of Heaven and Earth.

God shall be my hope,
My stay, my guide and lantern to my feet.

하느님은 나의 희망,
나의 지주(支柱), 나의 인도(引導)자, 나의 길을 밝히는 등불이다.

(Henry Ⅵ Part 2 헨리 6세 2부: 2,3,24)

원문의역

■ 총애(praise)와 치욕(blame)에 놀라지 말고, 한가로이 뜰에 꽃이 피고 짐을 보아라.
■ 가고 머무름에 연연하지 말고, 무심히 먼 하늘에 구름이 뭉치고 흩어짐을 보아라.

도움말

■ 남으로부터 칭찬을 받거나 욕을 먹었을 때, 노자는 깜짝 놀라라(寵辱若驚)고 하고, 홍응명은 놀라지 말라(寵辱不驚)고 한다. 노자는 놀라서 상황의 역전(逆轉)을 보라고 하고, 홍응명은 놀라지 말고 세상을 태연자약(泰然自若)하게 살라고 한다. 말은 달라도 의미는 다르지 않다. 기쁜 일이 생기면 깜짝 놀라 일단 경계는 하되 너무 기뻐하지 않는 것이 현명한 처세술이다.
■ (『노자』 13장) 총애를 받거나 굴욕을 당하면 깜짝 놀라고, 큰 우환이 생기면 내 몸처럼 아껴라. 하느님의 힘은 고통 속에서 완전(perfect in weakness)하기 때문이다(寵辱若驚 貴大患若身, 愛以身爲天下 若可托天下).

296(후071): 어리석은 부나비는 타 죽는다

고통의 바다가 아무리 넓다 해도 뒤돌아보면 해안이 있다.

(苦海茫茫 回頭是岸 고해망망 회두시안)

No matter how vast the sea of pain is, there is always a hill of salvation.

A fool's bolt is soon shot.

어리석은 자는 곧 밑천을 드러낸다.

(Henry Ⅴ 헨리 5세: 3,7,123)

원문의역

- 하늘은 맑고 달도 밝은데 왜 불나방은 촛불에 몸을 던져 죽을까? 샘물이 깨끗하고 풀도 푸른데 왜 올빼미는 오로지 썩은 쥐만 탐낼까?
- 아! 이 세상에 불나방이나 올빼미를 닮지 않은 사람이 과연 얼마나 될까?

도움말

- (성경: 「잠언」12: 26) 의인은 그 이웃의 인도자가 되나 악인의 소행은 자신을 미혹하느니라.
- 산에 호랑이가 있는 것을 잘 알면서도 꾸역꾸역 산으로 들어가는(明知山有虎 偏向虎山行) 사람이 있다. 어떤 이는 고지식하여 변통(變通)을 모르고 한 가지만 고집하여 들어가고, 어떤 이는 안 되는 줄 뻔히 알면서 슬쩍 위험하고 어리석은 짓을 저지르기도 한다. 이는 마치 불나방이 어리석게 촛불에 뛰어들고, 올빼미가 신선한 풀을 두고 썩은 쥐만 탐내는 것과 같다. 과연 이 세상에 불나방(부나비)이나 올빼미 같지 않은 현명한 사람이 얼마나 될까? 참으로 안타깝고 슬픈 일이다.

마음속의 부처를 찾으려거든 마음 밖의 불법(佛法)을 버려라.

(求心內佛 却心外法 구심내불 각심외법)

Why ride a donkey in search of one?
That way, you can only be a fool, never a Zen master.

It is great

To do that thing that ends all other deeds.

한 가지 일로 나머지 모든 일을 끝내는 것은 중요하다.

(Antony and Cleopatra 안토니와 클레오파트라: 5,2,4)

원문의역

- 뗏목에 오르자마자 뗏목 버릴 생각을 하면 욕심을 버린 도인이다.
- 그러나 당나귀를 타고 또 당나귀를 찾으면, 결코 깨우친 선사가 될 수 없다.

도움말

- (불교:『傳燈錄』) '마음이 곧 부처'임을 깨우치지 못한다면 그것이 바로 낙타 타고 또 낙타를 찾는 것과 같은 어리석음이다(如不了解心則是佛 那眞是騎驢又尋驢).
- (達磨祖師 - 6세기 인도 출신 승려) 나는 부처를 구하지 않고 처음부터 내 마음을 찾았다. 그래서 온누리(三界)는 텅 비어 있고 과거나 현재 미래의 삼세(三世)도 모두 아무것도 없음을 깨달았다. 불성은 마음 밖에서 얻어지는 것이 아니다. 외물(外物)을 접하여 마음이 일면 불법(佛法)에 어긋나는 죄(罪)도 함께 생겨난다(我本求心不求佛 了知三界空無物. 佛性不從心外得 心生便是罪生時).

냉정하게 일을 처리하면 뜨거운 물로 눈을 녹이는 것과 같다.

(冷靜當事 如湯消雪 냉정당사 여탕소설)

Poise eases tension like hot water melts ice.

When the lion fawns upon the lamb,
The lamb will never cease to follow him.

사자가 새끼양의 아양을 받아주면,
새끼양은 끝까지 사자를 따라다닐 것이다.

(Henry VI Part 3 헨리 6세 3부: 4,8,49)

원문의역

- 세도가들이 용처럼 날뛰고 영웅들이 호랑이처럼 다투는 권력투쟁도, 일단 냉정한 눈으로 바라보면 마치 개미가 비린내를 찾아 모여들고 파리가 다투어 피를 빠는 것처럼 어리석어 보인다.
- 벌떼처럼 시비를 가리고 고슴도치가 가시 돋우듯이 따지는 이해득실도, 일단 냉철한 마음으로 바라보면 마치 끓는 쇳물을 틀에 부어 식히고 끓는 물로 눈을 녹이는 것처럼 융화(融化)할 수 있는 것임을 알게 된다.

도움말

- (조지훈) 시비가 벌떼처럼 일고 득실 문제에 부딪쳐 어떻게 해야 좋을지 모를 때에는 거기에 휩싸여 흥분하고 당황하지 말고 냉정한 마음으로써 당하면 마치 풀무로 금을 녹이며 끓는 물로 눈을 녹이는 것처럼 쉽게 해결할 수 있을 것이다.
- (중국 명언) 오만한 사람이나 영웅호걸, 절세미인이나 천한 사람, 이 모두 죽어 결국 바싹 마른 백골이 되고 만다(傲骨俠骨 美骨賤骨 總成枯骨).

본성을 꿰뚫어 보면 스스로 성인의 경지에 도달한다.

(徹見眞性 自達聖境 철견진성 자달성경)

Do not burden yourself with worldly desires;
Explore your own true nature and enjoy life.

Frame your mind to mirth and merriment,
Which bars a thousand harms and lengthens life.

환락과 즐거움에 마음을 쏟으면,
수만 가지 위기를 넘을 수 있고, 수명도 연장된다.

(Taming of the Shrew intro 말괄량이 길들이기 서막: 2,135)

원문의역

■ 물욕(material want)에 얽매이면 삶이 슬퍼지고, 본성(true nature)에 따라 유유히 노닐면 삶이 즐거워진다.

■ 슬픔의 까닭을 알면 세상욕심(earthly desires)이 사라지고, 행복의 까닭을 알면 당신도 성인의 경지에 스스로 들어갈 수 있다.

도움말

■ (조지훈) 다 가진들 얼마나 되는 세상이랴 마는 그 가운데 조그만 물욕으로 우리가 얽매여 있다. 인생이 슬프고 하잘 것 없음이 이다지 심한가? 한편으로 생각하면 창해(滄海)의 모래알 같은 인생이건만 그대로 절로 살아가나니 인생이란 또 이렇게 즐겁고도 유유(悠悠)한 것이다.

마음속의 달이 밝으면, 물위에 비친 달도 꺼림없이 잘 보인다.

(心月開朗 水月無碍 심월개랑 수월무애)

When you have no earthly desires in your heart,

When the moon in your mind shines bright,

The moon's reflection on water looks ever more beautiful.

How quickly nature falls into revolt

When gold becomes her object!

황금이 목적이면 근친(近親)간의 골육상쟁(骨肉相爭)이 심화된다.

(Henry Ⅳ Part 2 헨리 4세 2부: 4,5,65)

원문의역

- 마음속에 털끝만큼의 물욕도 없으면, 집착(執着)은 화롯불에 눈 녹듯이 햇볕에 얼음 녹듯이 사라질 것이다.
- 눈앞에 밝은 빛이 있으면, 맑은 하늘에 떠 있는 달처럼 마음이 맑고 고요할 것이다.

도움말

- (성경: 「디모데전서」 6: 9) 부하려 하는 자들은 시험과 올무와 여러 가지 어리석고 해로운 욕심에 떨어지나니 곧 사람으로 파멸과 멸망에 따지게 하는 것이라.
- 부처의 눈(佛眼)으로 보면 세상 모든 것이 하나이고 모두 부처이다. 그러나 인간은 두 개의 눈(肉眼)을 가지고 있어 '너와 나'를 나누고 물질에 대한 욕심과 집착이 가득하다. 눈을 잠시 감아 봐라. 그러면 우주가 모두 내 속에 있음을 알 것이다. 마음속에 한 점의 물욕도 없다면 만사형통할 것이다.

자연의 정취가 짙은 곳에서 시적 영감이 절로 샘솟는다.

(野趣豊處 詩興自涌 야취풍처 시흥자용)

The beauty of mountains and forests inspires poetry.

In nature's infinite book of secrecy

A little I can read.

자연의 무한한 신비의 책을
나는 약간 읽을 수 있다.

(Antony and Cleopatra 안토니와 클레오파트라: 1,2,10)

원문의역

- 시적 영감(the inspiration of poetry)은 파능교(灞陵橋) 다리 위에 있으니, 나직이 시를 읊조리면 숲과 골짜기가 어느새 마음을 탁 트이게 한다.
- 소박한 흥취(the rustic feelings)는 경호(鏡湖) 호수와 같이 굽이진 물기슭에 있으니, 홀로 거닐면 산과 강물이 자연스레 서로 비친다.

도움말

- (조지훈) 시상(詩想)은 화려한 금전옥루(金殿玉樓)에 있지 않고 도리어 쓸쓸한 시골 길에서 일어난다. 청흥(淸興)은 화려한 주렴화동(珠簾畫棟) 속에 있지 않고 고요한 물가에 있다.
- 세 가지 삶의 큰 즐거움(人生三樂)은 문을 닫고 불경을 읽고(閉門閱佛書), 문을 열어 손님을 맞이하고(開門接佳客), 문을 나가 산과 물을 찾는 것(出門尋山水)이다. 특히 사람이 대자연의 품에서 자연과 하나가 되는 천일합일(天人合一)의 즐거움을 어찌 속세(塵世)의 부귀(富貴)에 비할 수 있겠는가?

302(후077): 오래 기다린 새가 높이 난다

미세한 조짐을 보고 전체의 추세를 꿰뚫어 보고, 정도(正道)를 지키면서 때를 기다려라.

(見微知著 守正待時 견미지저 수정대시)

The rested bird flies high;
The flower that blooms early fades early.

Too swift arrives as tardy as too slow.

급히 가는 길은 살펴가는 길보다 더디게 마련이다.

(Romeo and Juliet 로미오와 줄리엣: 2,6,15)

원문의역

■ 오랫동안 웅크리고 있는 새는 반드시 높이 날고, 먼저 피어난 꽃은 홀로 일찍 시든다.

■ 이것을 알면 사람들도 남보다 일찍 올라가려 근심하지 않고, 조급한 마음에서 벗어날 수 있다.

도움말

■ (『주역』繫辭傳下) 자벌레(inchworm)가 구부리는 것은 펴기 위함이고(尺蠖之屈 以求伸也), 용과 뱀이 엎드리는 것은 자기 몸을 보존하기 위함이다. 사물의 이치를 고요한 정신으로 깨닫는 것은 이로운 쓰임에 이르기 위함이다. 사람은 바르게 살면서 덕을 쌓는 것이 자신의 몸을 안정하여 모든 작용을 이롭게 하는 최선의 방편이다.

■ (중국 속담) 사람이 너무 일찍 트이면 자라서 평범해지기 쉽다(少時了了 大未必佳). 울지 않으면 않았지 한번 울면 세상 사람들을 깜짝 놀라게 하고, 날지 않으면 않았지 한번 날았다 하면 하늘 끝까지 박차 오르겠다(不鳴則已 一鳴驚人, 不飛則已 一飛衝天).

삼라만상은 꿈과 환상, 물거품과 그림자와 같아 잠시 머물다 사라진다.

(森羅萬象 夢幻泡影 삼라만상 몽환포영)

The nail in the coffin makes us realize that life is but an empty dream.

Thou'lt come no more,/ Never, never, never, never, never.

너는 살아서 돌아오지 않는다.

결코, 결코, 결코, 결코, 결코 돌아오지 않는다.

(King Lear 리어왕: 5,3,309)

원문의역

■ 나무는 잎이 떨어져 앙상한 가지와 뿌리만 남은 뒤에야 비로소 아름답던 꽃과 무성했던 잎사귀가 한때의 헛된 영화(榮華)였음을 알게 된다.

■ 사람은 죽어 관(棺) 뚜껑을 덮은 뒤에야 비로소 자식과 재물이 아무런 소용이 없다는 것을 알게 된다.

도움말

■ (Eckhart Tolle, 『A New Earth』) 우리의 몸은 견고(solid)한 물질이 아니라 텅 빈 공간이다. 신체의 99.99%가 텅 빈 공간(empty space)이다. 우리가 알고 있는 딱딱한 물체는 우리의 오감(五感)에 의해 만들어진 환상(an illusion)이며, 몸은 자신의 존재(who you are)에 대한 착각(a misperception)일 뿐이다.

■ (성경: 「마태복음」 6: 20) 오직 너희를 위하여 보물을 하늘에 쌓아 두라 거기는 좀이나 동록이 해하지 못하며 도둑이 구멍을 뚫지도 못하느니라.

304(후079): 세속에서 세상의 욕심을 버려라

세속에 있으면서 세상의 욕심을 버려라. 세상이 비었다 해서
완전히 빈 것은 아니다.

(在世出世 眞空不空 재세출세 진공불공)

Painful chasing worldly wants;
Painful giving up worldly wants.

My desires, like fell and cruel hounds,
E'er since pursue me.

욕망이 험악하고 잔혹한 엽견처럼 나를 쫓고 있다.

(Twelfth Night 십이야: 1,1,21)

원문의역

- 참다운 공(the true void)은 텅 비어 아무것도 없는 공(void)이 아니다. 형상(욕망)에 집착하는 것은 옳지 않지만, 그렇다고 형상을 깨뜨림도 참이 아니다.
- 석가가 말씀하시길 "세상에 몸담고 있으되 세상을 벗어나라. 욕망을 좇는 것이 고통의 원인이지만 욕망을 끊는 것도 역시 고통이다."라고 하셨으니, 이는 스스로 심신을 수양함에 달려 있다.

도움말

- (조지훈) '없는 것 같으면서 실상 그 속에 있음(有)을 갖는 것'이 진공(眞空)이고, 그를 뒤집어서 '있는 것 같으면서 실상은 없는 것'을 묘유(妙有)라고 한다. 제상(諸相)이 비상(非相)임을 봐도 틀리고, 제상이 실상(實相)이라고 해도 맞지 않다.

지위에는 귀천(貴賤)의 차이가 있을지라도 탐냄에는 차이가 없다.

(名有尊卑 貪無二致 명유존비 탐무이치)

Though people may vary in character, status or wealth,
their desires are the same.

There is no slander in an allowed fool,
though he do nothing but rail.

천하태평 바보는 아무리 악담을 해도 중상모략이라고 생각 않는다.

(Twelfth Night 십이야: 1,5,96)

원문의역

■ 의로운 선비는 아무리 큰 나라를 준다 해도 사양하지만, 탐욕스런 자는 한 푼의 돈 때문에 다툰다. 그들의 인품은 하늘과 땅 차이지만, 좋아한다는 측면에서는 명예와 이익이 다를 것이 없다.

■ 천자(emperor)는 나라를 다스리느라 애태우고, 거지(beggar)는 음식을 구걸하느라 애 태운다. 이들의 신분은 하늘과 땅 차이지만, 애태운다는 측면에서는 천자의 마음과 거지의 목소리가 다를 것이 없다.

도움말

■ (성경:「야고보서」 1: 14) 오직 각 사람이 시험을 받는 것은 자기 욕심에 끌려 미혹 됨이니.

■ 세상 사람들은 열사(烈士)는 대의명분(大義名分)이 있고 빈부(貧夫)는 사리사욕(私 利私慾)에 빠져 있다고 하겠지만, 기실은 이들 모두 자기 욕심이 있는 것이다. 열사 는 제후국을 사양하여 의롭고 강직하게 비치지만 그 이면에는 명예에 대한 탐욕이 숨어 있다. 따라서 열사도 한 푼이라도 더 얻고자 다투는 거지와 다를 바가 없다.

306(후081): 이런들 어떻고 저런들 어떠랴

비방과 칭찬, 좋고 나쁨의 평가는 모두가 세상 인심이다.

(毁譽褒貶 一任世情 훼예보폄 일임세정)

Take criticism in stride:
It is part of life.

There is no slander in an allowed fool,
though he do nothing but rail.

천하태평 바보는 아무리 악담을 늘어놓아도
중상모략이라고 생각 않는다.

(Twelfth Night 십이야: 1,5,96)

─────────────

원문의역

- 세상의 쓴맛 단맛 다 알고 나면, 비가 오든 눈이 내리든 상관하지 않는다.
- 인정이 어떤지 모두 알고 나면, 남들이 나를 소나 말이라 불러도 그저 고개만 끄덕인다.

도움말

- (조지훈) 인정이 어떤 줄을 알고 나면 소를 말이라고 하거나 콩을 팥이라고 하거나 그저 말하는 대로 따라 머리만 끄덕이고 싶어진다.
- (『장자』) 나를 소라고 부르면 소라 생각하고, 나를 말이라 부르면 말이라 여길 것이다(呼我牛也 而謂之牛, 喚我馬也 而謂之馬).
- (두보) 손을 뒤집으면 구름이 되고 손을 엎으면 비가 된다. 이처럼 어지럽고 경박한 인심은 얼마든지 있는 것이다(飜手作雲覆手雨 紛紛輕薄何須數).

지나간 생각에 얽매이지 말고, 모든 일은 인연을 따라야 한다.

(不爲念想囚系 凡事皆要隨緣 불위념상수계 범사개요수연)

Think and live in the present, not past or future.

I will set this foot of mine as far
As who goes farthest.

나는 누구보다 멀리 새 땅을 밟는다.

(Julius Caesar 줄리어스 시저: 1,3,119)

원문의역

■ 지금 사람들은 무심(no-mind)의 경지에 이르고 싶지만 끝내 잡념을 없애지 못한다.
■ 지나간 일은 마음에 담아두지 않고, 다가올 일을 미리 걱정하지 않고, 오로지 지금 이 자리에서 인연을 따라 살아라. 그러면 자신도 모르는 사이에 차츰 무심의 경지에 들어갈 것이다.

도움말

■ 지나간 일은 이미 지나갔고 오지 않은 미래는 실체가 없다. 걱정해도 소용이 없다. 지금 이 자리에서 최선을 다하는 것이 행복의 지름길이다.
■ (성경: 「마태복음」 6: 34) 그러므로 내일 일을 위하여 염려하지 말라 내일 일은 내일이 염려할 것이요 한 날의 괴로움은 그 날로 족하니라.
■ (불교:『金剛經』18分) 지나간 마음 얻을 수 없고, 현재의 마음도 얻을 수 없고, 미래의 마음도 얻을 수 없다(過去心不可得 現在心不可得 未來心不可得). 과거는 이미 사라졌고, 미래는 아직 일어나지 않았고, 현재는 가짜이다. 현실 세계는 환상이라 잡아둘 수도 파악할 수도 없다.

308(후083): 건드리면 참맛이 사라진다

자연스러움에서 참맛을 느낀다. 그러나 사람이 건드리면 본래
의 맛이 줄어든다.

(自然得眞機 造作減趣味 자연득진기 조작감취미)

Rearranging Nature makes it lose its charm.

Nature's above art.
자연은 인공(人工) 이상이다.

(King Lear 리어왕: 4,6,86)

원문의역

■ 뜻이 통해야 아름다운 경지에 이르고, 자연스런 그대로에서 참맛을 보게 된다. 그
러나 이것을 조금이라도 꾸미면 본래의 맛이 사라지고 만다.
■ 백낙천(白樂天)은 "마음은 아무 일이 없어야 편안하고, 바람은 자연스레 불어와야
상쾌하다."고 말했다. 참으로 의미 있는 말이다.

도움말

■ (조지훈) 억지로 짜내어 공교(工巧)롭게 만든 것은 맛이 없다. 어쩌다가 우연히 뜻에
맞는 것이 문득 아름다운 경지(境地)를 이룬다.
■ (『노자』 1장) 마음에 조금이라도 의도(意圖)가 있으면 만물의 변두리(boundaries)밖에
볼 수 없고, 마음을 완전히 비워야 비로소 오묘한 신비로움(mysteries)을 느낄 수 있
다(常無欲以觀其妙 常有欲以觀其徼).

스스로의 본성을 꿰뚫어볼 수 있으면 구태여 참선을 이야기할 필요가 없다.

(徹見自性 不必談禪 철견자성 불필담선)

If you realize your true nature, there is no need to expound Zen doctrine.
Live right, and you will have no regrets.

Best is best, if never intermix'd.

섞지 않으면, 최고는 언제나 최고로 남는다.

(Sonnets 소네트: 101)

원문의역

- 천성(spirit)이 맑으면 가난하게 살아도 심신이 건강해진다.
- 그러나 마음이 물욕에 빠져 혼미해지면, 비록 선(禪, Zen)을 말하고 게송(偈頌, sutra)을 풀이해도 이는 결국 정신을 조롱할 뿐이다.

도움말

- (Benjamin Franklin) 덕(virtue)은 정신(情神)의 진정한 행복을 위해 필요한 유일(唯一)한 것이며, 육체의 건강을 지키는 가장 좋은 방법이다. 덕(德)이 있고 스스로 만족하는 행위만이 행복을 가져다준다.
- (Elisabeth Kohler-Ross) 사람들은 색유리창과 같다. 태양이 비출 때는 누구나 빛나고 광채가 나지만, 어둠이 내리면 오직 내면의 불빛을 가진 사람들에게서만 진정한 아름다움이 드러난다(People are like stained glass windows. They sparkle and shine when the sun is out, but the darkness sets in, their true beauty is revealed only if there is a light from within).

마음에 물욕이 없으면 근심과 걱정이 모두 사라진다.

(心境恬淡 絕慮忘憂 심경념담 절려망우)

A liberated mind does not need worldly possessions to make it happy.

The rose looks fair, but fairer we it deem
For that sweet odor which doth in it live.

장미는 보기에 아름답다. 그러나 장미 속에 살아있는
달콤한 향기 때문에 우리는 더 아름답다고 생각한다.

(Sonnets 소네트: 54)

원문의역

- 사람의 마음에는 진실한 경지가 있어, 음악이 없어도 절로 즐겁고 향을 피우지 않아도 절로 향기롭다.
- 그러므로 자신의 생각을 맑게 하고(make your heart pure), 마음을 비우며(make your mind empty), 잡념을 잊고(forget ruminations), 육체의 존재조차 잊으라(disregard material form). 그러면 그 진실한 경지 가운데에 노닐 수 있다.

도움말

- (불교: 『般若心經』) 부처님은 우주의 만사와 만물을 이루는 다섯 가지 요소는 본래 변화할 수 없는 텅 빈 성질을 지닌 것이며 또 변화하지 않는다는 사실을 비추어 보고, 온갖 괴로움과 재앙에서 벗어날 수 있었다(照見五蘊皆空 度一切苦厄 心無罣礙).
- (성경: 「마태복음」 5: 8) 마음이 청결한 자는 복이 있나니 그들이 하나님을 볼 것임이요.

진리는 환상과 멀리 있지 않고, 고상함은 저속함과 멀리 있지 않다.

(眞不離幻 雅不離俗 진불이환 아불이속)

No truth without illusion;
No elegance without banality.

Wonder on till truth make all things plain.

진실이 모든 것을 해명할 때까지 계속 탐색하라.

(Midsummer Night's Dream 한여름 밤의 꿈: 5,1,128)

원문의역

- 금(gold)은 광석(ore)에서 나오고, 옥(jade)은 돌(stone)을 다듬어 만든다. 이렇듯 환상(illusion)이 없이는 참 진리를 구할 수 없다.
- 술잔 속에서 도를 터득하고 꽃 속에서 신선을 만났다는 이야기는 비록 멋있긴 하지만, 결코 속됨을 벗어나지는 못한다.

도움말

- (남종진) 위대함은 평범함에서 나오는 것이다. 환영(幻影)이 없으면 진실도 없는 것이다. 고아한 연꽃은 진흙탕에서 나온다. 고아한 선비도 세속의 정리(情理)를 벗어 던질 수는 없는 것이다.
- (Steve Jobs) 세상을 바꿀 수 있다고 생각할 만큼 미친 사람들이 결국 세상을 바꾸는 사람들이다(The people who are crazy enough to think they can change the world are the ones who do). 다른 것을 생각하라(Think Different).

세속적인 눈으로 보면 만물이 제각각이지만, 깨달은 마음으로
보면 모두가 하나이다.

(凡俗差別觀 道心一體觀 범속차별관 도심일체관)

To the unenlightened, everything looks different;
To the enlightened, everything looks the same.

The silence often of pure innocence
Persuades when speaking fails.

언설(言說)이 못한 것을 깨끗한 마음의 침묵이 설득한다.

(Winter's Tale 겨울이야기: 3,2,30)

원문의역

■ 세상에 온갖 사물들! 인간의 온갖 감정들! 세계의 온갖 일들! 이것들을 세속의 눈으
로 보면 제각각이지만, 깨달음의 눈으로 보면 다 하나같이 보인다.

■ 무엇 때문에 이들을 분별하고, 무엇 때문에 어떤 것은 취하고 어떤 것은 버리려 하
는가?

도움말

■ (불교: 達磨祖師) 너(慧可)는 근심·걱정을 담고 있는 네 마음을 찾아 내지 못하면서
어디에 아직도 번뇌가 있단 말인가? 마음이 있어야 번뇌도 있는 법! 마음을 비우면
온갖 근심·걱정도 절로 사라진다(心都不可得 哪里還有可得的煩惱呢? 有心才有煩
惱 無心哪來的煩惱).

■ (성경: 「마태복음」 6: 21) 네 보물 있는 그곳에는 네 마음도 있느니라.

가난하여 베옷을 입고 나물을 먹을지라도, 양생(養生)을 하여 천운을 다한다.

(布芽蔬淡 頤養天和 포아소담 이양천화)

Experience the Universe's harmony,
While wearing plain clothes and eating vegetables.

I would give all my fame for a pot of ale and safety.
맥주 한 잔과 내 몸의 안전을 위해서라면, 나는 모든 나의 명예를 버려도 좋다.

(Henry V 헨리 5세: 3,2,12)

원문의역

■ 마음이 넉넉하면 베 이불을 덮고 움집에 살아도 천지의 화평한 기운을 느끼고,
■ 입맛이 좋으면 나물국에 거친 밥을 먹어도 삶의 참맛을 안다.

도움말

■ (『논어』述而/ 雍也篇) 거친 밥 먹고 맹물 마시고 팔베개하고 누우니, 그 가운데 즐거움이 있구나. 올바르지 않게 얻은 부귀는 내게 뜬구름과 같다(不義而富且貴 於我如浮雲)./ 안회는 참 훌륭하다! 누추한 골목에서 밥 한 그릇, 물 한 사발로 끼니를 때우면서도 마음 편히 살고 있다. 다른 사람들은 그런 고통을 견디지 못하는데 안회는 변함없이 안빈낙도하고 있다(一簞食 一瓢飮 在陋巷, 人不堪其憂 回也不改其樂).
■ (성경: 「잠언」 15: 17) 채소를 먹으며 서로 사랑하는 것이 살찐 소를 먹으며 서로 미워하는 것보다 나으니라.

314(후089): 깨달으면 낙원이다

온 마음으로 깨달음을 얻으면 속세(俗世)가 바로 절간이다.

(萬心悟性 俗卽是僧 만심오성 속즉시승)

Free your mind from ignorance and temptation.

When we are born, we cry that we care come

To this great stage of fools.

우리가 태어날 때, 우리는 거대한 바보들
세상에 온 것을 알고 운다.

(King Lear 리어왕: 4,6,182)

원문의역

- 속박당하는 것도 해방되는 것도 오직 자기 마음에 달려 있다.
- 마음으로 깨달음을 얻으면 어디에 있어도 그 자리가 곧 극락정토이고, 그렇지 못하면 아무리 좋은 곳에 있어도 마귀의 방해에서 벗어나지 못하여 마음이 늘 불안하고 초조하다.
- 옛말에 "마음이 편하면 더러운 속세에서도 참 경지에 이르고, 깨우치지 못하면 절간도 속세이다."라고 하였다. 과연 옳은 말이다!

도움말

- (조지훈) 세간의 진누(塵累)에 얽매여 괴로워하는 것도 또는 이를 해탈하여 안락한 것도 다 자신의 일심(一心)에 있다. 한번 이 마음을 깨달으면 고깃간(屠肆)과 술집(糟店)에 있을지라도 그 자리가 그대로 극락정토와 다름이 없다. 만일 그렇지 못한다면 비록 거문고와 학으로 벗을 삼고 꽃과 풀을 심어서 즐겨할지라도 기호(嗜好)는 청정(淸淨)할망정 마장(魔障)에서 벗어날 수 없다.

온갖 근심 · 걱정을 떨쳐버리면 공기가 맑고 달이 밝아진다.

(斷絶思慮 光風霽月 단절사려 광풍재월)

Cast off anxiety, freshen the mind.

I am sure care's an enemy of life.

근심 · 걱정은 생명의 적이다.

(Twelfth Night 십이야: 1,3,2)

원문의역

- 온갖 근심을 떨쳐버리면, 누추하고 비좁은 방도 호화주택이 부럽지 않다.
- 진리를 깨달아 자연과 하나가 되면, 달빛 아래 있는 것만으로도 즐겁다.

도움말

- (성경: 「베드로전서」 5: 7) 너희 염려를 다 주께 맡기라 이는 그가 너희를 돌보심이라.
- (조지훈) 좁은 방일지라도 괴로운 생각만 덜어 버리면 그 모옥(茅屋)이 곧 그대로 금전옥루(金殿玉樓)다. 단청(丹靑) 올린 들보에 구름 날고 구슬 발 걷어 올려 비를 보는 경치가 무슨 아랑곳이냐. 석 잔 술 마신 후에 진심(眞心)을 스스로 얻으면 박주산채(薄酒山菜)가 미주가효(美酒佳肴)를 당한다. 달 아래 거문고 타고 바람에 젓대를 읊조리면 그만이다. 미희가무(美姬歌舞)가 무슨 천격(賤格)이냐.
- (당나라 시인 劉禹錫, 「陋室銘」) 마음이 넓게 트이면 누추한 방도 좁지 않지만, 언행이 추잡(醜雜)하면 아무리 좋은 집이라도 더럽다(心靈廣闊 陋室何陋, 言行汚穢 金屋亦髒).

316(후091): 천성은 메마른 적이 없다

대자연의 생명력은 사건이나 사물과 만나면 다시 솟아난다.

(機神觸事 應物而發 기신촉사 응물이발)

The original Nature does not wither forever;
The vigor of the spirit is sprung by external things.

Banish the canker of ambitious thoughts!

야심찬 생각, 그 해독에서 벗어나라.

(Henry VI Part 2 헨리 6세 2부: 1,1,18)

원문의역

- 고요할 때 갑자기 새소리를 들으면 그윽한 운치(delight)가 생기고, 황량한 늦가을에 홀연히 나뭇가지를 보면 무한한 생명의 움직임을 느낀다.
- 이로써 나의 본성(my original nature)은 메마른 적이 없고, 나의 생명력(my spirit)은 기회가 되면 다시 솟아나는 것을 알 수 있다.

도움말

- (한용운) 공허한 산속에 온갖 소리가 끊어져 우주만물이 침묵하는지 혹은 태어나지도 않았는지 의심스러울 만큼 적막한 가운데 갑자기 한 마리 새의 지저귐을 들으면 정신이 각성이 되고 수많은 그윽한 흥취가 일어납니다. 가을바람에 수목이 모두 스러지고 헐벗어 황량하게 된 후에 홀연히 소나무나 국화의 빼어난 자태를 보면 시야가 트이고 생기를 발동시키게 됩니다. (중략) 사람의 천성은 항상 메말라 있을 수 없고 신묘한 마음의 작용은 아주 쉽게 촉발됩니다.

몸과 마음을 잘 다스려야 자기 뜻대로 행할 수 있다.

(操持身心 收放自如 조지신심 수방자여)

Be in control of your own heart and mind;
Use them at your convenience.

What I will, I will, and there's an end.
결심이 서면 끝이 보인다.

(Two Gentlemen of Verona 베로나의 두 신사: 1,3,65)

원문의역

■ "몸과 마음을 다 내려놓고 하늘의 뜻을 따르라." 하고, 또한 "몸과 마음을 다 내려놓고 고요하게 유지하라."고도 한다.

■ 마냥 놓아만 두면 방종하고, 절제만 하면 멋없이 적막(寂寞)하기만 하니, 오로지 마음을 잘 다스려 자기 뜻대로 할 수 있어야 한다.

도움말

■ 인간의 마음이란 변덕스럽기 짝이 없다. 마음을 비우는 것도 마음의 자루를 움켜쥐지 않으면 어렵다. 마음을 중용(中庸)에 두어 내려놓아도 방종하지 않고 모아 거두어도 생기를 잃지 않도록 마음 수련을 게을리 하지 말아야 한다.

■ (성경: 「잠언」 3: 3) 인자와 진리가 네게서 떠나지 말게 하고 그것을 네 목에 매며 네 마음판에 새기라.

318(후093): 온화한 마음은 자연에서 얻는다

자연과 사람의 마음은 융화되어 하나가 된다.

(自然人心 融和一體 자연인심 융화일체)

Our human minds blend seamlessly with Nature's harmony.

Nature with a beauteous wall

Doth oft close in pollution.

겉치장한 자연의 벽은
자연을 오염시킨다.

(Twelfth Night 십이야: 1,2,48)

원문의역

■ 눈 내린 밤에 밝은 달을 보면 마음이 환하게 맑아지고, 봄날에 따뜻한 바람이 불어
오면 마음이 절로 부드러워진다.

■ 이렇게 하여 사람의 마음과 대자연은 구별이 없이 혼연일체가 된다.

도움말

■ (조지훈) 사람을 작은 우주라 부른다. 우주의 한 분신이면서 사람은 그 우주의 모든
작용을 줄여서 지니고 있다. 그러므로 천지간의 만상의 변화는 그대로 사람의 신심
(身心)에 조응하여 자연과 인간의 구별이 없어진다.

■ (『노자』 42장) 도(道)가 하나(太極)를 낳고, 하나가 둘(陰陽)을 낳고, 둘이 서로 모순
과 충돌작용에 따라 새로운 것(第三者)을 만들고, 우주만물도 만들었다. 따라서 만
물의 하나인 인간도 천지간의 만상(萬象)과 불가분의 관계를 가지며, 음양(陰陽)의
상생상극(相生相剋) 작용에 따라 지친 새가 둥지로 돌아가듯 인간도 결국 대자연과
합일(天人合一)한다.

기교(技巧)를 부리지 말고 우둔하게 일을 진행하라.

(不弄技巧 以拙爲進 불롱기교 이졸위진)

Find meaning in mistakes and roughness;
What lacks subtlety is often rich in meaning.

What is pomp, rule, reign, but earth and dust?

허식과 지배와 통치는 흙이요, 먼지가 아닌가?

(Henry VI Part 3 헨리 6세 3부: 5,2,27)

원문의역

■ 글을 쓸 때는 꾸미지 않아야 하고, 도(道)를 닦을 때는 바보처럼 순박해야 한다. 이렇게 꾸미지 않고 바보스럽다는 의미의 '졸(拙)'자는 무궁한 가치를 가지고 있다.

■ 예를 들어 "복사꽃 핀 마을엔 개들이 짖고, 뽕밭 사이에서 닭들이 운다."는 순박하지만, "차가운 연못에 비친 달, 고목에서 우는 까마귀"라고 하면 어쩐지 어색한 느낌이 든다.

도움말

■ (조지훈) 글과 도(道)와 사람은 능란한 것보다 졸(拙)한 것을 높게 친다. 능한 것은 속되기 쉽고 아(雅)한 것은 졸(拙)에 가깝기 때문이다. 개, 닭은 사람 사는 곳에 있는 것이어늘 신선 사는 도원(桃園)에 개가 짖고 닭이 운다는 것은 얼마나 순박한가(陶淵明의 桃花源記).

■ 가장 훌륭하다는 평가를 받고 있는 스티브 잡스(Steve Jobs)의 스탠포드대학 졸업식 연설(2005.6)은 'Today, I want to tell you three stories from my life. That's it. No big deal. Just three stories.' 라고 아주 순박한 자신의 이야기로 시작한다. 사람들은 강연(lecture)이 아닌 이야기(story)를 듣고 싶어 한다.

320(후095): 자신의 북소리를 들어라

자신의 의지로 사물을 부리면 아무런 얽매임 없이 자유롭다.

(以我轉物 逍遙自在 이아전물 소요자재)

Liberate yourself: Make things work for you;
Do not delight in successes or worry about failures.

Where is truth, if there be no self-trust.
자신에 대한 믿음이 없으면 진실은 없다.

(Rape of Lucrece 류크리스의 강탈: 158)

원문의역

- 자신의 의지로 사물을 부리면 세상을 마음껏 노닐 수 있다. 이는 얻어도 기뻐하지 아니하고 또 무엇을 잃어도 걱정하지 않기 때문이다.
- 사물에 지배당하면 조그만 것에도 얽매이게 된다. 이는 뜻대로 되지 않으면 미워하고 뜻대로 되면 애착을 갖기 때문이다.

도움말

- (한용운) 자신이 주체가 되어 외부사물을 변화시키는 사람은 (중략) 광대한 대지에 소요자재 합니다. 그것은 사물이 다가오면 얻고 사물이 떠나면 잃는 식으로 득실을 사물에 일임해서 마음속에 희비를 갖지 않기 때문입니다. 이와 반대로 사물을 위해 나를 사역하는 사람은 사물의 조종을 받아 역경에 처하면 원망하고 순경에 처하면 애착을 느껴 사소한 일에도 얽매입니다. 이같이 사물에 대한 집착 때문에 외부의 여건에 따라 마음속에 애증이 생깁니다.
- (불교: 『般若心經』) 모든 사물은 그 본질이 텅 비어 있기에, 생겨나지도 않고 사라지지도 않고, 더럽지도 않고 깨끗하지도 않으며, 늘어나지도 않고 줄어들지도 않는다 (是諸法空相 不生不滅 不垢不淨 不增不減).

형체와 그림자가 모두 사라지면, 온 마음이 비워진다.

(形影皆去 心境皆空 형영개거 심경개공)

Processes build results;
Spiritual realms form minds.

Good pasture makes fat sheep.

비옥한 목장이 살찐 양을 키운다.

(As You Like It 당신이 좋으실 대로: 3,2,27)

원문의역

- 본질(principle)이 고요하면 형상(phenomena)도 고요해진다. 그런데 형상을 버리고 본질만 잡으려는 것은 형체(form)를 그대로 두고 그 그림자만 없애려 함과 같다.
- 마음(mind)을 비우면 외물(externals)에 대한 집착도 없어진다. 그런데 마음은 비우지 않고 집착을 없애려는 것은 비린내 나는 고깃덩어리를 모아 놓고 쇠파리를 쫓으려는 것과 같이 어리석다.

도움말

- 형체를 없애면 그 그림자도 함께 없어진다. 마음을 비우거나 생각을 깨끗하고 바르게 가지면 모든 걱정거리도 함께 사라진다. 그런데 마음은 비우지 않고 단지 번뇌만 끊으려 한다면 이는 본말이 전도(本末顚倒)된 것이다. 세상사란 원래 서로 연결되어 있다. 분리할 수 없다. 사람도 사회 현실을 완전히 초탈하여 신선이 될 수 없다. 달이 그림자를 만들었고, 그림자가 없으면 달도 없는 것과 같은 이치이다.
- (성경: 「마태복음」 12: 34) 독사의 자식들아 너희는 악하니 어떻게 선한 말을 할 수 있느냐. 이는 마음에 가득한 것을 입으로 말함이라.

322(후097): 줄 없는 거문고를 켜라

되어가는 대로 내맡겨 두면 모든 일이 편안하고 즐겁다.

(任其自然 萬事安樂 임기자연 만사안락)

Living according to Nature's course is better than flashing pomp and circumstance.

Let every eye negotiate for itself.
And trust no agent.

제 삼자의 중개를 믿지 말고
서로 눈을 마주치면서 협상하라.

(Much Ado About Nothing 헛소동: 2,1,178)

원문의역

- 산속 은둔자들은 자신들의 맑은 흥취에 따라 편안하고 즐겁게 지낸다.
- 술은 무리하게 권하지 않고, 바둑은 승부를 다투지 않고, 피리는 음정을 따지지 않아도 노래가 되고, 거문고는 현에 상관없이 우아하고, 만남은 서로 얽매이지 않아 진실하고, 손님은 예절을 차리지 않아도 된다.
- 그러나 일단 겉치레나 형식에 얽매이면 속세의 고통바다로 추락한다.

도움말

- (조지훈) 숨어서 사는 사람은 남으로 더불어 이해득실을 지님이 없으니 무슨 형식적인 아유구용(阿諛苟容)이 있을 까닭이 없다. 진실한 마음 그대로면 족할 뿐 형식을 차리는 것이 번거롭고 폐스럽고 욕되고 가식되기가 쉽기 때문이다. 제 마음과 제 분수에 맡겨서 자연에 융합하는 것 이것이 은자(隱者)의 청흥(淸興)이다.
- 땅에서는 걷고 물에서는 배 젓는 것이 자연스럽고 편안하다. 왜냐하면 이것이 바로 하늘이 인간에게 내려준 본성(本性)이기 때문이다.

죽은 뒤의 모습을 생각하면 온갖 생각들이 재처럼 차갑게 식을 것이다.

(思及生死 萬念灰冷 사급생사 만념회냉)

Realize that we come from nothing and return to nothing;
Then, your myriad thoughts will turn into cold ashes.

Imperious Caesar, dead and turned to clay,

Might stop a hole to keep the wind away.

황제 시저도 죽어서 흙이 되어
바람막이 흙이 되어 바람구멍 막는다.

(Hamlet 햄릿: 5,1,215)

원문의역

■ 한 번쯤은 이 몸이 태어나기 전에 어떤 모습이었고 또한 죽은 뒤에는 어떻게 될까를 생각해 봐라.
■ 그러면 온갖 생각이 사라져서 식은 재와 같아지고, 스스로 만물 밖에 초월하여 태초의 고요한 경지에서 노닐 것이다.

도움말

■ (조지훈) 이 몸이 태어나기 전을 생각해 보라. 어떠한 모습이었을꼬. 또 이미 죽은 뒤를 생각하라. 무슨 꼴이 될 것인가. (중략) 영웅도 미인도 다 북망산의 한 줌의 흙이 아닌가, 그러니 미생(未生) 이전과 기사(旣死) 이후를 어찌 구별할 수 있으리요.
■ (Steve Jobs: 1955~2011) 나는 죽음이 '삶의 가장 훌륭한 발명품(the most wonderful invention of life)'이라 생각한다. 죽음은 쓸모없어진 낡은 모델(models)을 깨끗이 제거해준다. 이것이야말로 애플이 진정 도전해볼 만한 것 중 하나(one of Apple's challenges)일 것이다.

지혜가 뛰어난 사람은 일의 기미(機微)를 미리 꿰뚫어본다.

(卓智之人 洞燭機先 탁지지인 통촉기선)

Life is the cause of death;
Greed is the root of calamity.

Every why hath a wherefore.
세상만사 의문에는 원인이 있다.

(Comedy of Errors 실수연발: 2,2,44)

원문의역

■ 병이 들고서야 건강이 보배인 줄 알고, 난리를 당하고서야 평화를 행복이라고 생각하는 것은 현명하지 않다.

■ 복을 바라는 것이 재앙의 뿌리이고, 삶을 탐하는 것이 죽음의 원인이라는 것을 미리 알아야 한다. 이것이 뛰어난 탁견(卓見)이다.

도움말

■ (성경: 「야고보서」 1: 15) 욕심이 잉태한즉 죄를 낳고 죄가 장성한즉 사망을 낳느니라.

■ 건강을 보배로 알고 병이 들기 전에, 평화가 행복인 줄 알고 난리를 당하기 전에, 미리 알아서 대비하는 것이 현명하다. 건강할 때 자기 몸을 사랑하고 아껴라. 병이 들고서 건강을 관리하는 것은 소 잃고 외양간 고치는 격이다. 또한 욕심을 부리거나 요행을 바라지 마라. 노자(58장)는 '그 요행에 필시 화가 숨어 있다(福兮 禍之所伏).' 고 하였으니, 이것이 재앙의 근본이고 죽음의 원인이 될 수 있다.

이기고 지는 것과 아름답고 추한 것은 모두 일시적 허상이다.

(雌雄妍醜 一時假相 자웅연추 일시가상)

Beauty and ugliness, victory and defeat are all mere transitory states.

All is fortune.

모든 것은 운명이다.

(Twelfth Night 십이야: 2,5,23)

원문의역

■ 배우는 곱게도, 밉게도 분장한다. 그러나 연극이 끝나면 그 곱고 미운 것이 모두 사라진다.

■ 바둑은 바둑돌로 승패를 겨룬다. 그러나 막상 게임이 끝나면 그 이기고 지는 것도 끝이 난다.

도움말

■ 인생(人生)은 한 토막 연극! 우리는 그 무대에 선 꼭두각시! 자신이 맡은 연극이 끝났을 때의 공허감(空虛感)을 생각해 보면 속세(俗世)의 시비(是非)와 득실(得失)이 모두 소용이 없음을 알게 될 것이니, 구차하게 명리(名利)나 권력(權力)에 너무 집착하지 말라.

■ (양성희) 요염하고 아름다운 청춘은 쉽게 사라진다. 순식간에 검은머리는 백발이 되고 소녀는 노파가 된다. 부귀영화는 쉽게 사라진다. (중략) 최소한 사전에 이런 상황을 초월할 수 있는 방법이 필요하다. 그러나 사람들은 늙어 죽기 전에야 이 점을 깨닫게 되니 그때는 이미 늦은 뒤다. 옳고 그름, 공과 과실은 다른 사람이 평가하도록 해야 한다. 이 세상을 살아가는 모든 사람은 결국 최후에는 심판을 받는 입장이 된다.

326(후101): 고요한 마음으로 한가롭게 살아라

자연의 진정한 정취(情趣)는 마음이 고요하고 여유로운 사람만
이 느낄 수 있다.

(自然眞趣 閒靜可得 자연진취 한정가득)

Relax your mind;
Enjoy the wind, moonlight, trees and soil.

When the mind's free,
The body's delicate.

마음이 편하면 몸도 즐겁다.

(King Lear 리어왕: 3,4,11)

원문의역

- 바람과 꽃, 눈과 달빛, 이들의 깨끗하고 맑은 맛은 마음이 고요한 사람만이 즐길 수 있고,
- 산수(山水)와 수목(樹木)이 무성했다 시들고, 대나무와 돌이 제 모습을 바꿔가는 자연현상은 한가로운 사람만이 느낄 수 있다.

도움말

- (조지훈) 풍화설월(風花雪月)의 깨끗하고 맑은 맛은 아무나 보고 듣고 느낄 수 있건마는 사람마다 그 맛을 느끼지 못하나니 오직 마음이 고요한 자만이 그 임자가 된다. 수목죽석(水木竹石)의 무성하고 메마름은 이 또한 사람마다 보고 느낄 수 있건만 속사(俗事)에 바쁜 사람은 볼 겨를이 없나니 마음 한가로운 이가 홀로 제 것처럼 즐긴다.

천성을 온전히 지키고 욕심을 줄이면 평범할지라도 신선과 같다.

(天全欲淡 雖凡亦仙 천전욕담 수범역선)

Preserve your good nature;
Let go of your desires.

His heart and hand both open and both free,
For what he has he gives, what he thinks he shows.

그의 마음과 손은 열려있고 자유롭다.
그는 갖고 있는 것을 주고, 생각하고 있는 것을 보여준다.

(Troilus and Cressida 트로일러스와 크레시다: 4,5,100)

원문의역

- 시골 사람들은 닭고기와 막걸리를 애기하면 기뻐하지만 고급요리는 모르고, 무명 옷과 베잠방이를 애기하면 좋아하지만 귀한 옷은 모른다.
- 이것은 그들의 천성이 온전하고 욕심이 없기 때문이다. 이것이 인생 제일의 경지 이다.

도움말

- (조지훈) 마음이 맑아 욕심이 적으면 오래 산다는 말이 있다. 분수에 편안하고 족함 을 아는 것, 이것이 인생 제일의 자리가 아니냐.
- (성경: 「빌립보서」 4: 4) 주 안에서 항상 기뻐하라 내가 다시 말하노니 기뻐하라.
- (『노자』 3장) 현인을 숭상하면 백성들이 서로 다투고, 얻기 어려운 재화를 귀하게 여 기면 도둑이 생기며, 욕심낼 것을 보이면 백성의 마음이 어지러워진다. 그 마음을 비우고 그 근본(腹)을 채워라(虛其心·實其腹).

328(후103): 내가 바로 부처이다

내 참 모습이 바로 부처인데 어찌 마음속을 살피려 하는가?

(本眞則佛 何待觀心 본진즉불 하대관심)

No need to look for Buddha:
He is everywhere.

What's mine is yours, and what is yours is mine.

나의 것은 너의 것, 너의 것은 나의 것.

(Measure for Measure 자에는 자로: 5,1,540)

───────

원문의역

- 마음에 망념이 없는데 어떻게 그 마음을 볼 수 있느냐? 마음을 본다는 불교의 관심법(觀心法)도 오히려 수행(修行)에 장애만 될 뿐이다.
- 만물은 본래 하나인데 어떻게 고르게 하겠는가? 만물을 고르게 하라는 『장자』의 제물론(齊物論)도 결국은 하나를 갈라놓을 뿐이다.

도움말

- (『장자』齊物論) 일체의 사물은 본래 하나(物本一物)로서, 우리가 인식하고 있는 시비(是非), 물아(物我), 피차(彼此)도 절대적 표준이 없고 동일하다. 따라서 굳이 나누거나 가지런히 한다는 것(齊是非 齊物我 齊彼此)은 부질없는 일이다. 부처와 장자에게는 삶과 죽음도 결국 동일(同一)한 것이다.
- (William Wilson의 英譯) The True Mind is free from distracting thoughts, so why should we look into it? Shakamuni's comment that we should observe the Mind only heaps up obstructions. All things originally being One, why should we have them be equal? Chuang Tzhu's comment about the equality of all things itself divides their uniformity.

흥취(興趣)가 다하기를 기다리지 말고, 적당할 때 멈춰라.

(勿待興盡 適可以止 물대흥진 적가이지)

Know when to stop;
Then you are in no danger.

I could be well content

To entertain the lag end of my life/ With quiet hours.

나는 만년의 고요한 시간을 보내면서 만족스런 생활을 하고 있다.

(Henry Ⅳ Part 1 헨리 4세 1부: 5,1,23)

―――――――――

원문의역

■ 피리소리 노랫소리 무르익었을 때 스스로 옷자락을 떨치고 자리를 뜨라. 이것은 손을 놓고 벼랑을 노니는 달인(達人)처럼 부러운 일이다.

■ 시간이 다 지났으면 서성이지 말고 집으로 돌아가라. 밤길을 서성이는 것은 속된 선비가 고통의 바다에 몸을 담그는 것처럼 우스운 일이다.

도움말

■ (『노자』 32장) 권세를 부리는 것도 명성 때문이니, 명성을 얻었으면 물러날 줄도 알아야 한다. 멈출 줄 알아야 위태롭지 않다(始制有名 名亦既有 夫亦將知止 知止 可以不殆).

■ (산암 邊時淵) 사람은 분수를 알고(知分), 만족할 줄 알고(知足), 그칠 줄 알아야(知止) 한다. 그런데 사람들은 인간이 지니고 있는 깊은 죄성(罪性) 때문에 '그칠 줄 아는 삶'이 이뤄지기 쉽지 않다.

■ (남종진) 인간은 성공하든 실패하든 백년이 지나면 모두 사라져 버린다. 생명의 진정한 모습에 통달한 사람은 결정적인 순간에 자신의 마음을 다잡아 자신으로 하여금 고통의 늪에 빠져 들지 않게 한다.

330(후105): 외뿔소처럼 묵묵히 홀로 가라

수행할 때는 속세에서 발길을 끊어야 하고, 진리를 깨달은 후에는 다시 세상에 발을 들여 놓아야 한다.

(修行絶塵 悟道涉俗 수행절진 오도섭속)

Build a strong inner foundation;
Then take on the world.

I tell my sorrows to the stones.

나는 슬픔을 돌에다 대고 말한다.

(Titus Andronicus 타이타스 안드로니커스: 3,1,37)

원문의역

- 마음을 다잡지 못했거든 속세와 인연을 끊어라. 욕심낼 만한 것을 보지 않고 방해도 받지 않아야 고요한 본성(本性)을 깨달을 수 있다.
- 마음을 다잡았으면 다시 속세에 돌아와라. 욕심낼 만한 것도 보고 흔들리지 않아야 원만하고 질박(質朴)한 본성을 배양할 수 있다.

도움말

- 세상의 어떤 것도 생겨나서 머물다 사라지는 하늘의 뜻을 거역할 수 없는데 잠시 머물다 가는 미물(微物)인 인간이 어찌 감히 희로애락(喜怒哀樂)과 생로병사(生老病死)의 과정을 피하려 하는가? 피하려 하지 말고 두려워 하지도 말라. 좋아하는 사람도 두지 말고 싫어하는 사람도 두지 말라. '외뿔소의 뿔처럼 묵묵히 홀로 가라.' 괴로움도, 싫어하는 사람을 만나는 괴로움도 모두 없을 것이다.
- (이석호) 인생의 행복과 불행은 마음에 달려 있는 것이다. 욕심이 불길 같으면 자신을 망쳐 지옥으로 떨어지지만, 마음에 한번 크게 깨달으면 욕심의 불길도 싹 사라지고 극락세계에도 갈 수 있다.

남과 나를 하나로 보고, 움직임과 고요함을 둘로 보지 말라.

(人我一視 動靜兩忘 인아일시 동정양망)

I am at one with others;
I do not distinguish between movement and stillness.

His face was as the heavens, and therein stuck
A sun and moon, which kept their course and lighted
The little, O, the earth.

그의 얼굴은 하늘과 같았다. 그 얼굴에는
태양과 달이 있고, 제 각기 궤도를 돌면서
작은 O형(型)의 지구를 비추고 있었다.

(Antony and Cleopatra 안토니와 클레오파트라: 5,2,79)

원문의역

■ 고요함을 좋아하고 소란함을 싫어하더라도 남과의 만남을 기피해서는 안 된다. 기피하면 집착에 빠지고, 고요함에 집착하면 더 초조해진다.
■ 남과 나를 하나로 보고, 움직임과 고요함을 둘로 보지 않아야, 비로소 고요하고 편안한 경지에 이를 수 있다.

도움말

■ 사회적 동물(social animal)인 인간은 사람을 만나지 않고는 살 수 없다. 설사 만나고 싶지 않은 사람이 있어도 마냥 피할 수만은 없다. 공자께서는 '모든 사람을 똑같이 사랑하라(一視而同仁).' 하셨고, 예수님(「누가복음」 10: 27)은 사람을 편애하지 말고 '네 이웃을 네 자신같이 사랑하라.' 하셨다. 사랑해야 자신도 행복하고 가는 곳마다 반갑고 좋은 사람을 만날 것이다.

332(후107): 산에 있으면 마음이 맑아진다

산에 있으면 마음이 맑고 아름답지만, 속세로 돌아오면 이내 저속해진다.

(山居淸麗 入都俗氣 산거청려 입도속기)

At ease in the mountains;
Tense in the city.

We'll higher to the mountains; there secure us,
To the king's party there's no going;
산으로 가자, 그 곳이 안전하다. 왕의 측근에 끼어들 수는 없다.

(Cymbeline 심벨린: 4,4,8)

원문의역
- 산속에 살면 가슴이 맑고 시원하여 마주치는 것마다 모두 즐겁다.
- 외로운 구름과 학을 보니 속세를 벗어난 느낌이, 시냇물을 건널 때는 먼지를 씻어낸 느낌이 들었다. 또한 전나무와 겨울 매화를 어루만지니 절개가 우뚝 서고, 갈매기와 사슴을 벗삼으니 번거로운 마음이 사라진다.
- 그러나 막상 속세로 돌아오니, 초연하려 해도 다시 괴롭고 우울해지는구나.

도움말
- (조지훈) 산속에 살면 가슴속이 맑아진다. 보고 듣는 것이 모두 환히 비취는지라, 어느 것 하나 공부 아님이 없다. (중략) 만일 이 산속을 떠나 한번 시끄러운 저자에 들어가면 비록 외계의 사물과 접촉을 없이 한다 해도 제 몸이 한갓 사마귀 아니면 면류관의 수술같이 되고 말리라.

사물과 내가 하나로 합쳐지니 구름이 머물고 새도 벗이 된다.

(物我合一 雲留鳥伴 물아합일 운유조반)

Become one with Nature, and clouds will stop to greet you;
Birds will become your friends.

Thou wilt be a wilderness again,
Peopled with wolves, thy old inhabitants!

그대는 다시금 늑대들이 살고 있는 광야와 함 몸이 되었네.

(Henry Ⅳ Part 2 헨리 4세 2부: 4,5,136)

원문의역

- 마음이 즐거워 풀밭을 맨발로 한가로이 거니니, 새들도 겁 없이 다가와 벗이 되고,
- 경치가 좋아 떨어지는 꽃 아래 우두커니 앉아 있으니, 구름도 말없이 곁에 머문다.

도움말

- 법정(法頂) 스님은 어떤 사물을 가까이 하면 은연중에 그 사물을 닮아간다고 하셨다. 아름다운 꽃을 가까이 하면 나도 꽃이 되고, 즐겁게 노래하는 새들을 사랑하면 나도 한 마리 새가 된다는 것이다. 또한 아름다운 풍경 속에서 지내면 나 또한 풍경이 될 것이니 이것이 물아일치(物我一致)의 경지이다.
- (이해인, 「내 안에서 크는 산」) 좋아하면 할수록/ 산은 조금씩 더/ 내 안에서 크고 있다.// 엄마/ 한 번 불러보고/ 하느님/ 한 번 불러보고/ 친구의 이름도 더러 부르면서/ 산에 오르는 날이/ 많아질수록/ 나는 조금씩 산을 닮아 가는 것일까?// 하늘과 바다를 가까이 두고/ 산처럼 높이/ 솟아오르고 싶은 걸 보면// 산처럼 많은 말을 하지 않고도/ 늘 기쁜 걸 보면

334(후109): 행복의 샘터는 마음이다

화(禍)와 복(福), 고난과 즐거움은 모두 생각의 차이다.

(禍福苦樂 一念之差 화복고락 일념지착)

Fortune and misfortune, happiness and pain:
All creations of the mind.

Live a little, comfort a little,
Cheer thyself a little.

간소하게 살자, 덜 편하게 살자, 자신을 약간은 격려하면서 살자.

(As You Like It 당신이 좋으실 대로: 2,6,5)

원문의역

- 사람의 행복과 불행은 모두 자신의 생각이 만드는 것이다.
- 석가모니 부처님은 "욕심이 지나치면 스스로 불구덩이로 들어가고, 애착(貪愛)이 지나치면 스스로 고통의 바다로 빠져들지만, 마음이 맑으면 불구덩이도 연못이 되고, 마음을 깨우치면 고해(苦海)에서도 벗어날 수 있다."고 말씀하셨다.
- 이처럼 생각을 조금만 바꿔도(one shift in thought) 세상이 확연히 달라진다. 어찌 신중하지 않을 수 있겠는가?

도움말

- 일체 모든 것은 오로지 마음이 만든다(一切唯心造). 행복과 불행의 경계도 모두 마음의 작용이 만들어 낸다. 사람의 일생이 행복한지 참담한지, 세상이 아름다운지 미운지도 전적으로 자신의 주관적 생각에 달려 있다(善惡皆由心生). 이와 같이, 사람의 생각과 마음이 조금만 달라져도 그 경계는 확연히 달라지는 법이니, 마음을 조금씩이라도 비워나가야 한다. 인간으로서 욕망을 모두 버릴 순 없더라도 그 욕심이 자신의 분수를 넘지 않도록 삼가 조심해야 할 것이다.
- (성경: 「잠언」 14: 30) 평온한 마음은 육신의 생명이나 시기는 뼈를 썩게 하느니라.

많은 시간과 노력을 들이면 쇠공이를 갈아 바늘로 만들 수 있다.

(只要功夫深 鐵杵磨成針 지요공부심 철저마성침)

Water grinds stone;

Melons ripen and slip off the vine.

When waterdrops have worn the stones of Troy…

물방울이 트로이성벽을 마모시킬 때…

(Troilus and Cressida 트로일러스와 크레시다: 3,2,186)

원문의역

■ 새끼줄이 나무를 자르고 물방울이 돌을 뚫듯이, 도를 연마하는 사람은 꾸준히 힘써야 한다.

■ 물이 모이면 시냇물이 되고 참외가 익으면 꼭지가 떨어지듯이, 도를 얻으려는 사람은 모든 것을 하늘의 뜻에 맡겨야 한다.

도움말

■ 꾸준히 노력하는 사람만이 소기의 목적을 달성할 수 있다. 노력하는 과정은 사람의 몫이고, 결과는 하늘의 뜻이다. 그래서 사람은 매사에 최선을 다 하고 그 다음은 하늘의 뜻을 기다려야 한다(盡人事待天命). 언제 최선을 다해야 하는가? 그것은 처음부터이고 매순간 순간이다. 천리 길도 한 걸음부터(千里之行始於脚下)이니 시작부터 열정을 가지고 최선을 다하라. 그러면 스티브 잡스(Steve Jobs)의 말과 같이 여정 자체가 보상이 될 것이다. 하늘도 최선을 다하는 자를 돕는다고 하지 않았는가.

■ (『순자』 勸學篇) 한 걸음이 쌓이지 않으면 천리 길을 갈 수 없고, 작은 물을 쌓이지 않으면 강과 바다를 이룰 수 없다(不積蹞步 無以至千里, 不積小流 無以成江海).

336(후111): 마음이 넓으면 세상이 조용하다

욕심을 없애고 마음을 깨끗이 하면 달이 뜨고 바람도 불어온다.

(機息心淸 月到風來 기식심청 월도풍래)

Let go of greed, clear the mind;
Clear the mind, feel the moon and wind.

Soft slow tongue is the true mark of modesty.

부드럽고 느린 말투는 겸양의 진정한 표시이다.

(Rape of Lucrece 루크리스의 겁탈: 1220)

원문의역

- 인간 세상이 고통의 바다인 것만은 아니다. 마음을 잠재우면 밝은 달이 뜨고 맑은 바람이 부는 즐거움을 느낄 수 있다.
- 구태여 산속에 파묻혀 살 필요는 없다. 욕심을 떨쳐버리면 저절로 속세의 번뇌에서 벗어날 수 있다.

도움말

- (안길환) 끊임없는 근심과 걱정이 있더라도, 가끔은 가슴을 넓게 펴고 푸른 하늘을 올려다보면서 욕심을 떨쳐보려고 노력해 보라. 그러면 마음이 속세의 번뇌에서 벗어나고 나름대로 호연지기(浩然之氣)를 기를 터인즉, 굳이 산림 속에 파묻힐 필요도 없는 것이다.
- (양성희) 마음을 쉬게 하면 청풍명월을 느낄 수 있고 마음을 넓게 하면 모든 소음이 사라진다. 인생의 진정한 경지는 마치 한 폭의 드넓은 산수화와 같다. 고요하고 평안하며 험악한 기운이 없는 가운데 구름과 안개가 뽀얗게 인다. 이러한 풍경화도 결국 사람들이 지닌 감정에 좌우된다. 사람들은 왜 자연 속에서 유유자적하는 것을 좋아할까? 아마 자연 속에서 활기차고 유쾌한 심경을 얻을 수 있기 때문일 것이다.

낙엽이 쌓여 씨앗을 틔우고, 생명의 기운은 죽음에 숨어 있다.

(落葉蘊育萌芽 生機藏於肅殺 낙엽온육맹아 생기장어숙살)

Decay breeds life;
Fallen leaves fertilize seeds.

God will in justice, ward you as his soldiers;

하느님은 정의로운 군인이 되어 여러분을 보호할 것입니다.

(Richard III 리차드 3세: 5,3,255)

원문의역

■ 초목은 시들지만 그 뿌리에서 새싹이 돋아나고, 계절은 추운 겨울이지만 어느새 따뜻한 봄기운이 돌아온다.

■ 만물은 죽어도 그 가운데에 되살아남의 의미를 항상 품었으니, 이로써 천지의 마음을 볼 수 있다.

도움말

■ (남종진) 하늘은 사람의 길을 끊지 않고, 사물의 이치를 끊지도 않는다. 흔히 "삶이 있으면 반드시 죽음이 있고 죽음이 있으면 반드시 삶이 있다(有生必有死 有死必有生)."고 한다. 천지만물은 이처럼 꼬리를 물고 일어난다.

■ (팝송-〈The Rose〉) 나는 사랑이 꽃이고 당신이 유일한 씨앗이라고 말한다. (중략) 겨울동안 차가운 눈 밑에 씨앗이 묻혀 있다가 봄이 되면 햇살의 사랑으로 피어나 장미가 되듯이, 사랑의 씨앗은 어려움을 극복하고 한 송이 장미로 피어날 것이다(I say love it is a flower and you it's only seed./ ··· Just remember in the winter/ Far beneath the bitter snows/ Lies the seed that with the sun's love/ In the spring becomes the rose).

338(후113): 비갠 뒤의 산은 더욱 선명하다

비 온 뒤의 산 빛은 더욱 선명하고, 고요한 밤의 종소리는 한결
맑다.

(雨後山色鮮 靜夜鐘聲清 우후산색선 정야종성청)

The mountain is most beautiful after the rainfall;
The bell tolls most profoundly in quiet darkness.

Unstain'd thoughts do seldom dream on evil.

깨끗한 마음은 악을 꿈꾸는 일이 드물다.

(Rape of Lucrece 루크리스의 겁탈: 87)

원문의역

- 비갠 뒤에 산빛을 바라보면 그 경치가 더욱 참신하게 느껴지고,
- 고요한 밤에 종소리를 들으면 그 소리가 한결 청아하다.

도움말

- 사물을 보는 눈은 사람마다 다르고 상황에 따라 다르다. 정신을 청아하게 지니면
  보는 것이 새로워지고, 듣는 것이 맑아진다. 속된 생각을 씻어 버리고 고요히 지내
  면 마음이 새로워지고 한결 더 맑아질 것이다. 삶의 역정(歷程)도 마찬가지이다. 사
  회생활에서 풍파를 한 차례 겪은 사람은 그 아픔을 통해서 원숙해질 수 있다. 좌절
  과 실패에 대한 두려움을 갖지 마라. 이것은 누구나 겪는 일이고, 큰 업적을 남긴 사
  람 중에 이것을 겪지 않은 사람은 없다.

높은 곳에 오르면 마음이 넓어지고, 흐르는 물을 바라보면 뜻
이 원대(遠大)해진다.

(登高心曠 臨流意遠 등고심광 임류의원)

Books are most moving on snowy nights;
The mind expands on mountain tops.

O, it is excellent

To have a giant's strength; but it is tyrannous

To use it like a giant.

거인의 힘을 갖는 것은 좋다. 그러나 그 힘을
거인처럼 함부로 사용하는 것은 폭력이다.

(Measure for Measure 자에는 자로: 2,2,106)

원문의역

■ 높은 곳에 오르면 마음이 넓어지고(expand), 흐르는 물을 바라보고 있으면 뜻이 뻗어
나간다(extend).

■ 눈이나 비가 오는 밤에 책을 읽으면 정신이 맑아지고(purify), 언덕 위에서 유유히
휘파람을 불면 흥취가 고조된다(invigorate).

도움말

■ (『맹자』) "공자께서는 동산(東山)에 올라가니 노(魯)나라 땅이 작아 보이고, 태산(泰
山)에 올라가니 천하가 작아 보였다(孔子登東山而小魯 登泰山而小天下)."고 하셨다.
인간도 자기중심의 옹졸함을 버리면 무한히 크고 고매한 기(氣)를 찾을 수 있다. 이
호연지기(浩然之氣)를 키워야 큰 사람이 될 수 있다.

340(후115): 황금 보기를 돌같이 하라

많은 녹봉(祿俸)과 한 올의 머리털을 어떻게 여기느냐는 마음먹기에 달렸다.

(萬鐘一髮 存乎一心 만종일발 존호일심)

Without a giving heart, a single strand of hair feels as heavy as a wagon wheel.

What my tongue dares not, that my heart shall say.
입으로 말 못하는 것을 탁 트인 마음은 말한다.

(Richard II 리차드 2세: 5,5,97)

원문의역

- 마음이 넓으면 많은 녹봉(salary)도 질항아리(earthen pot)같이 하찮게 보이고,
- 마음이 옹졸하면 한 올의 머리카락도 수레바퀴같이 대단하게 보인다.

도움말

- 고려의 무신 최영(崔瑩, 1316~1388)은 "황금 보기를 돌같이 하라(見金如石)!"는 아버지의 유훈(遺訓)을 평생토록 명심하여 사사로운 명리(名利)를 따지지 않고 청렴하게 살았다. 원조를 받던 나라에서 주는 나라가 된 우리나라의 무상원조집행기관인 한국국제협력단(KOICA)은 외국기술훈련연수생들이 머무는 건물에 최영 장군 흉상을 설치하고, 이들이 최영 장군처럼 청렴하게 살아갈 것을 교육하고 있다. 영어로는 "Look at gold as if it is a valueless stone."라고 번역하였다.

사물을 변화시키려면 사물에 의해 휘둘리지 말아야 한다.

(要以我轉物 勿以物役我 요이아전물 물이물역아)

Do not be controlled by external circumstances;
Be in control of your own self.

Rich preys make true men thieves.

먹이는 진실한 사람을 도적으로 만든다.

(Venus and Adonis 비너스와 아도니스: 724)

원문의역

■ 바람과 달, 꽃과 버들이 없으면 자연의 조화를 이루지 못하고, 인간적 감정과 욕심 이 없으면 마음의 바탕을 이루지 못한다.

■ 내가 사물을 움직이게 해야지 사물이 나를 움직이게 해서는 안 된다. 그래야 사람 의 마음이 하늘의 작용이 되고 진리의 경지가 된다.

도움말

■ (조지훈) 정욕(情慾)과 기호(嗜好) 없으면 목석이요 마음이란 것이 없으니 사람살이 에 아무런 생성도 없을 것이다. 다만 그 풍월화류(風月花柳)와 그 정욕기호에 사로 잡히지 않아 나의 주체로써 사물을 휘어잡고 사물이 나를 수고롭지 않으면 되나니 이와 같을 수 있는 이에게는 기호(嗜好)도 천기(天機)요 속정(俗情)도 이경(理境)이 되리라.

■ (안길환) 천지자연이 바람과 달, 꽃과 버들로 조화를 부리듯이, 사람의 마음도 온갖 정욕과 기호(嗜好)로 천변만화(千變萬化)한다. 어떻게 보면 이런 정욕과 기호 등은 사람들의 생명력과 같다.

342(후117): 만물을 그 본성에 내맡겨라

몸 전체로 자신을 깨달은 사람이라야 만물을 그 자체로 이해할
수 있다.

(就身了身 以物付物 취신료신 이물부물)

Understand thyself, understand Nature.

Men may consture things after their fashion,
Clean form the purpose of the things themselves.

과업 자체의 목적을 잊은 채, 인간은 자신의
방식에 따라 일을 처리하기도 한다.

(Julius Caesar 줄리어스 시저: 1,3,34)

원문의역

- 자신의 몸을 다 이해한 사람만이 비로소 만물을 그 본성대로 내버려 둘 수 있다.
- 천하를 세상 만민(萬民)에게 돌려주는 사람만이 비로소 자신이 속세에 머물면서도 속된 삶을 벗어날 수 있다.

도움말

- (William Blake) 한 알의 모래에서 한 세상을 그리고 한 떨기 들꽃에서 하나의 천국을 보기 위해, 당신의 손바닥 안에 무한을 그리고 짧은 시간 속에 영원을 움켜쥐어라(To see a world in a Grain of Sand/ And a Heaven in a Wild Flower,/ Hold Infinity in the palm of your hand/ And Eternity in an hour). * Dr. Wayne W. Dyer의 『Change Your Thoughts, Change Your Life』 pp.264에서 발췌.
- (이석호) 자기 자신에 대하여 깨달은 자는 욕심이 없어져 만물을 있는 그대로 발전시킬 수 있고, 천하를 천하인의 것으로 생각하는 자는 속세에 살면서도 속세를 초월한 인간이다.

몸과 마음을 혹사시키지 말고, 대자연의 흥취를 즐겨라.

(不可徒勞身心 當樂風月之趣 불가도노신심 당락풍월지취)

Lose yourself neither in chaos nor stagnation.

How shall we beguil

The lazy time, if not with some delight?

즐거움이 없다면 어떻게 한가로운 시간을 빼앗는가?

(Midsummer Night's Dream 한여름 밤의 꿈: 5,1,40)

원문의역

■ 사람이 너무 한가하면 엉뚱한 생각이 슬그머니 일어나고, 너무 바쁘면 본성이 나타
나지 않는다.

■ 따라서 군자는 심신에 대한 염려도 하면서 풍월(風月)도 즐겨야 한다.

도움말

■ (한용운) 사람이 너무 한가해서 하는 일이 없으면 여러 가지 잡념, 곧 망상이 생겨서
음란하고 방탕함에 빠지기 쉽다. 또 너무 바빠서 잠시도 여가가 없으면 몸과 마음이
피로해서 조용한 본성이 발현되지 못한다. 그러므로 너무 한가하거나 너무 바쁜 것
이 다 치우친 폐단이 있다. 그러므로 사군자는 항상 몸과 마음에 대한 염려를 품어,
한가함과 바쁨 사이에 알맞음을 지키고 또 가끔 담박한 청풍명월의 고상한 취미에
도 젖어서 잡념을 없애고 본성을 길러야 한다.

■ (성경: 「데살로니가전서」 4: 11) 또 너희에게 명한 것 같이 조용히 자기 일을 하고 너
희 손으로 일하기를 힘쓰라.

344(후119) 진리와 낙원은 어디에든 있다

어디든 진리(眞理)는 있으니, 극락세계가 아닌 곳이 없다.

(何處無妙境 何處無淨土 하처무묘경 하처무정토)

The Truth is everywhere;
So is Heaven.

I'll make my heaven in a lady's lap.

나는 여인의 무릎에서 낙원을 찾는다.

(Henry VI Part 3 헨리 6세 3부: 3,2,148)

원문의역

- 사람은 대개 마음이 동요하여 진심을 잃는다.
- 마음을 비우고 조용히 앉아있으면, 구름이 피어나매 한가로이 함께 떠가고, 빗방울 떨어지매 서늘하게 함께 맑아지고, 새소리 들으면 즐겁고, 떨어지는 꽃을 보면서 자신을 성찰(省察)한다.
- 이러하니 세상에 낙원이 아닌 곳이 없고, 참된 진리가 아닌 것이 없다.

도움말

- (조지훈) 사람의 마음이란 흔들림으로 인하여 진실을 잃는 수가 많다. 한 생각도 나지 않고 고요히 앉아 있으면 마음이 구름과 함께 유연히 떠가고 빗방울과 같이 맑아질 것이며 새가 지저귀면 알 듯하고 꽃이 져도 스스로 고개를 끄덕이는 바 있을 것이다. 흔들리지 않는 마음이라야 이와 같이 천진(天眞)을 알 것이니 어느 곳이 진경 아니며 어느 것인들 진기 아닐까 보냐.
- (『노자』 54장) 도(道)는 어디에든 무엇에든 있다. 도를 진정으로 이해하기 위해서는 '있는 그대로의 도(道)'를 보아야 한다. 몸으로 몸을, 가정으로 가정을, 마을로 마을을 나라를 나라로, 천하를 천하로 보아라(修之於身 其德乃眞, 修之於家 其德乃餘, 修之於鄉 其德乃長, 修之於邦).

순경과 역경을 하나로 보고, 기쁨과 슬픔을 둘로 보지 말라.

(順逆一視 欣戚兩忘 순역일시 흔척양망)

Do not treat joy and sorrow any differently:
Forget about them both.

Beauty is but a vain and doubtful good,
A shining gloss, that vadeth suddenly.

아름다움은 헛되고, 의심스런 것이어서
그 빛나는 광택은 갑작스럽게 사라진다.

(The Passionate Pilgrim 슬픈 사랑의 순례자: 13)

원문의역
■ 자식을 낳을 때 어머니가 위태롭고 돈이 쌓이면 도둑이 엿보니, 이는 기쁨이 근심이 되는 것이라. 반면에 가난은 절약하게 하고 병은 몸을 보살피게 하니, 이는 근심이 기쁨이 되는 것이라.
■ 그러므로 순경(prosperity)과 역경(reversal)을 하나로 보고, 기쁨(joy)과 근심(sorrow)을 둘로 보지 말라.

도움말
■ (조지훈) 아들 낳는 기쁨이 어떠랴만 낳기까지에는 그 어머니가 위태하고 돈을 모으는 것이 좋지 않음이 아니지만 도적이 엿보는 법이다. 아무리 기쁜 일이라도 그 반면에는 근심이 있다는 말이다. 그러나 가난은 절약으로 보충하고 병은 양생(養生)으로 보전할 수도 있으니 무슨 괴로움이라도 기쁨은 있다는 말이다.
■ (『노자』 2장) 있고 없음은 함께 생기고, 어려움과 쉬움은 서로를 이루고, 길고 짧음은 서로 비교한다(有無相生 難易相成 長短相形).

346(후121): 시비를 마음에 담아두지 마라

바람과 달이 지나가도 그 흔적이나 그림자를 남기지 않는다.

(風迹月影 過而不留 풍적월영 과이불유)

Our sense is like a whirlwind and our mind the moon;
Let pretense go, as the wind and moon pass by.

Yield not thy neck
To fortune's yoke, but let thy dauntless mind
Still ride in triumph over all mischance.

운명의 멍에에 목을 매달지 마라.
불굴의 의지로 불행을 헤치고 당당히 돌진하라.

(Henry VI Part 3 헨리 6세 3부: 3,3,16)

원문의역

■ 귀는 회오리바람이 지나간 산골짜기 같아야 한다. 바람이 골짜기를 지나가도 메아리가 남지 않듯이, 귀에도 시빗거리(good or evil)가 남지 않아야 한다.
■ 마음은 연못에 비친 밝은 달빛 같아야 한다. 달빛이 어디에도 집착하지 않듯이, 마음도 외물과 나(the outside world and I)를 모두 잊어야 한다.

도움말

■ 사람은 잊어버려야 할 것들이 많이 있다. 사랑도 원망도 잊고, 과거의 영광과 지위도 잊어야 한다. 나를 비방하는 말이거나 혹은 나에게 아첨하는 말일지라도, '이 또한 곧 지나갈 것(This will also pass away soon)'이니 빨리 잊은 것이 좋을 것이다.
■ (성경: 「빌립보서」 2: 7~8) 오히려 자기를 비워 종의 형체를 가지사 사람들과 같이 되셨고 사람의 모양으로 나타나사 자기를 낮추시고 죽기까지 복종하셨으니 곧 십자가에 죽으심이라.

세상에 즐거움이 가득한데 스스로의 마음이 고통을 만든다.

(世間皆樂 苦自心生 세간개락 고자심생)

No need to swim the sea of bitterness:
The world is full of joy;
It is you who belabors your mind.

He that sleeps feels not the toothache.

잠을 자면 치통을 느끼지 않는다.

(Cymbeline 심벨린: 5,4,172)

원문의역

■ 세상 사람들은 부귀영화와 명리(名利)에 얽매여 걸핏하면 티끌세상(the world of dust)이니 고통의 바다(the sea of bitterness)니 말하면서도, 구름이 희고 산이 푸르며, 냇물이 흐르고 바위가 우뚝 서 있으며, 꽃이 피고 새가 지저귀며, 골짜기가 화답하고 나무꾼이 노래하는 것은 미처 깨닫지 못한다.

■ 세상은 티끌이 아니고, 바다는 고통이 아니다. 그런데 사람들은 자신이 스스로 그 마음을 더럽히고 괴로워한다.

도움말

■ 세상 자체가 그렇게 더럽고 고통스러운 것은 아니다. 그런데도 사람들은 명예와 이익에만 집착하여 스스로 자신들을 티끌과 괴로움의 사슬로 묶는다(People of this world wrap themselves in chain for the sake of profit and gain).

348(후123): 반쯤 핀 꽃이 더 아름답다

달도 차면 기우는 법이니, 가득 채우는 것을 경계하라.

(月盈則虧 履滿者戒 월영즉휴 이만자계)

Keep things ebbing and flowing without filling up ;
Do not let them fill up and stagnate.

O! reason not the need; our basest beggars

Are in the poorest thing superfluous:

Allow not nature more than nature needs,

Man's life is cheap as beast's.

애! 필요성을 따지지 마라. 거지도 형편없는 물건이지만 넉넉하게 갖고 있다.
인간이 필요한 것 이상을 더 가질 수 없다면, 짐승과 다를 게 없다.

(King Lear 리어왕: 2,4,266)

원문의역

- 꽃은 반쯤 핀 것을 보고, 술은 약간 취할 정도로 마셔라. 그 속에 진정 아름다운 멋이 있다.
- 활짝 핀 꽃은 곧 시들고, 술에 흠뻑 취하면 추태를 보인다. 각별히 유념하라.

도움말

- (Steve Jobs, 스탠포드대학 졸업식 연설) 내가 어렸을 때 『The Whole Earth Catalog』라는 잡지가 있었다. (중략) 최종판 뒤표지에 있던 이른 아침 시골길 사진 아래 "Stay Hungry. Stay Foolish."란 말이 있었다. 그들의 작별 인사였다. 가득 채우려 하지 말고, 좀 부족하게 그리고 좀 바보스럽게 살아라! 나도 언제나 스스로에게 바랐다.
- (중국 속담) 하늘은 가득 채우는 것을 꺼리고, 사람은 가득 차는 것을 두려워하며, 달은 차면 이지러지니, 가득 찼을 때 신중하여야 한다(天道忌盈 人事懼滿 月盈則虧 履滿宜愼).

삶을 자연에 맡기고, 속세에 물들지 마라.

(體任自然 不染世法 체임자연 불염세법)

Let your life flow naturally, not artificially.

The heaven such grace did lend her,

That she might admired be.

하늘이 그녀에게 자연스런 우아함을 베풀었다.

그래서 그녀는 한 없이 아름답고 사랑스럽다.

(The Two Gentlemen of Verona 베로나의 두 신사: 4,2,40)

원문의역

■ 산나물은 가꾸지 않아도 스스로 자라고, 들새는 기르지 않아도 스스로 살아간다. 그래서 그 맛이 모두 향기롭고 신선하다.

■ 사람도 욕망과 명예에 물들지 않으면 그 품위가 아주 고상할 것이다.

도움말

■ (성경: 「마태복음」 6: 26) 공중의 새를 보라. 심지도 않고 거두지도 않고 창고에 모아들이지도 아니하되 너희 하늘 아버지께서 기르시나니 너희는 이것들보다 귀하지 아니하냐.

■ (『노자』 25장) 사람은 땅을 본받고, 땅은 하늘을 본받고, 하늘은 도(道)를 본받아야 하며, 큰 도는 대자연의 '스스로 그러함(自然)'을 따라야 한다(人法地 地法天 天法道 道法自然 · Human beings follow the earth, the earth follows the heavens, the heavens follow way-making, and way-making follows what is so).

사물을 관찰할 때는 스스로 깨닫고, 겉모습에 연연하지 말라.

(觀物自得 勿徒留連 관물자득 물도유연)

Observe and learn.
Then do.

Action is eloquence.
행동은 웅변이다.

(Coriolanus 코리올레이너스: 3,2,76)

원문의역

- 꽃과 대나무를 가꾸고 학과 물고기를 볼 때도 스스로 깨달아야 한다.
- 화려한 겉모습만 즐기는 것은 경전(經典)만 읽고 실천하지 않거나 불경(佛經)만 읽고 진리는 깨닫지 못하는 것과 같다. 스스로 실천하고 체득하지 않으면 아름다운 멋을 느낄 수 없다.

도움말

- (유교) 소인의 학문은 귀로 들어와 그저 입으로 나간다(耳入口出). 이와 같이 성현의 말씀을 건성으로 듣고 헛되이 입으로만 나불거리면서 몸으로 힘써 실천하지는 않는 배움을 구이지학(口耳之學)이라고 한다.
- (성경: 「야고보서」 1: 25) 자유롭게 하는 온전한 율법을 들여다보고 있는 자는 배우고 잊어버리는 자가 아니요 실천하는 자니 이 사람은 그 행하는 일에 복을 받으리라.
- (Douglas MacArthur, 美육사 연설) 실천에 옮겨야 할 때 말로 때우지 말고, 안락의 길을 찾기보다는 고난과 도전의 중압감과 채찍을 견뎌내야 한다(Not to substitute words for action; Not to seek the path of comfort but to face the stress and spur of difficulty and challenge).

불의(不義)와 타협하면, 사는 것이 죽는 것만 못하다.

(陷於不義 生不若死 함어불의 생불약사)

Life before injustice is worse than death before honor.

I will follow thee

To the last gasp with truth and loyalty.

나는 숨을 거둘 때까지 진정코 충성을
다 바쳐 당신을 따라가겠습니다.

(As You Like It 당신이 좋으실 대로: 2,3,69)

원문의역
- 산속 선비는 가난하지만 그윽한 멋이 저절로 풍기고, 농부는 꾸밈이 없어 천진난만(天眞爛漫)한 성품을 그대로 지니고 있다.
- 이들은 깨끗하게 살다가 산야(山野)에서 죽을지언정 저잣거리에서 남을 속이며 살지는 않을 것이다.

도움말
- (법정스님) 내가 외떨어져 살기를 좋아하는 것은 사람들을 피하기 위해서가 아니라 나 자신의 리듬에 맞추어 내 길을 가기 위해서다. 그리고 사람보다 나무들이 좋아서일 것이다. 홀로 있어도 의연한 이런 나무들이 내 삶을 곁에서 지켜보고 거들어주고 있기 때문이다.
- (『노자』 50장) 사람은 욕망에서 벗어나면 행복하게 살고, 욕망에 빠져들면 죽고 싶도록 괴롭다. (중략) 나머지 열 중 셋은 이익을 탐하고 의리를 저버리고 심지어 개인의 이익을 위하여 남을 해치면서까지 살려고 애쓰는 게 너무 지나쳐서 죽음의 자리로 간다(出生入死. 生之徒十有三 死之徒十有三 人之生動之於死地亦十有三. 夫何故? 以其生生之厚).

352(후127): 분수에 넘치는 복을 구하지 마라

분수에 넘치는 이득은 인간 세상의 함정에 빠지는 근원이다.

(非分之收穫 陷溺之根源 비분지수확 함익지근원)

Getting what you have not earned is merely a trap.

Their love/ Lies in their purses, and whoso empties

By so much fills their hearts with deadly hate.

그들의 사랑은 지갑 속에 있다.

지갑을 비우면 마음은 극심한 증오심으로 가득 찬다.

(Richard Ⅱ 리차드 2세: 2,2,129)

원문의역

- 분수에 넘치는 복(fortune)과 까닭 없는 이득(gains)을 조심하라. 이것은 조물주의 낚싯밥이거나 인간 세상의 함정이다.
- 이런 때 높은 곳을 보고 각별히 유념하지 않으면, 남의 꾐에 걸려든다.

도움말

- 분수에 넘치는 복과 까닭 없는 이득은 세상의 함정이니, 소탐대실(小貪大失)하지 말라. 사소함은 욕심 때문에 큰 것을 잃는다거나, 작은 이기심 때문에 큰 도리를 저버리는 어리석음은 범하지 말아야 한다(不可因小失大 獲小利而失大義).
- (법정스님) 행복은 문을 두드리며 밖에서 찾아오는 것이 아니다. 내 안에서 꽃향기처럼 들려오는 것이 행복이라고 한다면, 자신의 일상생활에서 그것을 느끼면서 누릴 줄 알아야 한다. 세상에는 씨앗도 뿌리지 않고 노력도 하지 않고 수확을 거두어들이는 일은 흔치 않다. 뚜렷한 이유 없이 횡재(橫財)가 굴러 들어올 때는 마냥 좋아할 것이 아니라 혹시 횡액(橫厄)이 아닌지 살펴라.

요점을 제대로 파악하면 일을 자유롭게 처리할 수 있다.

(把握要點 券舒自在 파악요점 권서자재)

In the puppet show that is human life,
Become the puppet master, not the puppet.

Keep yourself within yourself.

너 자신을 너 자신이 지켜라.

(Antony and Cleopatra 안토니와 클레오파트라: 2,5,75)

원문의역

- 인생은 원래 한 편의 꼭두각시놀음(marionette)에 불과하다.
- 그러므로 근본인 그 밑뿌리 실을 제 손으로 꼭 잡아야 한다. 한 가닥의 실도 헝클어짐 없이 다룰 수 있어야 멈추고 가는 것을 내 마음대로 할 수 있다.
- 이같이 내가 스스로 나의 거취(去就) 문제를 결정하고 남의 간섭을 조금도 받지 않아야 이 놀이판에서 벗어날 수 있다.

도움말

- (조지훈) 사람은 본디 하나의 꼭두각시이며 곧 손으로 조종하는 인형이다. 그러므로 꼭두각시를 놀리는 실마리의 근본을 제 손으로 꼭 잡아야 한다. 그 한 가닥의 실로 어지럽히지 않고 감고 펴는 것이 자유로우며 가고 멈추는 것이 저의 자유로써 자재(自在)하여 타인의 간섭을 받지 않으면 그 사람은 이 인생의 박첨지놀음(人形劇) 속에서 초탈(超脫)할 수 있을 것이다.
- (『노자』 5장/ 25장) 천지는 자비롭지 않아(天地不仁), 인간을 '지푸라기로 만든 개(芻狗)' 정도로 취급하기도 하지만(5章), 인간은 원래 하늘만큼 땅만큼이나 컸으며 지금도 똑같이 위대하다(故道大 天大 地大 人亦大).

354(후129): 아무 일 없음을 복으로 삼아라

이득과 손해는 세상에 늘 있는 것이라, 아무 일이 없어 행복한 것만 못하다.

(利害乃世之常 不若無事爲福 이해내세지상 불약무사위복)

One less thing to worry about can be the best blessing.

The cricket sing, and man's o'erlabor'd sense
Repairs itself by rest.

귀뚜라미가 울고 있다. 인간의 피로한 감각은
잠을 자고 쉬면서 회복된다.

(Cymbeline 심벨린: 2,2,11)

원문의역

■ 좋은 일이 하나 있으면 해로운 일도 하나 생긴다. 그래서 세상 사람들은 큰일을 맡지 않는 것을 오히려 다행으로 생각한다.

■ "장수가 전공(戰功)을 세우려면 만 명의 부하들이 목숨을 잃게 된다." 또한 "칼을 칼집에 꽂아두고 오랫동안 사용하지 않아도 아쉬워하지 말아야 모든 일이 평화롭다."는 두 편의 시가 있다.

■ 이 두 편의 글을 읽으면, 영웅심과 용맹한 기상이 자신도 모르게 얼음과 눈처럼 차갑게 녹아버릴 것이다.

도움말

■ 세상사에는 음양(陰陽)이 있어서 이해(利害)와 득실(得失)이 늘 상존하게 마련이다. 조지훈 선생께서도 '일리(利) 있으면 일해(一害)가 따르고 일득(一得)이 있으면 일실(一失)이 따르는 법이다. 그러므로 천하에는 무사(無事)보다 더 큰 행복이 없다'고 하셨다. 이처럼 양면성을 지니고 있는 것이 세상사이기에 아무 일 없는 것보다 더 큰 복이 없다고 하고 무사가 최고의 복이라 하는 것이다.

한없이 넓은 인간 세상은 모순으로 가득한 곳이다.

(茫茫世間 矛盾之窟 망망세간 모순지굴)

Our world, created by inconsistencies,
brings together a wanton woman and a hot-blooded man.

O how full of briars is this working-day world.

인간이 일하는 이 세상은 가시덤불로 가득 차 있다.

(As You Like It 당신이 좋으실 대로: 1,3,11)

원문의역

- 정숙하지 못했던 여인도 과거를 회개하면 여승(女僧)이 될 수 있고, 권세와 금전만 쫓던 사람도 평정심을 되찾으면 수도생활을 할 수 있다.
- 이같이 맑고 깨끗한 불문(佛門)의 문지방(threshold)이 종종 음란하고 사악한 사람에게 피신처를 제공하기도 한다.

도움말

- (조지훈) 음란한 부인이 그 구극(究極)에 이르러 음욕을 끊는 여승이 되는 수 있고 사물에 열중하여 눈이 뒤집혔던 사람이 마침내 승려가 되는 수도 있다. 청정(淸淨)의 문(門)인 사원(寺院)에 도리어 사음(邪淫)의 비구니와 승려가 많은 것이 이 때문이다. 모든 것은 그 극단에 이르러 아주 반대되는 자리에 통하는 이치가 이것이다.
- (성경: 「창세기」 6: 5~7) 여호와께서 사람의 죄악이 세상에 가득함과 그의 마음으로 생각하는 모든 계획이 항상 악할 뿐임을 보시고 땅 위에 사람 지으셨음을 한탄하사 마음에 근심하시고 이르시되 내가 창조한 사람을 내가 지면에서 쓸어버리되 사람으로부터 가축과 기는 것과 공중의 새까지 그리하리니 이는 내가 그것들을 지었음을 한탄함이니라 하시니라.

어려움에 처했을지라도 마음은 오히려 초연해야 한다.

(身居局中 心在局外 신거국중 심재국외)

Attend to things inside while being mindful of matters outside.

There are more things in heaven and earth, Horatio,

Than are dreamt of in your philosophy.

호레이쇼, 하늘과 땅에는 너의 지식으로 알 수 없는 일이 너무나 많다.

(Hamlet 햄릿: 1,5,166)

원문의역

- 파도가 하늘 높이 일렁일 때, 배 안에 있는 사람은 그 두려움을 몰라도 배 밖에 있는 사람들이 오히려 더 놀란다.
- 좌중(座中)에 말싸움이 벌어질 때, 막상 그 자리에 있는 사람은 덤덤한데도 밖에 있는 사람들이 오히려 더 걱정한다.
- 그러므로 군자는 몸은 비록 일 가운데(amidst events) 있더라도, 마음은 초월하여 일 밖(beyond the events)에 있어야 한다.

도움말

- 제삼자(第三者)의 입장에서 사고(思考)하고 판단하라. 자신이 처한 처지를 올바로 알기 위해서는 자아(自我)로부터 벗어나 방관자(傍觀者)적 입장이 되어야 한다. 그렇지 않고 어떤 일에 매달리게 되면 객관성을 잃어 판단력을 잃게 된다. 몸은 일 가운데 있더라도 마음은 일 밖에 초월하라.
- (『노자』 33장) 남을 아는 것은 지혜(wisdom)이지만, 나 자신을 아는 것은 깨달음(enlightenment)이다(知人者智 自知者明).

번잡함을 줄이고 고요함을 늘리는 것이 안락함의 기본이다.

(減繁增靜 安樂之基 감번증정 안락지기)

Say less, make fewer mistakes;
Become happier.

I have more flesh than another man, and therefore more frailty.
나는 다른 사람보다 더 비대하다. 그 때문에 더 허약하다.

(Henry IV Part 1 헨리 4세 1부: 3.3.186)

원문의역

- 일을 조금만 더 줄여도, 우리의 삶이 그만큼 편안해질 수 있다.
- 남들과의 교류를 줄이면 덜 번거롭고, 말을 줄이면 허물이 적어지고, 생각을 줄이면 덜 피곤하고, 총명을 줄이면 본성이 완전해진다.
- 일을 나날이 줄이지 않고 더하기만 하면 결국 자신의 삶을 속박하게 된다.

도움말

- 인생은 한 푼을 줄이면 그 한 푼만큼 벗어난다. 큰 것을 물리치고 작은 것으로써 만족할 줄 알아야 한다. 없어도 좋을 사치품이 필수품이 되지 않도록 해야 한다. 번거로움을 줄이고 고요함을 늘려라. 현대인들은 특히 말을 조심하고 줄이는 것이 중요하다. 적게 말해야 실수가 적고, 실수가 적어야 행복하게 살아갈 수 있을 것이다.
- (법정스님) 입안에 말이 적고, 마음에 일이 적고, 뱃속에 밥이 적어야 한다. 이 세 가지가 적으면 신선도 될 수 있다.
- (『노자』 48장) 도(道)는 하루하루 덜어내야 한다. 덜고 또 덜어내면 무위에 이르고, 무위에 이르면 이루지 못하는 것이 없다(爲學日益 爲道日損, 損之又損 以至於無爲, 無爲而無不爲).

358(후133): 사랑과 화합이 나의 믿음이다

가슴속에 온화함이 가득하니 어디에나 봄바람이 분다.

(滿腔和氣 隨地春風 만강화기 수지춘풍)

Fill your heart with harmony;
Everywhere you go the spring breeze blows.

Now join your hands, and with your hands your hearts.

손을 잡읍시다. 손과 함께 마음을 잡읍시다.

(Henry VI Part 3 헨리 6세 3부: 4,6,39)

원문의역

■ 날씨가 춥고 더운 것은 피하기 쉬워도 타인과의 은혜와 원한관계는 해소하기 어렵고, 타인과의 은혜와 원한은 해소하기 쉬워도 차가운 내 마음은 버리기 어렵다.

■ 내 마음에서 싸늘한 무관심(cold apathy)을 없앨 수 있다면, 조화로운 화해(和諧)의 기운이 가슴속에 충만하여 어디를 가도 따뜻한 봄바람이 불 것이다.

도움말

■ (성경:「히브리서」12: 14) 모든 사람과 더불어 화평함과 거룩함을 따르라. 이것이 없이는 아무도 주를 보지 못하리라.

■ (불교:『金剛經』제26) 만일 나(여래)를 모양으로 보려 하거나 음성으로 찾으려 한다면, 그 사람은 잘못된 도를 행하고 있는 것이므로 결코 여래를 보지 못할 것이다(若以色見我 以音聲求我 是人行邪道 不能見如來). * 여래부처를 32상의 껍데기로 보면 볼 수가 없으니 큰 사랑으로 찾으라는 게송(偈頌)이다.

먹고 즐기는 욕구를 초월해야 인생의 참맛을 느낄 수 있다.

(超越口耳之嗜欲 得見人生之眞趣 초월구이지기욕 득견인생지진취)

The most evil curse is greed;
The greatest misfortune is to want more;
The worst sin is to never be content.

No occupation; all men idle, all,
And women too, but innocent and pure.

직업도 없습니다. 남자들은 모두 놀고 지냅니다.
여자들도 놀면서 청순한 삶을 이어 갑니다.

(The Tempest 폭풍: 2,1,148)

원문의역

■ 굳이 좋은 차(茶)만 찾지 않으면 찻주전자가 마르지 않고, 굳이 좋은 술만 찾지 않으면 술병이 비는 일은 없을 것이다.

■ 나의 소박한 거문고는 줄이 없어도 늘 고른 소리가 나고, 나의 피리는 구멍이 없어도 음이 절로 맞다.

■ 이렇게 즐기면, 복희씨(伏羲氏)보다는 못하더라도 죽림칠현(竹林七賢)과는 벗삼을 수는 있을 것이다.

도움말

■ (『노자』 46장) 가장 큰 불행은 만족을 모르는 것이고, 가장 큰 허물은 끝없이 욕심을 부리는 것이다. 만족을 만족으로 알면 늘 풍족하다(禍莫大於不知足 咎莫大於欲得, 故知足之足 常足矣).

360(후135): 인연에 따라 분수에 맞게 살아라

인연에 따라 제 분수에 맞게 살면 언제 어디서도 어려움이 없다.

(隨緣素位 渡海浮囊 수연소위 도해부낭)

Contentment comes from following your heart and the wind.

Men at some time are masters of their fates.

인간은 때로 그들 운명의 주인이 된다.

(Julius Caesar 줄리어스 시저: 1,2,139)

원문의역
- 불교의 수연(隨緣)과 유교의 소위(素位), 두 가지 가르침은 곧 고통의 바다를 건널 수 있는 구명부이(life buoy)이다.
- 세상길은 멀고도 불확실하여 자신의 완전한 삶을 위해 노력하면 노력할수록 만 갈래 부질없는 생각이 꼬리를 물고 일어나 자신을 괴롭힌다.
- 그러나 하늘의 뜻을 따라 인연이 닿는 대로 분수에 맞게 살아가면 어디에서나 만족할 수 있다.

도움말
- 『주역』이 미제괘(未濟卦)로 끝나는 것은 대자연의 순환이 끝이 없으며, 사람의 일도 완전무결할 수가 없음을 의미한다. 우리는 채근담의 360장을 마친다. 그러나 이것은 마치는 것이 아니며, 그간 읽어 얻은 것이 있다면 이 성취는 이미 과거의 것이다. 지금은 처음부터 다시 시작해야 할 단계에 왔다. 다시 새로운 목표를 세우고 앞으로 나아가야 한다. 달도 차면 기울 듯이 만물은 완전무결한 기제괘(旣濟卦)에 머물지 않는다.

■ 참고서적

1. 한글본 채근담

- 조지훈, 나남출판, 2004.12.
- 한용운, 필맥, 2005.6.
- 東方聞睿 지음, 남종진 옮김, 다산미디어, 2006.8.
- 안길환 譯註, 씽크뱅크, 2006.12.
- 이석호 譯, 보경문화사, 2003.11.
- 양성희 옮김, 소담출판사, 2007.11.
- 장강 엮음, 글로북스, 2011.8.
- 윤홍식 풀어씀, 봉황동래, 2011.4.

2. 중국어 및 일본어 채근담

- 을력(乙力) 註譯, 三秦出版社, 2007.5.
- 홍응명(洪應明) 著, 內蒙古人民出版社, 2007.12.
- 오가구(吳家駒) 註譯, 臺灣 三民書局印行, 2009.10.
- 守屋 洋 著, 日本 PHP 研究所, 2009.1.

3. 영어 채근담

- Robert Aitken/Daniel Kwok 英譯, *Vegetable Roots Discorse*, Shoemaker & Hoard, 2006.
- William Scott Wilson 英譯, *The Unencumbered Spirit*, Kodansha Int'l, 2009.
- Robert Holly 英譯, 『로버트 할리가 영어로 쓴 채근담』, 우석, 2004.

4. 셰익스피어 명언

- Bevington, David. ed. *The Complete Works of Shakespeare*, Longman, New York, 1997.
- Craig, W. J. ed. *The Complete Works of William Shakespeare*, Oxford University Press,

London, 1947.

- DeLoach, Charles. compiled. *The Quotable Shakespeare, A Trophical Dictionary*, McFarland & Company, Inc., Publishers, London, 1988.
- Margaret Miner and Hugh Rawson, selected. *A Dictionary of Quotations from Shakespeare*, A Meridian Book, New York, 1992.
- Mary and Reginald Foakes, compiled. *The Columbia Dictionary of Quotations from Shakespeare*, Columbia University Press, New York, 1998.
- Onions, C. T. *A Shakespeare Glossary*. Second Edition, Revised, Oxford, At The Clarendon Press, 1953.
- Spevack, Marvin, compiled. *The Harvard Concordance To Shakespeare*, Georg Olms Verlag Hildesheim, Cambridge, Mass., 1982.
- 이태주, 『이웃사람 셰익스피어』, 범우, 2007.
- _____ 편역, 『원어와 함께 읽는 셰익스피어 명언집』, 범우, 2000.
- _____, 『셰익스피어 4대 비극』(개역판), 범우, 2007.
- _____, 『셰익스피어 4대 희극』(개역판), 범우, 2011.
- _____, 『셰익스피어 4대 사극』, 범우, 1999.

5. 기타 주요 관련 서적

- Ursula K. Le Guin, *Lao Tzu-Tao Te Ching*, Shambhala, 1997.
- Eckhart Tolle, *The New Earth*, Penguin, 2009.
- Wayne W. Dyer, *Change Your Thoughts, Change Your life*, Hay House, 2007.
- Walter Isaacson, *Steve Jobs* : Simon & Schuster, 2011.
- 이지윤 옮김, 『I Steve』 : 쌤앤파커스, 2011.10.
- 신종윤 옮김, 『서양이 동양에게 삶을 묻다』 : 나무생각, 2010.2.
- 우단(于丹) 著, 『于丹 論語 心得』 : 中華書局 , 2007.2.
- 『노자』, 『논어』, 『장자』, 『주역』 등 중국 고전 다수

001. 인생을 길게 보라

棲守道德者 寂寞一時; 서수도덕자 적막일시;

依阿權勢者 凄凉萬古. 의아권세자 처량만고.

達人觀物外之物 思身後之身 寧受一時之寂寞 毋取萬古之凄凉.

달인관물외지물 사신후지신 영수일시지적막 무취만고지처량.

002. 단순하게 살자

涉世淺 點染亦淺; 섭세천 점염역천;

歷事深 機械亦深. 역사심 기계역심.

故君子與其練達 不若樸魯; 與其曲謹 不若疎狂.

고군자여기련달 불약박로; 여기곡근 불약소광.

003. 재능을 자랑하지 말라

君子之心事 天靑日白 不可使人不知; 군자지심사 천청일백 불가사인불지;

君子之才華 玉韞珠藏 不可使人易知. 군자지재화 옥온주장 불가사인이지.

004. 술수는 알아도 쓰지 말라

勢利紛華 不近者爲潔 近之而不染者爲尤潔;

세리분화 불근자위결 근지이불염자위우결;

智械機巧 不知者爲高 知之而不用者爲尤高.

지계기교 부지자위고 지지이불용자위우고.

005. 쓴 약이 몸에는 좋다

耳中常聞逆耳之言 心中常有拂心之事 才是進德修行的砥石.

이중상문역이지언 심중상유불심지사 재시진덕수행적지석.

若言言悅耳 事事快心 便把此生埋在鴆毒中矣.

약언언열이 사사쾌심 변파차생매재짐독중의.

006. 웃으면 복이 온다

疾風怒雨 禽鳥戚戚; 질풍노우 금조척척;

霽日光風 草木欣欣. 제일광풍 초목흔흔.

可見天地不可一日無和氣 人心不可一日無喜神.

가견천지불가일일무화기 인심불가일일무희신.

007. 평범하게 살아라

醲肥辛甘非眞味 眞味只是淡; 농비신감비진미 진미지시담;

神奇卓異非至人 至人只是常. 신기탁이비지인 지인지시상.

008. 늘 깨어 있어라

天地寂然不動 而氣機無息少停; 천지적연부동 이기기무식소정;

日月晝夜奔馳 而貞明萬古不易. 일월주야분치 이정명만고불역.

故君子閒時要有吃緊的心思 忙處要有悠閒的趣味.,

고군자한시요유흘긴적심사 망처요유유한적취미.

009. 고요히 마음을 살펴라

夜深人靜 獨坐觀心 始覺妄窮而眞獨露 每於此中得大機趣;

야심인정 독좌관심 시각망궁이진독로 매어차중득대기취;

旣覺眞現而妄難逃 又於此中得大慚忸. 기각진현이망난도 우어차중득대참뉵.

010. 잘 나갈 때 조심해라

恩裡由來生害 故快意時須早回頭; 은리유래생해 고쾌의시수조회두;

敗後或反成功 故拂心處莫便放手. 패후혹반성공 고불심처막변방수.

011. 가난해도 바르게 살라

藜口莧腸者 多冰淸玉潔; 여구현장자 다빙청옥결;

袞衣玉食者 甘婢膝奴顔. 곤의옥식자 감비슬노안.

蓋志以澹泊明 而節從肥甘喪也. 개지이담박명 이절종비감상야.

012. 복을 많이 지어라

面前的田地要放得寬 使人無不平之嘆; 면전적전지요방득관 사인무불평지탄;

身後的惠澤要流得長 使人有不匱之思. 신후적혜택요류득장 사인유불궤지사.

013. 자선이 세상을 구한다

徑路窄處 留一步與人行; 경로착처 유일보여인행;

滋味濃的 減三分讓人嘗. 자미농적 감삼분양인상.

此是涉世一極安樂法. 차시섭세일극안락법.

014. 물욕을 덜어내라

作人無甚高遠事業 擺脱得俗情便入名流; 작인무심고원사업 파탈득속정변입명류;

爲學無甚增益功夫 減除得物累便超聖境. 위학무심증익공부 감제득물루변초성경.

015. 정의로운 사람이 되라

交友須帶三分俠氣; 교우수대삼분협기;

作人要存一點素心. 작인요존일점소심.

016. 남보다 먼저 베풀어라

寵利毋居人前 德業毋落人後; 총리무거인전 덕업무락인후;

受享毋踰分外 修爲毋減分中. 수향무유분외 수위무감분중.

017. 낮추면 높아진다

處世讓一步爲高 退步卽進步的張本; 처세양일보위고 퇴보즉진보적장본;

待人寬一分是福 利人實利己的根基. 대인관일분시복 이인실리기적근기.

018. 뽐내면 공덕이 줄어든다

蓋世功勞 當不得一個〈矜〉字; 개세공로 당부득일개〈긍〉자;

彌天罪過 當不得一個〈悔〉字. 미천죄과 당부득일개〈회〉자.

019. 내 탓이로소이다

完名美節 不宜獨任 分些與人 可以遠害全身;

완명미절 불의독임 분사여인 가이원해전신;

辱行汚名 不宜全推 引些歸己 可以韜光養德.

욕행오명 불의전추 인사귀기 가이도광양덕.

020. 달도 차면 이지러진다

事事留個有餘不盡的意思. 便造物不能忌我 鬼神不能損我
사사류개유여부진적의사 변조물불능기아 귀신불능손아.

若業必求滿 功必求盈者 不生內變 必召外憂.
약업필구만 공필구영자 불생내변 필소외우.

021. 참 부처는 집 안에 있다

家庭有個眞佛 日用有種眞道. 가정유개진불 일용유종진도.

人能誠心和氣 愉色婉言 使父母兄弟間形骸兩釋 意氣交流 勝於調息觀心萬倍矣!
인능성심화기 유색완언 사부모형제간형해양석 의기교류 승어조식관심만배의!

022. 구름 위로 솟구치는 솔개

好動者雲電風燈 嗜寂者死灰槁木; 호동자운전풍등 기적자사회고목;

須定雲止水 中有鳶飛魚躍氣象 才是有道的心體.
수정운지수 중유연비어약기상 재시유도적심체.

023. 좋은 말도 가려서 해라

攻人之惡毋太嚴 要思其堪受; 공인지악무태엄 요사기감수;

敎人以善毋過高 當使其可從. 교인이선무과고 당사기가종.

024. 빛은 어둠 속에서 더욱더 밝다

糞蟲至穢 變爲蟬而飮露於秋風; 분충지예 변위선이음로어추풍;

腐草無光 化爲螢而耀采於夏月. 부초무광 화위형이요채어하월.

固知潔常自汚出 明每從晦生也. 고지결상자오출 명매종회생야.

025. 망상을 버려라

矜高倨傲 無非客氣 降伏得客氣下 而後正氣伸.
긍고거오 무비객기 항복득객기하 이후정기신.

情欲意識 盡屬妄心 消殺得妄心盡 而後眞心現.
정욕의식 진속망심 소쇄득망심진 이후진심현.

026. 육체의 욕망은 순간이다

飽後思味 則濃淡之境都消; 포후사미 즉농담지경도소;

色後思婬 則男女之見盡絶. 색후사요 즉남여지견진절.

故人常以事後之悔悟 破臨事之癡迷 則性定而動無不正. 고인상이사후지회오 파림사지치미 즉성정이동무부정.

027. 초야에 살아도 세상 걱정한다

居軒冕之中 不可無山林的氣味; 거헌면지중 불가무산림적기미;

處林泉之下 須要懷廊廟的經綸. 처림천지하 수요회랑묘적경륜.

028. 남의 원한을 사지 말라

處世不必邀功 無過便是功; 처세불필요공 무과변시공;

與人不求感德 無怨便是德. 여인불구감덕 무원변시덕.

029. 너무 깔끔해도 흠이 된다

憂勤是美德 太苦則無以適性怡情; 우근시미덕 태고즉무이적성이정;

澹泊是高風 太枯則無以濟人利物. 담박시고풍 태고즉무이제인이물.

030. 막히면 초심으로 돌아가라

事窮勢蹙之人 當原其初心; 사궁세축지인 당원기초심;

功成行滿之士 要觀其末路. 공성행만지사 요관기말로.

031. 너그럽고 겸손하라

富貴家宜寬厚而反忌刻 是富貴而貧賤其行矣 如何能享?
부귀가의관후이반기각 시부귀이빈천기행의 여하능향?

聰明人宜斂藏而反炫耀 是聰明而愚懵其病矣 如何不敗?
총명인의렴장이반현요 시총명이우몽기병의 여하불패?

032. 지난날을 돌아보라

居卑而後知登高之爲危 處晦而後知向明之太露;
거비이후지등고지위위 처회이후지향명지태로;

守靜而後知好動之過勞 養默而後知多言之爲躁.

수정이후지호동지과로 양묵이후지다언지위조.

033. 마음을 내려놓아라

放得功名富貴之心下 便可脫凡; 방득공명부귀지심하 변가탈범;
放得道德仁義之心下 才可入聖. 방득도덕인의지심하 재가입성.

034. 잘난 체하지 마라

利欲未盡害心 意見乃害心之蟊賊; 이욕미진해심 의견내해심지모적;
聲色未必障道 聰明乃障道之藩屏. 성색미필장도 총명내장도지번병.

035. 주는 것이 얻는 것이다

人情反復 世路崎嶇. 인정반복 세로기구.
行不去處 須知退一步之法; 행불거처 수지퇴일보지법;
行得去處 務加讓三分之功. 행득거처 무가양삼분지공.

036. 상대에 맞게 처신하라

待小人不難於嚴 而難於不惡; 대소인불난어엄 이난어불오;
待君子不難於恭 而難於有禮. 대군자불난어공 이난어유례.

037. 사소한 일에 얽매이지 마라

寧守渾噩而黜聰明 留些正氣還天地; 영수혼악이출총명 유사정기환천지;
寧謝紛華而甘澹泊 遺個清名在乾坤. 영사분화이감담박 유개청명재건곤.

038. 자신의 주인이 되라

降魔者先降自心 心伏則群魔退聽; 항마자선항자심 심복즉군마퇴청;
馭橫者先馭此氣 氣平則外橫不侵. 어횡자선어차기 기평즉외횡불침.

039. 자녀교육의 유의점

敎弟子如養閨女 最要嚴出入 謹交遊. 교제자여양규녀 최요엄출입 근교류.
若一接近匪人 是淸淨田中下一不淨種子 便終身難植嘉禾矣!
약일접근비인 시청정전중하일부정종자 변종신난식가화의!

040. 어렵다고 피하지 말라

欲路上事 毋樂其便而姑爲染指 一染指便深入萬仞;
욕로상사 무락기편이고위염지 일염지변심입만인;
理路上事 毋憚其難而稍爲退步 一退步便遠隔千山.
이로상사 무탄기난이초위퇴보 일퇴보변원격천산.

041. 너무 따지면 친구가 없다

念頭濃者 自待厚 待人亦厚 處處皆濃; 염두농자 자대후 대인역후 처처개농;
念頭淡者 自待薄 待人亦薄 事事皆淡. 염두담자 자대박 대인역박 사사개담.
故君子居常嗜好 不可太濃艶 亦不宜太枯寂.
고군자거상기호 불가태농염 역불의태고적.

042. 뜻이 있는 곳에 길이 있다

彼富我仁 彼爵我義 君子固不爲君相所牢籠;
피부아인 피작아의 군자고불위군상소뢰롱;
人定勝天 志一動氣 君子亦不受造物之陶鑄.
인정승천 지일동기 군자역불수조물지도주.

043. 뜻은 높게 마음은 겸손하게

立身不高一步立 如塵裡振衣 泥中濯足 如何超達?
입신불고일보입 여진리진의 니중탁족 여하초달?
處世不退一步處 如飛蛾投燭 羝羊觸藩 如何安樂?
처세불퇴일보처 여비아투촉 저양촉번 여하안락?

044. 헛된 공명심을 버려라

學者要收拾情神 倂歸一路. 학자요수습정신 병귀일로.
如修德而留意於事功名譽 必無實詣; 여수덕이유의어사공명예 필무실예;
讀書而寄興於吟咏風雅 定不深心. 독서이기흥어음영풍아 정불심심.

045. 인간은 착하게 태어났다

人人有個大慈悲 維摩屠劊無二心也; 인인유개대자비 유마도회무이심야;
處處有種眞趣味 金屋茅簷非兩地也. 처처유종진취미 금옥모첨비양지야.

只是欲蔽情封 當面錯過 使咫尺千里矣. 지시욕폐정봉 당면착과 사지척천리의.

046. 목석같이 구름처럼 살아라

進德修道 要個木石的念頭 若一有欣羡 便趨欲境;

진덕수도 요개목석적염두 약일유흔선 변추욕경;

濟世經邦 要段雲水的趣味 若一有貪著 便墮危機.

제세경방 요단운수적취미 약일유탐착 변타위기.

047. 꿈속의 영혼도 편안하다

吉人無論作用安祥 則夢寐神魂 無非和氣; 길인무론작용안상 즉몽매신혼 무비화기;

凶人無論行事狼戾 則聲音咲語 渾是殺機. 흉인무론행사낭려 즉성음소어 혼시살기.

048. 숨어서 죄짓지 말라

肝受病則目不能視 腎受病則耳不能聽 病受於人所不見 必發於人所共見.

간수병즉목불능시 신수병즉이불능청 병수어인소불견 필발어인소공견.

故君子欲無得罪於昭昭 先無得罪於冥冥. 고군자욕무득죄어소소 선무득죄어명명.

049. 일과 마음 씀은 적어야 행복하다

福莫福於少事 禍莫禍於多心. 복막복어소사 화막화어다심.

唯苦事者 方知少事之爲福; 유고사자 방지소사지위복;

唯平心者 始知多心之爲禍. 유평심자 시지다심지위화.

050. 시대에 맞는 현명한 처신법

處治世宜方 處亂世宜圓 處叔季之世當方圓幷用.

처치세의방 처난세의원 처숙계지세당방원병용.

待善人宜寬 待惡人宜嚴 待庸衆之人當寬嚴互存.

대선인의관 대악인의엄 대용중지인당관엄호존.

051. 베푼 일은 빨리 잊어라

我有功於人不可念 而過則不可不念; 아유공어인불가념 이과즉불가불념;

人有恩於我不可忘 而怨則不可不忘. 인유은어아불가망 이원즉불가불망.

052. 생색내지 말고 베풀어라

施恩者 內不見己 外不見人 則斗粟可當萬鐘之惠;

시은자 내불현기 외불현인 즉두율가당만종지혜;

利物者 計己之施 責人之報 雖百鎰難成一文之功.

이물자 계기지시 책인지보 수백일난성일문지공.

053. 사람의 처지는 각기 다르다

人之際遇 有齊有不齊 而能使己獨齊乎? 인지제우 유제유부제 이능사기독제호?

己之情理 有順有不順 而能使人皆順乎? 기지정리 유순유불순 이능사인개순호?

以此相觀對治 亦是一方便法門. 이차상관대치 역시일방편법문.

054. 배움보다 사람됨이 먼저다

心地乾淨 方可讀書學古. 심지건정 방가독서학고

不然 見一善行 竊以濟私; 聞一善言 假以覆短.

불연 견일선행 절이제사; 문일선언 가이부단

是又藉寇兵而齎盜糧矣. 시우자구병이재도량의.

055. 위만 보고 살지 말라

奢者富而不足 何如儉者貧而有餘; 사자부이부족 하여검자빈이유여;

能者勞而府怨 何如拙者逸而全眞. 능자노이부원 하여졸자일이전진.

056. 글의 노예가 되지 말라

讀書不見聖賢 爲鉛槧傭; 독서불견성현 위연참용;

居官不愛子民 爲衣冠盜. 거관불애자민 위의관도.

講學不尚躬行 爲口頭禪; 강학불상궁행 위구두선;

立業不思種德 爲眼前花. 입업불사종덕 위안전화.

057. 자신의 참 소리를 들어라

人心有一部眞文章 都被殘編斷簡封錮了; 인심유일부진문장 도피잔편단간봉고료;

有一部眞鼓吹 都被妖歌艷舞湮沒了. 유일부진고취 도피요가염무인몰료.

學者須掃除外物 直覓本來 才有個眞受用. 학자수소제외물 직멱본래 재유개진수용.

058. 인생은 돌고 돈다

苦心中常得悅心之趣; 고심중상득열심지취;

得意時便生失意之悲. 득의시변생실의지비.

059. 꽃병 속 꽃은 금방 시든다

富貴名譽 自道德來者 如山林中花 自是舒徐繁衍;

부귀명예 자도덕래자 여산림중화 자시서서번연;

自功業來者 如盆檻中花 便有遷徙興廢; 자공업래자 여분함중화 변유천사흥폐;

若以權力得者 如瓶鉢中花 其根不植 其萎可立而待矣.

약이권력득자 여병발중화 기근불식 기위가입이대의.

060. 항구에 머무르지 말고 항해하라

春至時和 花尙鋪一段好色 鳥且囀幾句好音.

춘지시화 화상포일단호색 조차전기구호음.

士君子幸列頭角 復遇溫飽 不思立好言 行好事 雖是在世百年 恰似未生一日.

사군자행렬두각 부우온포 불사립호언 행호사 수시재세백년 흡사미생일일.

061. 배우는 사람의 마음가짐

學者要有段兢業的心思 又要有段瀟灑的趣味.

학자요유단긍업적심사 우요유단소쇄적취미.

若一味斂束淸苦 是有秋殺無春生 何以發育萬物?

약일미렴속청고 시유추살무춘생 하이발육만물?

062. 겉만 보고 판단하지 말라

眞廉無廉名 立名者正所以爲貪; 진렴무렴명 입명자정소이위탐;

大巧無巧術 用術者乃所以爲拙. 대교무교술 용술자내소이위졸.

063. 크게 버리면 크게 얻는다

攲器以滿覆 撲滿以空全. 기기이만복 박만이공전.

故君子寧居無不居有 寧處缺不處完. 고군자녕거무불거유 영처결불처완.

064. 자신에게 정직하라

名根未拔者 縱輕千乘甘一瓢 總墮塵情; 명근미발자 종경천승감일표 총타진정;

客氣未融者 雖澤四海利萬世 終爲剩技. 객기미융자 수택사해리만세 종위잉기.

065. 행복은 내 안에 있다

心體光明 暗室中有靑天; 심체광명 암실중유청천;

心頭暗昧 白日下生厲鬼. 심두암매 백일하생려귀.

066. 걱정 위한 걱정은 말라

人知名位爲樂 不知無名無位之樂爲最眞; 인지명위위락 부지무명무위지락위최진;

人知飢寒爲憂 不知不飢不寒之憂爲更甚. 인지기한위우 부지불기불한지우위갱심.

067. 부끄러워할 줄도 알라

爲惡而畏人知 惡中猶有善路; 위악이외인지 악중유유선로;

爲善而急人知 善處卽是惡根. 위선이급인지 선처즉시악근.

068. 평화로울 때 위기를 생각하라

天之機緘不測 抑而伸 伸而抑 皆是播弄英雄 顚倒豪傑處.

천지기함불측 억이신 신이억 개시파롱영웅 전도호걸처.

君子只是逆來順受 居安思危 天亦無所用其伎倆矣.

군자지시역래순수 거안사위 천역무소용기기량의.

069. 친절은 최고의 종교다

躁性者火熾 遇物則焚; 조성자화치 우물즉분;

寡恩者氷淸 逢物必殺; 과은자빙청 봉물필살;

凝滯固執者 如死水腐木 生機已絶: 응체고집자 여사수부목 생기이절:

俱難建功業而延福祉. 구난건공업이연복지.

070. 복을 달라고 기도하지 말라

福不可徼 養喜神以爲召福之本而已; 복불가요 양희신이위소복지본이이;

禍不可避 去殺機以爲遠禍之方而已. 화불가피 거살기이위원화지방이이.

071. 침묵은 최상의 언어이다

十語九中未必稱奇 一語不中則愆尤駢集; 십어구중미필칭기 일어부중즉건우병집;
十謀九成未必歸功 一謀不成則訾議叢興. 십모구성미필귀공 일모불성즉자의총흥.
君子所以寧默毋躁 寧拙毋巧. 군자소이녕묵무조 영졸무교.

072. 매정하면 복 달아난다

天地之氣 暖則生 寒則殺. 천지지기 난즉생 한즉살.
故性氣淸冷者 受享亦凉薄; 唯和氣熱心之人 其福亦厚 其澤亦長.
고성기청랭자 수향역량박; 유화기열심지인 기복역후 기택역장.

073. 욕망의 길은 비좁다

天理路上甚寬 稍游心胸中便覺廣大宏朗; 천리노상심관 초유심흉중변각광대굉랑;
人欲路上甚窄 才寄跡眼前俱是荊棘泥塗. 인욕로상심착 재기적안전구시형극니도.

074. 고난 속 행복이 오래간다

一苦一樂相磨練 練極而成福者 其福始久; 일고일락상마련 연극이성복자 기복시구;
一疑一信相參勘 勘極而成知者 其知始眞. 일의일신상참감 감극이성지자 기지시진.

075. 마음의 밭에 진실을 심어라

心不可不虛 虛則義理來居; 심불가불허 허즉의리래거;
心不可不實 實則物欲不入. 심불가불실 실즉물욕불입.

076. 맑은 물엔 고기가 없다

地之穢者多生物 水之淸者常無魚. 지지예자다생물 수지청자상무어.
故君子當存含垢納污之量 不可持好潔獨行之操.
고군자당존함구납오지량 불가지호결독행지조.

077. 편한 삶을 자랑하지 마라

泛駕之馬 可就驅馳; 躍冶之金 終歸型範. 봉가지마 가취구치; 약야지금 종귀형범.
只一優游不振 便終身無個進步. 지일우유부진 변종신무개진보.
白砂云: "爲人多病未足羞 一生無病是吾憂." 眞確論也.
백사운: "위인다병미족수 일생무병시오우." 진확론야.

078. 무소유가 큰 축복이다

人只一念貪私 便銷剛爲柔 塞智爲昏 變恩爲慘 染潔爲汚 壞了一生人品.
인지일념탐사 변소강위유 색지위혼 변은위참 염결위오 괴료일생인품.
故古人以不貪爲寶 所以度越一世. 고고인이불탐위보 소이도월일세.

079. 참마음이 도둑 쫓는다

耳目見聞爲外賊 情欲意識爲內賊. 이목견문위외적 정욕의식위내적.
只是主人翁惺惺不昧 獨坐中堂 賊便化爲家人矣.
지시주인옹성성불매 독좌중당 적변화위가인의.

080. 어려움에 미리 대비하라

圖未就之功 不如保已成之業; 도미취지공 불여보이성지업;
悔旣往之失 不如防將來之非. 회기왕지실 불여방장래지비.

081. 높고 자상한 기상을 키워라

氣象要高曠 而不可疏狂; 기상요고광 이불가소광;
心思要縝密 而不可瑣屑; 심사요진밀 이불가쇄설;
趣味要沖淡 而不可偏枯; 취미요충담 이불가편고;
操守要嚴明 而不可激烈. 조수요엄명 이불가격렬.

082. 자신을 낮추어야 행복하다

風來疏竹 風過而竹不留聲; 풍래소죽 풍과이죽불류성;
雁度寒潭 雁去而潭不留影. 안도한담 안거이담불류영.
故君子事來而心始現 事去而心隨空. 고군자사래이심시현 사거이심수공.

083. 군자는 중용의 길을 걷는다

淸能有容 仁能善斷 明不傷察 直不過矯; 청능유용 인능선단 명불상찰 직불과교;
是謂蜜餞不恬 海味不鹹 才是懿德. 시위밀전불첨 해미불함 재시의덕.

084. 자신의 기품을 잃지 말라

貧家淨拂地 貧女淨梳頭 景色雖不艶麗 氣度自是風雅.
빈가정불지 빈녀정소두 경색수불염려 기도자시풍아.

士君子一當窮愁寥落 奈何輒自廢弛哉! 사군자일당궁수료락 내하첩자폐이재!

085. 비 오기 전에 지붕 고쳐라

閒中不放過 忙處有受用; 한중불방과 망처유수용;

靜中不落空 動處有受用; 정중불락공 동처유수용;

暗中不欺隱 明處有受用. 암중불기은 명처유수용.

086. 재앙이 축복으로 바뀐다

念頭起處 才覺向欲路上去 便挽從理路上來.
염두기처 재각향욕로상거 변만종리로상래.

一起便覺 一覺便轉 此是轉禍爲福 起死回生的關頭 切莫輕易放過.
일기변각 일각변전 차시전화위복 기사회생적관두 절막경이방과.

087. 고요해야 참마음이 보인다

靜中念慮澄徹 見心之眞體; 정중염려징철 견심지진체;

閒中氣象從容 識心之眞機; 한중기상종용 식심지진기;

淡中意趣沖夷 得心之眞味. 담중의취충이 득심지진미.

觀心證道 無如此三者. 관심증도 무여차삼자.

088. 소란함 가운데 고요함을 찾아라

靜中靜 非眞靜 動處靜得來 才是性天之眞境;
정중정 비진정 동처정득래 재시성천지진경;

樂處樂 非眞樂 苦中樂得來 才見心體之眞機.
낙처락 비진락 고중락득래 재견심체지진기.

089. 욕심을 버릴 때 망설이지 말라

舍己毋處其疑 處其疑卽所舍之志多愧矣; 사기무처기의 처기의즉소사지지다괴의;

施人毋責其報 責其報倂所施之心俱非矣. 시인무책기보 책기보병소시지심구비의.

090. 하늘인들 어찌 하겠는가

天薄我以福 吾厚吾德以迓之; 천박아이복 오후오덕이아지;

天勞我以形 吾逸吾心以補之; 천노아이형 오일오심이보지;

天阨我以遇 吾亨吾道以通之. 천액아이우 오형오도이통지.
天且奈我何哉? 천차내아하재?

091. 하늘은 모르는 게 없다

貞士無心徼福 天卽就無心處牖其衷; 정사무심요복 천즉취무심처유기충;
憸人著意避禍 天卽就著意中奪其魄. 험인착의피화 천즉취착의중탈기백.
可見天地之機權最神 人之智巧何益? 가견천지지기권최신 인지지교하익?

092. 인생은 끝이 중요하다

聲妓晩景從良 一世之胭花無碍; 성기만경종량 일세지연화무애;
貞婦白頭失守 半生之淸苦俱非. 정부백두실수 반생지청고구비.
語云: "看人只看後半截." 眞名言也! 어운: "간인지간후반절." 진명언야!

093. 벼슬 없는 재상이 되라

平民肯種德施惠 便是無位的公相; 평민긍종덕시혜 변시무위적공상;
士夫徒貪權市寵 竟成有爵的乞人. 사부도탐권시총 경성유작적걸인.

094. 조상의 은혜에 감사하라

問祖宗之德澤 吾身所享者是 當念其積累之難;
문조종지덕택 오신소향자시 당념기적누지난;
問子孫之福祉 吾身所貽者是 要思其傾覆之易.
문자손지복지 오신소이자시 요사기경복지이.

095. 애써 선한 척 하지 마라

君子而詐善 無異小人之肆惡; 군자이사선 무이소인지사악;
君子而改節 不及小人之自新. 군자이개절 불급소인지자신.

096. 가정을 편안하게 하는 방법

家人有過 不宜暴怒 不宜輕棄. 가인유과 불의폭노 불이경기.
此事難言 借他事隱諷之; 今日不悟 俟來日再警之.
차사난언 차타사은풍지; 금일불오 사래일재경지.
如春風解凍 如和氣消冰 才是家庭的型範. 여춘풍해동 여화기소빙 재시가정적형범.

097. 세상만사 마음먹기 나름이다

此心常看得圓滿 天下自無缺陷之世界; 차심상간득원만 천하자무결함지세계;

此心常放得寬平 天下自無險側之人情. 차심상방득관평 천하자무험측지인정.

098. 겉은 부드럽게 속은 엄하게

澹泊之士 必爲濃艶者所疑; 담박지사 필위농염자소의;

檢飭之人 多爲放肆者所忌. 검칙지인 다위방사자소기.

君子處此 固不可少變其操履 亦不可太露其鋒芒.

군자처차 고불가소변기조리 역불가태로기봉망.

099. 고난은 참된 공부의 기회다

居逆境中 周身皆鍼砭藥石 砥節礪行而不覺;

거역경중 주신개침폄약석 지절려행이불각;

處順境內 眼前盡兵刃戈矛 銷膏靡骨而不知.

처순경내 안전진병인과모 소고미골이부지.

100. 욕망의 불꽃을 꺼라

生長富貴叢中的 嗜欲如猛火 權勢似烈焰. 생장부귀총중적 기욕여맹화 권세사열염.

若不帶些淸冷氣味 其火焰不至焚人 必將自爍矣.

약불대사청랭기미 기화염부지분인 필장자삭의.

101. 지성이면 감천이다

人心一眞 便霜可飛 城可隕 金石可貫; 인심일진 변상가비 성가운 금석가관;

若僞妄之人 形骸徒具 眞宰已亡 對人則面目可憎 獨居則形影自媿.

약위망지인 형해도구 진재이망 대인칙면목가증 독거칙형영자괴.

102. 있는 그대로 살아라

文章做到極處 無有他奇 只是恰好; 문장주도극처 무유타기 지시흡호;

人品做到極處 無有他異 只是本然. 인품주도극처 무유타이 지시본연.

103. 가짜와 진짜를 분별하라

以幻跡言 無論功名富貴 卽肢體亦屬委形; 이환적언 무론공명부귀 즉지체역속위형;

以眞境言 無論父母兄弟 卽萬物皆吾一體. 이진경언 무론부모형제 즉만물개오일체.
人能看得破認得眞 才可任天下之負擔 亦可脫世間之繮鎖.
인능간득파인득진 재가임천하지부담 역가탈세간지강쇄.

104. 반쯤에 만족하면 탈이 없다

爽口之味 皆爛腸腐骨之藥 五分便無殃; 상구지미 개난장부골지약 오분변무앙;

快心之事 悉敗身喪德之媒 五分便無悔. 쾌심지사 실패신상덕지매 오분변무회.

105. 화를 멀리 하는 세 가지 방법

不責人小過; 不發人陰私; 不念人舊惡. 불책인소과; 불발인음사; 불념인구악.

三者可以養德 亦可以遠害. 삼자가이양덕 역가이원해.

106. 경거망동 하지 마라

士君子持身不可輕 輕則物能撓我 而無悠閒鎭定之趣;

사군자지신불가경 경즉물능요아 이무유한진정지취;

用意不可重 重則我爲物泥 而無瀟洒活潑之機.

용의불가중 중즉아위물니 이무소쇄활발지기.

107. 인생은 시간의 축적이다

天地有萬古 此身不再得; 人生只百年 此日最易過;

천지유만고 차신불재득; 인생지백년 차일최이과;

幸生其間者 不可不知有生之樂 亦不可不懷虛生之憂.

행생기간자 불가불지유생지락 역불가불회허생지우.

108. 선행과 섭섭함을 함께 잊어라

怨因德彰 故使人德我 不若德怨之兩忘; 원인덕창 고사인덕아 불약덕원지양망;

仇因恩立 故使人知恩 不若恩仇之俱泯. 구인은립 고사인지은 불약은구지구민.

109. 가득 채우기보다 적당할 때 멈춰라

老來疾病 都是壯時招的; 노래질병 도시장시초적;

衰後罪孽 都是盛時作的. 쇠후죄얼 도시성시작적.

故持盈履滿 君子尤兢兢焉. 고지영리만 군자우긍긍언.

110. 사사로운 마음을 접어라

市私恩 不如扶公議; 結新知 不如敦舊好; 시사은 불여부공의; 결신지 불여돈구호;
立榮名 不如種隱德; 尙奇節 不如謹庸行. 입영명 불여종은덕; 상기절 불여근용행.

111. 사리사욕의 문턱을 넘어서지 마라

公平正論 不可犯手 一犯則貽羞萬世; 공평정론 불가범수 일범즉이수만세;
權門私竇 不可著脚 一著則點汚終身. 권문사두 불가착각 일착즉점오종신.

112. 늦어도 기차는 온다

曲意而使人喜 不若直躬而使人忌; 곡의이사인희 불약직궁이사인기;
無善而致人譽 不若無惡而致人毁. 무선이치인예 불약무악이치인훼.

113. 도움을 주는 친구가 되라

處父兄骨肉之變 宜從容 不宜激烈; 처부형골육지변 의종용 불의격렬;
遇朋友交遊之失 宜凱切 不宜優游. 우붕우교류지실 의개절 불의우유.

114. 진정한 영웅의 요건

小處不滲漏 暗中不欺隱 末路不怠荒 才是個眞正英雄.
소처불삼루 암중불기은 말로불태황 재시개진정영웅.

115. 작은 친절이 큰 기쁨 된다

千金難結一時之歡 一飯致終身之感. 천금난결일시지환 일반치종신지감.
蓋愛重反爲仇 薄極翻成喜也. 개애중반위구 박극번성희야.

116. 우둔함 속에 재주가 숨겨져 있다

藏巧於拙 用晦而明 寓淸之濁 以屈爲伸 眞涉世之一壺 藏身之三窟也.
장교어졸 용회이명 우청지탁 이굴위신 진섭세지일호 장신지삼굴야.

117. 자만심은 금물이다

衰颯的景象就在盛滿中 發生的機緘則在零落內.
쇠삽적경상취재성만중 발생적기함즉재영락내.
故君子居安宜操一心以慮患 處變當堅百忍以圖成.

고군자거안선조일심이려환 처변당견백인이도성.

118. 평범한 일상이 오래 간다

驚奇喜異者 無遠大之識; 경기희이자 무원대지식;

苦節獨行者 非恒久之操. 고절독행자 비항구지조.

119. 한 생각이 사람을 바꾼다

當怒火慾水正騰沸處 明明知得 又明明犯著. 知的是誰? 犯的又是誰?

당노화욕수정등비처 명명지득 우명명범착. 지적시수? 범적우시수?

此處能猛然轉念 邪魔便爲眞君矣. 차처능맹연전념 사마변위진군의.

120. 인간관계에서 삼가할 사항

毋偏信而爲奸所欺; 무편신이위간소기;

毋自任而爲氣所使; 무자임이위기소사;

毋以己之長而形人之短; 무이기지장이형인지단;

毋以己之拙而忌人之能. 무인기지졸이기인지능.

121. 제 눈 속의 들보를 못 본다

人之短處 要曲爲彌縫 如暴而揚之 是以短攻短;

인지단처 요곡위미봉 여폭이양지 시이단공단;

人有頑的 要善爲化誨 如忿而疾之 是以頑濟頑.

인유완적 요선위화회 여분이질지 시이완제완.

122. 거만한 자에게는 말을 조심하라

遇沈沈不語之士 且莫輸心; 우침침불어지사 차막수심;

見悻悻自好之人 應須防口. 견행행자호지인 응수방구.

123. 네 마음을 지켜라

念頭昏散處要知提醒 念頭吃緊時要知放下. 염두혼산처요지제성 염두흘긴시요지방하.

不然 恐去昏昏之病 又來憧憧之擾矣. 불연 공거혼혼지병 우래동동지요의.

124. 하늘은 흔적을 남기지 않는다

霽日靑天 倏變爲迅雷震電; 제일청천 숙변위신뢰진전;

疾風怒雨 倏變爲朗月晴空. 질풍노우 숙변위랑월청공.

氣機何嘗一毫凝滯? 太虛何嘗一毫障塞? 人之心體 亦當如是.

기기하상일호응체? 태허하상일호장색? 인지심체 역당여시.

125. 사사로운 욕심을 끊어라

勝私制欲之功 有曰識不早力不易者 有曰識得破忍不過者.

승사제욕지공 유왈식불조역불이자 유왈식득파인불과자.

蓋識是一顆照魔的明珠 力是一把斬魔的慧劍 兩不可少也.

개식시일과조마적명주 역시일파참마적혜검 양불가소야.

126. 속마음을 드러내지 말라

覺人之詐不形於言 受人之侮不動於色 此中有無窮意味 亦有無窮受用.

각인지사불형어언 수인지모부동어색 차중유무궁의미 역유무궁수용.

127. 시련이 큰 사람을 만든다

橫逆困窮是鍛鍊豪傑的一副爐錘 能受其鍛鍊則身心交益 不受其鍛鍊則身心交損.

횡역곤궁시단련호걸적일부로추 능수기단련즉심신교익 불수기단련즉심신교손.

128. 내 몸이 작은 우주이다

吾身一小天地也 使喜怒不愆 好惡有則 便是燮理的功夫;

오신일소천지야 사희노불건 호오유칙 변시섭리적공부;

天地一大父母也 使民無怨咨 物無氛疹 亦是敦睦的氣象.

천지일대부모야 사민무원자 물무분진 역시돈목적기상.

129. 알맞은 사랑이 오래 간다

害人之心不可有 防人之心不可無 此戒疎於慮也;

해인지심불가유 방인지심불가무 차계소어려야;

寧受人之欺 毋逆人之詐 此警傷於察也. 영수인지기 무역인지사 차경상어찰야.

二語竝存 精明而渾厚矣. 이어병존 정명이혼후의.

130. 남에게 해서는 안 되는 것들

毋因群疑而阻獨見; 毋任己意而廢人言; 무인군의이조독견; 무임기의이폐인언;

毋私小惠而傷大體; 毋借公論而快私情. 무사소혜이상대체; 무차공론이쾌사정.

131. 섣불리 비난하지 말라

善人未能急親 不宜預揚 恐來讒譖之奸; 선인미능급친 불의예양 공래참참지간;

惡人未能輕去 不宜先發 恐招媒蘗之禍. 악인미능경거 불의선발 공초매얼지화.

132. 조심 또 조심하라

靑天白日的節義 自暗室屋漏中培來; 청천백일적절의 자암실옥루중배래;

旋乾轉坤的經綸 自臨深履薄處操出. 선건전곤적경륜 자임심리박처조출.

133. 인륜은 거역할 수 없다

父慈子孝 兄友弟恭 縱做到極處 俱是合當如此 著不得一毫感激的念頭.
부자자효 형우제공 종주도극처 구시합당여차 착부득일호감격적염두.

如施者任德 受者懷恩 便是路人 便成市道矣.
여시자임덕 수자회은 변시로인 변성시도의.

134. 미(美)와 추(醜)는 함께 있다

有姸必有醜爲之對 我不誇姸 誰能醜我? 유연필유추위지대 아불과연 수능추아?

有潔必有汚爲之仇 我不好潔 誰能汚我? 유결필유구위지구 아불호결 수능오아?

135. 가까울수록 시기심이 심하다

炎凉之態 富貴更甚於貧賤; 염량지태 부귀갱심어빈천;

妬忌之心 骨肉尤狠於外人. 투기지심 골육우한어외인.

此處若不當以冷腸 御以平氣 鮮不日坐煩惱障中矣.
차처약부당이랭장 어이평기 선불일좌번뇌장중의.

136. 애매하게 평가하지 말라

功過不容少混 混則人懷惰墮之心; 공과불용소혼 혼즉인회타타지심;

恩仇不可太明 明則人起携貳之志. 은구불가태명 명즉인기휴이지지.

137. 높이 오른 용은 후회한다

爵位不宜太盛 太盛則危; 작위불의태성 태성즉위;

能事不宜盡畢 盡畢則衰; 능사불의진필 진필즉쇠;

行誼不宜過高 過高則謗興而毀來. 행의불의과고 과고즉방흥이훼래.

138. 내 잘못을 감추지 마라

惡忌陰 善忌陽. 악기음 선기양.

故惡之顯者禍淺 而隱者禍深; 善之顯者功小 而隱者功大.

고악지현자화천 이은자화심; 선지현자공소 이은자공대.

139. 재주는 덕의 하인이다

德者才之主 才者德之奴. 덕자재지주 재자덕지노.

有才無德 如家無主而奴用事矣 幾何不魍魎而猖狂?

유재무덕 여가무주이노용사의 기하불망량이창광?

140. 때로는 모르는 척도 해라

鋤奸杜倖 要放他一條去路. 서간두행 요방타일조거로.

若使之一無所容 譬如塞鼠穴者 一切去路都塞盡 則一切好物俱咬破矣.

약사지일무소용 비여색서혈자 일절거로도색진 즉일절호물구교파의.

141. 어려움을 함께 하라

當與人同過 不當與人同功 同功則相忌; 당여인동과 부당여인동공 동공즉상기;

可與人共患難 不可與人共安樂 安樂則相仇.

가여인공환난 불가여인공안락 안락즉상구.

142. 한마디 말이 큰 공덕 된다

士君子貧不能濟物者 遇人癡迷處出一言提醒之

사군자빈불능제물자 우인치미처출일언제성지

遇人急難處出一言解救之 亦是無量功德. 우인급난처출일언해구지 역시무량공덕.

143. 세상인심이 공통의 병폐다

饑則附 飽則颺 燠則趨 寒則棄 人情通患也. 기즉부 포즉양 욱즉추 한즉기 인정통환야.

144. 냉철히 보고 뜻을 지켜라

君子宜淨拭冷眼 愼勿輕動剛腸. 군자의정식냉안 신물경동강장.

145. 식견을 키워야 덕이 쌓인다

德隨量進 量由識長 故欲厚其德 不可不弘其量;

덕수량진 양유식장 고욕후기덕 불가불홍기량;

欲弘其量 不可不大其識. 욕홍기량 불가불대기식.

146. 고요할 때 조용히 기도하라

一燈螢然 萬籟無聲 此吾人初入宴寂時也. 일등형연 만뢰무성 차오인초입연적시야.

曉夢初醒 群動未起 此吾人初出混沌處也. 효몽초성 군동미기 차오인초출혼돈처야.

乘此而一念回光 炯然返照 始知耳目口鼻皆桎梏 而情欲嗜好悉機械矣.

승차이일념회광 형연반조 시지이목구비개질곡 이정욕기호실기계의.

147. 내 탓인지 먼저 살펴라

反己者 觸事皆成藥石; 반기자 촉사개성약석;

尤人者 動念則爲戈矛. 우인자 동념즉위과모.

一以闢衆善之路 一以濬諸惡之源 相去霄壤矣.

일이벽중선지로 일이준제악지원 상거소양의.

148. 숭고한 정신을 길러라

事業文章隨身銷毁 而精神萬古如新; 사업문장수신소훼 이정신만고여신;

功名富貴逐世轉移 而氣節千載一日. 공명부귀축세전이 이기절천재일일.

君子信不當以彼易此也. 군자신불당이피역차야.

149. 계략 속에 계략이 숨어있다

魚網之設 鴻則罹其中; 어망지설 홍즉이기중;

螳螂之貪 雀又乘其後. 당랑지탐 작우승기후.

機裡藏機 變外生變 智巧何足恃哉! 기리장기 변외생변 지교하족시재!

150. 목석같이 살지 말라

作人無點眞懇念頭 便成個花子 事事皆虛; 작인무점진간념두 변성개화자 사사개허;

涉世無段圓活機趣 便是個木人 處處有礙. 섭세무단원활기취 변시개목인 처처유애.

151. 휘젓지 않으면 물은 맑다

水不波則自定 鑑不翳則自明. 수불파즉자정 감불예즉자명.

故心無可淸 去其混之者而淸自現; 樂不必尋 去其苦之者而樂自存.

고심무가청 거기혼지자이청자현; 낙불필심 거기고지자이락자존.

152. 언행을 신중히 하라

有一念而犯鬼神之禁 一言而傷天地之和 一事而釀子孫之禍者 最宜切戒.

유일념이범귀신지금 일언이상천지지화 일사이양자손지화자 최의절계.

153. 서두르면 손해 본다

事有急之不白者 寬之或自明 毋躁急以速其忿;

사유급지불백자 관지혹자명 무조급이속기분;

人有操之不從者 縱之或自化 毋操切以益其頑.

인유조지불종자 종지혹자화 무조절이익기완.

154. 도덕심을 함양하라

節義傲靑雲 文章高〈白雪〉 절의오청운 문장고〈백설〉

若不以德性陶鎔之 終爲血氣之私 技能之末.

약불이덕성도용지 종위혈기지사 기능지말.

155. 노후에는 혼자가 좋다

謝事當謝於正盛之時 居身宜居於獨後之地. 사사당사어정성지시 거신의거어독후지지.

156. 작은 일도 소홀히 하지 마라

謹德須謹於至微之事 施恩務施於不報之人. 근덕수근어지미지사 시은무시어불보지인.

157. 늙어서는 산속이 편하다

交市人 不如友山翁; 교시인 불여우산옹;

謁朱門 不如親白屋. 알주문 불여친백옥.

聽街談巷語 不如聞樵歌牧詠; 청가담항어 불여문초가목영;

談今人失德過舉 不如述古人嘉言懿行. 담금인실덕과거 불여술고인가언의행.

158. 덕망이 사업의 기초이다

德者 事業之基 未有基不固而棟宇堅久者. 덕자 사업지기 미유기불고이동우견구자.

159. 뿌리 깊은 나무가 열매도 많다

心者 後裔之根 未有根不植而枝葉榮茂者. 심자 후예지근 미유근불식이지엽영무자.

160. 구걸하는 부자는 되지 말라

前人云: "抛却自家無盡藏 沿門持鉢效貧兒."
전인운: "포각자가무진장 연문지발효빈아."
又云: "暴富貧兒休說夢 誰家竈裡火無烟?"
우운: "폭부빈아휴설몽 수가조리화무연?"
一箴自昧所有 一箴自誇所有 可爲學文切戒.
일잠자매소유 일잠자과소유 가위학문절계.

161. 밥 먹듯이 책을 읽어라

道是一重公衆物事 當隨人而接引; 도시일중공중물사 당수인이접인;
學是一個尋常家飯 當隨事而警惕. 학시일개심상가반 당수사이경척.

162. 속는 것이 속이는 것보다 낫다

信人者 人未必盡誠 己則獨誠矣; 신인자 인미필진성 기즉독성의;
疑人者 人未必皆詐 己則先詐矣. 의인자 인미필개사 기즉선사의.

163. 넉넉한 마음으로 베풀어라

念頭寬厚的 如春風煦育 萬物遭之而生; 염두관후적 여춘풍후육 만물조지이생;
念頭忌刻的 如朔雪陰凝 萬物遭之而死. 염두기각적 여삭풍음응 만물조지이사.

164. 선행엔 보답이 있다

爲善不見其益 如草裡冬瓜 自應暗長; 위선불견기익 여초리동과 자응암장;
爲惡不見其損 如庭前春雪 當必潛消. 위악불견기손 여정전춘설 당필잠소.

165. 꺼진 불도 다시 보자

遇故舊之交 意氣要愈新; 우고구지교 의기요유신;

處隱微之事 心跡宜愈顯; 처은미지사 심적의유현;

待衰朽之人 恩禮當愈隆. 대쇠후지인 은예당유륭.

166. 내 것 아껴서 남 주어라

勤者敏於德義 而世人借勤以濟其貧; 근자민어덕의 이세인차근이제기빈;

儉者淡於貨利 而世人假儉以飾其吝. 검자담어화리 이세인가검이식기인.

君子持身之符 反爲小人營私之具矣. 惜哉! 군자지신지부 반위소인영사지구의. 석재!

167. 감성적 깨우침은 일순간이다

憑意興作爲者 隨作則隨止 豈是不退之輪? 빙의흥작위자 수작즉수지 기시불퇴지륜?

從情識解悟者 有悟則有迷 終非常明之燈. 종정식해오자 유오즉유미 종비상명지등.

168. 내 허물은 용서하지 마라

人之過誤宜恕 而在己則不可恕; 인지과오의서 이재기즉불가서;

己之困辱當忍 而在人則不可忍. 기지곤욕당인 이재인즉불가인.

169. 너무 유별나게 굴지 마라

能脫俗便是奇 作意尙奇者 不爲奇而爲異; 능탈속변시기 작의상기자 불위기이위이;

不合汚便是淸 絶俗求淸者 不爲淸而爲激. 불합오변시청 절속구청자 불위청이위격.

170. 처음은 박하게 나중에는 후하게

恩宜自淡而濃 先濃後淡者 人忘其惠; 은의자담이농 선농후담자 인망기혜;

威宜自嚴而寬 先寬後嚴者 人怨其酷. 위의자엄이관 선관후엄자 인원기혹.

171. 허접한 생각을 버려라

心虛則性現 不息心而求見性 如撥波覓月: 심허즉성현 불식심이구견성 여발파멱월:

意淨則心淸 不了意而求明心 如索鏡增塵. 의정즉심청 불료의이구명심 여색경증진.

172. 남의 이목에 초연하라

我貴而人奉之 奉此峨冠大帶也; 아귀이인봉지 봉차아관대대야;

我賤而人侮之 侮此布衣草履也. 아천이인모지 모차포의초리야.

然則原非奉我 我胡爲喜? 原非侮我 我胡爲怒?

연즉원비봉아 아호위희? 원비모아 아호위노?

173. 이웃과 더불어 살아라

"爲鼠常留飯 憐蛾不點燈" 古人此等念頭 是吾人一點生生之機.

"위서상유반 연아불점등" 고인차등념두 시오인일점생생지기.

無此 便所謂土木形骸而已. 무차 변소위토목형해이이.

174. 인심이 천심이다

心體便是天體. 심체변시천체.

一念之喜 景星慶雲; 一念之怒 震雷暴雨; 一念之慈 和風甘露; 一念之嚴 烈日秋霜.

일념지희 경성경운; 일념지노 진뢰폭우; 일념지자 화풍감로; 일념지엄 열일추상.

何者少得? 只要隨起隨滅 廓然無礙 便與太虛同體.

하자소득? 지요수기수멸 확연무애 변여태허동체.

175. 바쁠수록 침착하라

無事時心易昏冥 宜寂寂而照以惺惺; 무사시심이혼명 의적적이조이성성;

有事時心易奔逸 宜惺惺而主以寂寂. 유사시심이분일 의성성이주이적적.

176. 손익계산에서 나를 빼라

議事者身在事外 宜悉利害之情; 의사자신재사외 의실이해지정;

任事者身居事中 當忘利害之慮. 임사자신거사중 당망이해지려.

177. 소인배의 아첨을 조심하라

士君子處權門要路 操履要嚴明 心氣要和易,

사군자처권문요로 조리요엄명 심기요화이,

毋少隨而近腥羶之黨 亦毋過激而犯蜂蠆之毒.

무소수이근성전지당 역무과격이범봉채지독.

178. 화합은 삶의 보배이다

標節義者 必以節義受謗; 표절의자 필이절의수방;

榜道學者 常因道學招尤. 방도학자 상인도학초우.

故君子不近惡事 亦不立善名 只渾然和氣 才是居身之珍.
고군자불근악사 역불입선명 지혼연화기 재시거신지진.

179. 사람을 교화하는 방법

遇欺詐的人 以誠心感動之; 우기사적인 이성심감동지;

遇暴戾的人 以和氣薰蒸之; 우폭려적인 이화기훈증지;

遇傾邪私曲的人 以名義氣節激礪之; 우경사사곡적인 이명의기절격려지;

天下無不入我陶冶中矣. 천하무불입아도야중의.

180. 사랑이 가장 큰 축복이다

一念慈祥 可以醞釀兩間和氣; 일념자상 가이온양양간화기;

寸心潔白 可以昭垂百代清芬. 촌심결백 가이소수백대청분.

181. 평범하면 탈도 적다

陰謀怪習 異行奇能 俱是涉世的禍胎. 음모괴습 이행기능 구시섭세적화태.

只一個庸德庸行 便可以完混沌而召和平. 지일개용덕용행 변가이완혼돈이소화평.

182. 참고 견뎌야 성공한다

語云: "登山耐側路 踏雪耐危橋." 一'耐'字極有意味.
어운: "등산내측로 답설내위교." 일'내'자극유의미.

如傾險之人情 坎坷之世道 若不得一'耐'字撑持過去 幾何不墮入榛莽坑塹哉?
여경험지인정 감가지세도 약불득일'내'자탱지과거 기하불타입진망갱참재?

183. 자기 자랑하지 마라

誇逞功業 炫耀文章 皆是靠外物做人. 과령공업 현요문장 개시고외물주인.

不知心體瑩然 本來不失 卽無寸功隻字 亦自有堂堂正正做人處.
부지심체형연 본래불실 즉무촌공척자 역자유당당정정주인처.

184. 바쁠 때 고요함을 찾아라

忙裡要偸閒 須先向閒時討個把柄; 망리요투한 수선향한시토개파병;

鬧中要取靜 須先從靜處立個主宰. 요중요취정 수선종정처입개주재.

不然 未有不因境而遷 隨事而靡者. 불연 미유불인경이천 수사이미자.

185. 세상 물자를 아껴라

不昧己心 不盡人情 不竭物力. 불매기심 부진인정 불갈물력.

三者可以爲天地立心 爲生民立命 爲子孫造福.

삼자가이위천지입심 위생민입명 위자손조복.

186. 가정과 직장에서의 마음가짐

居官有二語 曰: 惟公則生明 惟廉則生威. 거관유이어 왈: 유공즉생명 유렴즉생위.

居家有二語 曰: 惟恕則情平 惟儉則用足. 거가유이어 왈: 유서즉정평 유검즉용족.

187. 젊을 때 노후에 대비하라

處富貴之地 要知貧賤的痛癢; 처부귀지지 요지빈천적통양;

當少壯之時 須念衰老的辛酸. 당소장지시 수념쇠로적신산.

188. 너그러워야 사람을 얻는다

持身不可太皎潔 一切汚辱垢穢要茹納得; 지신불가태교결 일체오욕구예요여납득;

與人不可太分明 一切善惡賢愚要包容得. 여인불가태분명 일체선악현우요포용득.

189. 소인배와 다투지 마라

休與小人仇讎 小人自有對頭; 휴여소인구수 소인자유대두;

休向君子諂媚 君子原無私惠. 휴향군자첨미 군자원무사혜.

190. 집착하는 병은 고치기 어렵다

縱欲之病可醫 而執理之病難醫; 종욕지병가의 이집리지병난의;

事物之障可除 而義理之障難除. 사물지장가제 이의리지장난제.

191. 경솔하면 크게 이룰 수 없다

磨礪當如百煉之金 急就者非邃養; 마려당여백련지금 급취자비수양;

施爲宜似千鈞之弩 輕發者無宏功. 시위의사천균지노 경발자무굉공.

192. 소인배의 비난은 개의치 말라

寧爲小人所忌毁 毋爲小人所媚悅; 영위소인소기훼 무위소인소미열;
寧爲君子所責修 毋爲君子所包容. 영위군자소책수 무위군자소포용.

193. 사이비 군자가 더 무섭다

好利者 逸出於道義之外 其害顯而淺; 호이자 일출어도의지외 기해현이천;
好名者 竄入於道義之中 其害隱而深. 호명자 찬입어도의지중 기해은이심.

194. 원한은 모래밭에 써라

受人之恩 雖深不報 怨則淺亦報之; 수인지은 수심불보 원즉천역보지;
聞人之惡 雖隱不疑 善則顯亦疑之. 문인지악 수은불의 선즉현역의지.
此刻之極 薄之尤也 宜切戒之! 차각지극 박지우야 의절계지!

195. 아첨에 현혹되지 마라

讒夫毁士 如寸雲蔽日 不久自明; 참부훼사 여촌운폐일 불구자명;
媚子阿人 似隙風侵肌 不覺其損. 미자아인 사극풍침기 불각기손.

196. 높은 산 나무는 키가 작다

山之高峻處無木 而溪谷廻環則草木叢生; 산지고준처무목 이계곡회환즉초목총생;
水之湍急處無魚 而淵潭停畜則魚鼈聚集. 수지단급처무어 이연담정축즉어별취집.
此高絶之行 褊急之衷 君子重有戒焉. 차고절지행 편급지충 군자중유계언.

197. 자신을 비워야 성공한다

建功立業者 多虛圓之士; 건공입업자 다허원지사;
僨事失機者 必執拗之人. 분사실기자 필집요지인.

198. 너무 멀지도 가깝지도 않게

處世不宜與俗同 亦不宜與俗異; 처세불의여속동 역불의여속이;
作事不宜令人厭 亦不宜令人喜. 작사불의영인염 역불의영인희.

199. 저녁노을 고운 집을 지어라

日旣暮而猶煙霞絢爛 歲將晚而更橙橘芳馨. 일기모이유연하현란 세장만이갱등귤방향.

故末路晚年 君子更宜情神百倍. 고말로만년 군자갱의정신백배.

200. 총명을 드러내지 말라

鷹立如睡 虎行似病 正是他攫人噬人之手段處.
응립여수 호행사병 정시타확인서인지수단처.
故君子要聰明不露 才華不逞 才有肩鴻任鉅的力量.
고군자요총명불로 재화불령 재유견홍임거적력량.

201. 검약이 지나치면 인색해진다

儉 美德也 過則爲慳吝 爲鄙嗇 反傷雅道; 검 미덕야 과즉위간린 위비색 반상아도;
讓 懿行也 過則爲足恭 爲曲謹 多出機心. 양 의행야 과즉위족공 위곡근 다출기심.

202. 하늘도 길게 말하지 않는다

毋憂拂意 毋喜快心; 무우불의 무희쾌심;
毋恃久安 毋憚初難. 무시구안 무탄초난.

203. 허장성세를 버려라

飲宴之樂多 不是個好人家; 음연지락다 불시개호인가;
聲華之習勝 不是個好士子; 성화지습승 불시개호사자;
名位之念重 不是個好臣士. 명위지념중 불시개호신사.

204. 고생 끝에 복이 온다

世人以心肯處爲樂 却被樂心引在苦處; 세인이심긍처위락 각피락심인재고처;
達士以心拂處爲樂 終爲苦心換得樂來. 달사이심불처위락 종위고심환득락래.

205. 가득 차면 넘친다

居盈滿者 如水之將溢未溢 切忌再加一滴; 거영만자 여수지장일미일 절기재가일적;
處危急者 如木之將折未折 切忌再加一搦. 처위급자 여목지장절미절 절기재가일닉.

206. 이성과 지혜로 처세하라

冷眼觀人 冷耳聽語; 냉안관인 냉이청어;
冷情當感 冷心思理. 냉정당감 냉심사리.

207. 인색하게 굴면 복 달아난다

仁人心地寬舒 便福厚而慶長 事事成個寬舒氣象;

인인심지관서 변복후이경장 사사성개관서기상;

鄙夫念頭迫促 便祿薄而澤短 事事得個迫促規模.

비부염두박촉 변록박이택단 사사득개박촉규모.

208. 섣불리 남의 말을 믿지 말라

聞惡不可就惡 恐爲讒夫洩怒; 문악불가취오 공위참부설노;

聞善不可急親 恐引奸人進身. 문선불가급친 공인간인진신.

209. 빨리 뛰면 넘어진다

性躁心粗者 一事無成; 성조심조자 일사무성;

心和氣平者 百福自集. 심화기평자 백복자집.

210. 가혹하면 사람을 잃는다

用人不宜刻 刻則思效者去; 용인불의각 각즉사효자거;

交友不宜濫 濫則貢諛者來. 교우불의람 남즉공유자래.

211. 위태로우면 물러서라

風斜雨急處要立得脚定 花濃柳艷處要著得眼高 路危徑險處要回得頭早.

풍사우급처요립득각정 화농류염처요착득안고 노위경험처요회득두조.

212. 겸손하고 화목하라

節義之人濟以和衷 才不啓忿爭之路; 절의지인제이화충 재불계분쟁지로;

功名之士承以謙德 方不開嫉妬之門. 공명지사승이겸덕 방불개질투지문.

213. 공과 사를 분명히 하라

士大夫居官不可竿牘無節 要使人難見 以杜倖端;

사대부거관불가간독무절 요사인난견 이두행단;

居鄉不可崖岸太高 要使人易見 以敦舊好. 거향불가애안태고 요사인이견 이돈구호.

214. 아래 위를 함께 살펴라

大人不可不畏 畏大人則無放逸之心; 대인불가불외 외대인즉무방일지심;

小民亦不可不畏 畏小民則無豪橫之名. 소인역불가불외 외소인즉무호횡지명.

215. 어려울 땐 남을 생각하라

事稍拂逆 便思不如我的人 則怨尤自消; 사초불역 변사불여아적인 즉원우자소;

心稍怠荒 便思勝似我的人 則精神自奮. 심초태황 변사승사아적인 즉정신자분.

216. 가벼이 승낙하지 마라

不可乘喜而輕諾 不可因醉而生嗔, 불가승희이경락 불가인취이생진,

不可乘快而多事 不可因倦而鮮終. 불가승쾌이다사 불가인권이선종.

217. 책 속에 길이 있다

善讀書者 要讀到手舞足蹈處 方不落筌蹄; 선독서자 요독도수무족도처 방불락전제;

善觀物者 要觀到心融神洽時 方不泥跡象. 선관물자 요관도심융신흡시 방불니적상.

218. 가진 자의 도의적 의무

天賢一人以誨衆人之愚 而世反逞所長以形人之短;
천현일인이회중인지우 이세반령소장이형인지단;

天富一人以濟衆人之困 而世反挾所有以凌人之貧;
천부일인이제중인지곤 이세반협소유이능인지빈.

眞天之戮民哉! 진천지륙민재!

219. 통달한 이는 근심하지 않는다

至人何思何慮 愚人不識不知 可與論學 亦可與建功.
지인하사하려 우인불식부지 가여논학 역가여건공.

唯中才的人 多一番思慮知識 便多一番臆度猜疑 事事難與下手.
유중재적인 다일번사려지식 변다일번억조시의 사사난여하수.

220. 입은 마음의 문이다

口乃心之門 守口不密 洩盡眞機; 구내심지문 수구불밀 설진진기;

意乃心之足 防意不嚴 走盡邪蹊. 의내심지족 방의불엄 주진사혜.

221. 자신의 허물부터 고쳐라

責人者 原無過於有過之中 則情平; 책인자 원무과어유과지중 즉정평;

責己者 求有過於無過之內 則德進. 책기자 구유과어무과지내 즉덕진.

222. 어린이는 어른의 씨앗이다

子弟者 大人之胚胎; 秀才者 士夫之胚胎. 자제자 대인지배태; 수재자 사부지배태.

此時若火力不到 陶鑄不純 他日涉世立朝 終難成個令器.

차시약화력부도 도주불순 타일섭세입조 종난성개영기.

223. 이웃의 어려움을 외면하지 말라

君子處患難而不憂 當宴遊而惕慮; 군자처환난이불우 당연유이척려;

遇權豪而不懼 對惸獨而驚心. 우권호이불구 대경독이경심.

224. 큰 그릇은 늦게 이루어진다

桃李雖艶 何如松蒼栢翠之堅貞? 도리수염 하여송창백취지견정?

梨杏雖甘 何如橙黃橘綠之馨冽? 이행수감 하여등황귤녹지형렬?

信乎! 濃夭不及淡久 早秀不如晩成也. 신호! 농요불급담구 조수불여만성야.

225. 고요 속에 참다운 자신이 보인다

風恬浪靜中 見人生之眞境; 풍념랑정중 견인생지진경;

味淡聲希處 識心體之本然. 미담성희처 식심체지본연.

226(後001): 말부터 앞세우지 마라

談山林之樂者 未必眞得山林之趣; 담산림지락자 미필진득산림지취;

厭名利之談者 未必盡忘名利之情. 염명리지담자 미필진망명리지정.

227(後002): 억지로 일을 만들지 마라

釣水 逸事也 尙持生殺之柄; 조수 일사야 상지생살지병;

奕棋 淸戲也 且動戰爭之心. 혁기 청희야 차동전쟁지심.

可見喜事不如省事之爲適 多能不若無能之全眞.

가견희사불여생사지위적 다능불약무능지전진

228(後003): 부귀영화는 허상이다

鶯花茂而山濃谷艶 總是乾坤之幻境; 앵화무이산농곡염 총시건곤지환경;

水木落而石瘦崖枯 才見天地之眞吾. 수목락이석수애고 재견천지지진오.

229(後004): 세상만사 생각하기 나름이다

歲月本長 而忙者自促; 세월본장 이망자자촉;

天地本寬 而鄙者自隘; 천지본관 이비자자애;

風花雪月本開 而勞攘者自冗. 풍화설월본한 이노양자자용.

230(後005): 지금 이 자리가 가장 소중하다

得趣不在多 盆池拳石間 煙霞俱足; 득취부재다 분지권석간연하구족;

會景不在遠 蓬窓竹屋下 風月自賖. 회경부재원 봉창죽옥하풍월자사.

231(後006): 고요한 마음속에 영혼이 깃든다

聽靜夜之鐘聲 喚醒夢中之夢; 청정야지종성 환성몽중지몽;

觀澄潭之月影 窺見身外之身. 관징담지월영 규견신외지신.

232(後007): 산은 산이요 물은 물이다

鳥語蟲聲 總是傳心之訣; 조어충성 총시전심지결;

花英草色 無非見道之文. 화영초색 무비견도지문.

學者要天氣淸徹 胸次玲瓏 觸物皆有會心處.

학자요천기청철 흉차령롱 촉물개유회심처.

233(後008): 형체에 얽매이지 말라

人解讀有字書 不解讀無字書; 인해독유자서 불해독무자서;

知彈有弦琴 不知彈無弦琴. 지탄유현금 부지탄무현금.

以跡用不以神用 何以得琴書之趣? 이적용불이신용 하이득금서지취?

234(後009): 음악과 책이 있어 행복하다

心無物欲 則是秋空霽海; 심무물욕 즉시추공제해;

坐有琴書 便成石室丹丘. 좌유금서 변성석실단구.

235(後010): 끝나지 않는 파티는 없다

賓朋雲集 劇飮淋漓樂矣. 빈붕운집 극음림리락의.

俄而漏盡燭殘 香銷茗冷 不覺反成嘔咽 令人索然無味.

아이루진촉잔 향소명랭 불각반성구열 영인삭연무미.

天下事率類此 人奈何不早回頭也? 천하사솔류차 인내하불조회두야?

236(後011): 참된 멋은 내 마음에 있다

會得個中趣 五湖之烟月盡入寸裡; 회득개중취 오호지연월진입촌리;

破得眼前機 千古之英雄盡歸掌握. 파득안전기 천고지영웅진귀장악.

237(後012): 인간은 티끌 속 티끌이다

山河大地已屬微塵 以况塵中之塵? 산하대지이속미진 이황진중지진?

血肉身軀且歸泡影 而况影外之影? 혈육신구차귀포영 이황영외지영?

非上上智 無了了心. 비상상지 무료료심.

238(後013): 달팽이 뿔 끝에서 싸움질 한다

石火光中爭長競短 幾何光陰? 석화광중쟁장경단 기하광음?

蝸牛角上較雌論雄 許大世界? 와우각상교자논웅 허대세계?

239(後014): 정상에 서면 내리막뿐이다

寒燈無焰 敝裘無溫 總是播弄光景; 한등무염 폐구무온 총시파롱광경;

身如槁木 心似死灰 不免墮落頑空. 신여고목 심사사회 불면타락완공.

240(後015): 쉴 수 있을 때 쉬어라

人肯當下休 便當下了. 인긍당하휴 변당하료.

若要尋個歇處 則婚嫁雖完 事亦不少 僧道雖好 心亦不了.

약요심개헐처 즉혼가수완 사역불소. 승도수호 심역불료.

前人云: "如今休去便休去 若覓了時無了時." 見之卓矣!

전인운: "여금휴거변휴거 약멱료시무료시." 견지탁의!

241(後016): 일상에서 벗어나 여유를 가져라

從冷視熱 然後知熱處之奔馳無益; 종냉시열 연후지열처지분주무익;

從冗入閒 然後覺閒中之滋味最長. 종용입한 연후각한중지자미최장.

242(後017): 먹고 즐기는 데 빠지지 말라

有浮雲富貴之風 而不必岩棲穴處; 유부운부귀지풍 이불필암서혈처;
無膏肓泉石之癖 而常自醉酒耽詩. 무고황천석지벽 이상자취주탐시.

243(後018): 자신의 북소리에 맞춰 걸어라

競逐聽人 不嫌盡醉; 恬淡適己 不誇獨醒. 경축청인 이불혐진취; 염담적기 이불과독성.
此釋氏所謂 '不爲法纏 不爲空纏 身心兩自在' 者.
차석씨소위 '불위법전 불위공전 신심량자재' 자.

244(後019): 길고 짧음은 생각하기 나름이다

延促由於一念 寬窄係之寸心; 연촉유어일념 관착계지촌심;
故機閒者一日搖於千古 意寬者斗室寬若兩間.
고기한자일일요어천고 의광자두실관약양간.

245(後20): 덜어내고 또 덜어내라

損之又損 栽花種竹 盡交還烏有先生; 손지우손 재화종죽 진교환오유선생;
忘無可忘 焚香煮茗 總不問白衣童子. 망무가망 분향자명 총불문백의동자.

246(後021): 있는 그대로의 삶에 만족하라

都來眼前事 知足者仙境 不知足者凡境; 도래안전사 지족자선경 부지족자범경;
總出世上因 善用者生機 不善用者殺機. 총출세상인 선용자생기 불선용자살기.

247(後022): 권세에 아첨하지 마라

趨炎附勢之禍 甚慘亦甚速; 추염부세지화 심참역심속;
棲恬守逸之味 最淡亦最長. 서념수일지미 최담역최장.

248(後023): 자연과 함께 하는 즐거움

松澗邊 携杖獨行 立處雲生破衲; 송간변 휴장독행 입처운생파납;
竹窓下 枕書高臥 覺時月侵寒氈. 죽창하 침서고와 각시월침한전.

249(後024): 욕망이 생기면 죽음을 생각하라

色欲火熾 而一念及病時 便興似寒灰; 색욕화치 이일념급병시 변흥사한회;

名利飴甘 而一想到死地 便味如嚼蠟. 명리이감 이일상도사지 변미여작랍.

故人常憂死慮病 亦可消幻業而長道心. 고인상우사려병 역가소환업이장도심.

250(後025): 앞 다투면 길이 좁아진다

爭先的徑路窄 退後一步 自寬平一步; 쟁선적경로착 퇴후일보 자관평일보;

濃艶的滋味短 淸淡一分 自悠長一分. 농염적자미단 청담일분 자유장일분.

251(後026): 편안할 때 위험을 생각하라

忙處不亂性 須閒處心神養得淸; 망처불란성 수한처심신양득청;

死時不動心 須生時事物看得破. 사시불동심 수생시사물간득파.

252(後027): 숲속에는 영욕이 없다

隱逸林中無榮辱; 道義路上無炎凉. 은일림중무영욕; 도의로상무염량.

253(後028): 마음 가는 대로 가라

熱不必除 而除此熱惱 身常在淸涼臺上; 열불필제 이제차열뇌 신상재청량대상;

窮不可遣 而遣此窮愁 心常居安樂窩中. 궁불가견 이견차궁수 심상거안락와중.

254(後029): 시작이 있으면 끝이 있다

進步處便思退步 庶免觸藩之禍; 진보처변사퇴보 서면촉번지화;

著手時先圖放手 才脫騎虎之危. 착수시선도방수 재탈기호지위.

255(後030): 욕심은 만족을 모른다

貪得者 分金恨不得玉 封公怨不受候 權豪自甘乞丐;

탐득자 분금한불득옥 봉공원불수후 권호자감걸개;

知足者 藜羹旨於膏粱 布袍煖於狐貉 編民不讓王公.

지족자 여갱지어고량 포포난어호학 편민불양왕공.

256(後031): 일은 줄일수록 좋다

矜名不若逃名趣 練事何如省事閒? 긍명불약도명취 연사하여생사한?

257(後032): 차별하는 마음을 버려라

嗜寂者 觀白雲幽石而通玄; 기적자 관백운유석이통현;

趨榮者 見淸歌妙舞而忘倦. 추영자 견청가묘무이망권.

唯自得之士 無喧寂 無榮枯 無往非自適之天.

유자득지사 무훤적 무영고 무왕비자적지천.

258(後033): 구름에 달 가듯 살아라

孤雲出岫 去留一無所係; 고운출수 거류일무소계;

朗鏡懸空 靜躁兩不相干. 낭경현공 정조량불상간.

259(後034): 짙은 맛은 오래 남지 않는다

悠長之趣 不得於濃釅 而得於啜菽飮水; 유장지취 불득어농엄 이득어철숙음수;

惆悵之懷 不生於枯寂 而生於品竹調絲. 추창지회 불생어고적 이생어품죽조사.

固知濃處味常短 淡中趣獨眞也. 고지농처미상단 담중취독진야.

260(後035): 진리는 평범한 곳에 있다

禪宗曰: "飢來吃飯倦來眠." 선종왈: "기래흘반권래면."

詩旨曰: "眼前景致口頭語." 시지왈: "안전경치구두어."

蓋極高寓於極平 至難出於至易; 有意者反遠 無心者自近也.

개극고우어극평 지난출어지이; 유의자반원 무심자자근야.

261(後036): 깊은 강은 소리 없이 흐른다

水流而境無聲 得處喧見寂之趣; 수류이경무성 득처훤견적지취;

山高而雲不礙 悟出有入無之機. 산고이운불애 오출유입무지기.

262(後037): 집착이 고통을 낳는다

山林是勝地 一營戀便成市朝; 산림시승지 일영연변성시조;

書畵是雅事 一貪癡便成商賈. 서화시아사 일탐치변성상고.

蓋心無染着 欲界是仙都; 心有係戀 樂境成苦海矣.

개심무염착 욕계시선도; 심유계연 낙경성고해의.

263(後038): 고요한 마음에 지혜가 고인다

時當喧雜 則平日所記憶者 皆漫然忘去; 시당훤잡 즉평일소기억자 개만연망거;

境在淸寧 則夙昔所遺忘者 又恍爾現前. 경재청녕 즉숙석소유망자 우황이현전.

可見靜躁稍分 昏明頓異也. 가견정조초분 혼명돈이야.

264(後039): 자연에 묻혀 자연을 노래하라

蘆花被下 臥雪眠雲 保全得一窩夜氣; 노화피하 와설면운 보전득일와야기;

竹葉杯中 吟風弄月 躱離了萬丈紅塵. 죽엽배중 음풍농월 타리료만장홍진.

265(後040): 소박하되 우아하게 살아라

袞冕行中 著一藜杖的山人 便曾一段高風; 곤면행중 착일려장적산인 변증일단고풍;

漁樵路上 著一袞衣的朝士 轉添許多俗氣. 어초로상 착일곤의적조사 전첨허다속기.

固知濃不勝淡 俗不如雅也. 고지농불승담 속불여아야.

266(後041): 머문 자리에서 최선을 다하라

出世之道 卽在涉世中 不必絶人以逃世; 출세지도 즉재섭세중 불필절인이도세;

了心之功 卽在盡心內 不必絶欲以灰心. 요심지공 즉재진심내 불필절욕이회심.

267(後042): 유유자적하면 여유롭다

此身常放在閒處 榮辱得失誰能差遣我? 차신상방재한처 영욕득실수능차견아?

此心常安在靜中 是非利害誰能瞞昧我? 차심상안재정중 시비이해수능만매아?

268(後043): 자연과 벗하면 평화롭다

竹籬下 忽聞犬吠鷄鳴 恍似雲中世界; 죽리하 홀문견폐계명 황사운중세계;

芸窓中 雅聽蟬吟鴉噪 方知靜裡乾坤. 운창중 아청선음아조 방지정리건곤.

269(後044) : 마음 비우면 두려울 게 없다.

我不希榮 何憂乎利祿之香餌? 아불희영 하우호이록지향이?

我不競進 何畏乎仕宦之危機? 아불경진 하외호사환지위기?

270(後045): 자연은 마음을 가라앉힌다

徜徉於山林泉石之間 而塵心漸息; 상양어산림천석지간 이진심점식;

夷猶於詩書圖畫之內 而俗氣潛消. 이유어시서도화지내 이속기잠소.
故君子雖不玩物喪志 亦常借境調心. 고군자수불완물상지 역상차경조심.

271(後046): 화려한 봄보다 상쾌한 가을이 좋다

春日氣象繁華 令人心神駘蕩 不若秋日雲白風淸;
춘일기상번화 영인심신태탕 불약추일운백풍청;
蘭芳桂馥 水天一色 上下空明 使人神骨俱淸也.
난방계복 수천일색 상하공명 사인신골구청야.

272(後047): 시인의 참마음을 읽어라

一字不識而有詩意者 得詩家眞趣; 일자불식이유시의자 득시가진취;
一偈不參而有禪味者 悟禪敎玄機. 일게불참이유선미자 오선교현기.

273(後048): 형상은 마음에 따라 생멸한다

機動的 弓影疑爲蛇蝎 寢石視爲伏虎 此中渾是殺氣;
기동적 궁영의위사갈 침석시위복호 차중혼시살기;
念息的 石虎可作海鷗 蛙聲可當鼓吹 觸處俱見眞機.
염식적 석호가작해구 와성가당고취 촉처구견진기.

274(後049): 순리대로 살아라

身如不繫之舟 一任流行坎止; 신여불계지주 일임유행감지;
心似旣灰之木 何妨刀割香塗. 심사기회지목 하방도할향도.

275(後050): 모든 생명엔 존재 이유가 있다

人情聽鶯啼則喜 聞蛙鳴則厭 見花則思培之 遇草則欲去之 俱是以形氣用事.
인정청앵제즉희 문와명즉염 견화즉사배지 우초즉욕거지 구시이형기용사.
若以性天視之 何者非自鳴其天機 非自暢其生意也?
약이성천시지 하자비자명기천기 비자창기생의야?

276(後051): 늙음을 슬퍼하지 마라

髮落齒疏 任幻形之彫謝; 발락치소 임환형지조사;
鳥吟花笑 識自性之眞如. 조음화소 식자성지진여.

277(後052): 청빈은 세상을 맑게 한다

欲其中者 波沸寒潭 山林不見其寂; 욕기중자 파비한담 산림불견기적;

虛其中者 涼生酷暑 朝市不知其喧. 허기중자 양생혹서 조시불지기훤.

278(後053): 많이 가질수록 크게 잃는다

多藏者厚亡 故知富不如貧之無慮; 다장자후망 고지부불여빈지무려;

高步者疾顚 故知貴不如賤之常安. 고보자질전 고지귀불여천지상안.

279(後054): 『주역』을 읽으면 지혜가 생긴다

讀〈易〉曉窓 丹砂研松間之露; 독〈역〉효창 단사연송간지로;

談經午案 寶磬宣竹下之風. 담경오안 보경선죽하지풍.

280(後055): 들꽃은 들에서 더 아름답다

花居盆內終乏生氣 鳥入籠中便減天趣. 화거분내종핍생기 조입롱중변감천취.

不若山間花鳥錯集成文 翶翔自若 自是悠然會心.

불약산간화조착집성문 고상자약 자시유연회심.

281(後056): 나를 버리면 근심도 사라진다

世人只緣認得'我'字太眞 故多種種嗜好 種種煩惱.

세인지연인득'아'자태진 고다종종기호 종종번뇌

前人云: "不復知有我 安知物爲貴?"

전인운: "불부지유아 안지위귀?"

又云: "知身不是我 煩惱更何侵?" 眞破的之言也.

우운: "지신불시아 번뇌갱하침?" 진파적지언야.

282(後057): 젊을 때 노후를 생각하라

自老視少 可以消奔馳角逐之心; 자로시소 가이소분치각축지심;

自瘁視榮 可以絶紛華靡麗之念. 자췌시영 가이절분화미려지념.

283(後058): 오늘 나는 내일 누구일까

人情世態 倏忽萬端 不宜認得太眞. 인정세태 숙홀만단 불의인득태진.

堯夫云: "昔日所云我 而今却是伊 不知今日我 又屬後來誰?"

요부운: "석일소운아 이금각시이 부지금일아 우속후래수?"

人常作是觀 便可解却胸中罥矣. 인상작시관 변가해각흉중견의.

284(後059): 냉정 속에서 열정을 찾아라

熱鬧中著一冷眼 便省許多苦心思; 열뇨중착일냉안 변생허다고심사;

冷落處存一熱心 便得許多眞趣味. 냉락처존일열심 변득허다진취미.

285(後060): 일상에서 즐거움을 찾아라

有一樂境界 就有一不樂的相對待; 유일락경계 취유일불락적상대대;

有一好光景 就有一不好的相乘除. 유일호광경 취유일불호적상승제.

只是尋常家飯 素位風光 才是個安樂的窩巢.

지시심상가반 소위풍광 재시개안락적와소.

286(後061): 내 자신도 자연의 일부이다

簾櫳高敞 看青山綠水吞吐雲煙 識乾坤之自在;

염롱고창 간청산녹수탄토운연 식건곤지자재;

竹樹扶疎 任乳燕鳴鳩送迎時序 知物我之兩忘.

죽수부소 임유연명구송영시서 지물아지양망.

287(後062): 이룬 것은 반드시 무너진다

知成之必敗 則求成之心不必太堅; 지성지필패 즉구성지심불필태견;

知生之必死 則保生之道不必過勞. 지생지필사 즉보생지도불필과로.

288(後063): 달빛은 흔적을 남기지 않는다

古德云: "竹影掃階塵不動 月輪穿沼水無痕."

고덕운: "죽영소계진부동 월륜천소수무흔."

吾儒云: "水流任急境常靜 花落雖頻意自閒."

오유운: "수류임급경상정 화락수빈의자한."

人常持此意 以應事接物 身心何等自在! 인상지차의 이응사접물 신심하등자재!

289(後064): 세상을 있는 그대로 받아들여라

林間松韻 石上泉聲 靜裡聽來 識天地自然鳴佩;

임간송운 석상천성 정리청래 식천지자연명패;
草際煙光 水心雲影 開中觀去 見乾坤最上文章.
초제연광 수심운영 한중관거 견건곤최상문장.

290(後065): 다스리기 어려운 게 마음이다

眼看西晉之荊榛 猶矜白刃; 안간서진지형진 유긍백인;
身屬北邙之狐兔 尚惜黃金. 신속북망지호토 상석황금.
語云: "猛獸易伏 人心難降; 谿壑易滿 人心難滿." 信哉!
어운: "맹수이복 인심난항; 계학이만 인심난만." 신재!

291(後066): 마음의 파도를 잠재워라

心地上無風濤 隨在皆靑山綠樹; 심지상무풍도 수재개청산녹수;
性天中有化育 觸處見魚躍鳶飛. 성천중유화육 촉처견어약연비.

292(後067): 권력자도 서민을 부러워한다

峨冠大帶之士 一旦睹輕蓑小笠 飄飄然逸也 未必不動其咨嗟;
아관대대지사 일단도경사소립 표표연일야 미필부동기자차;
長筵廣席之豪 一旦遇疏簾淨几 悠悠焉靜也 未必不增其綣戀.
장연광석지호 일단우소렴정궤 유유언정야 미필불증기권연.
人柰何驅以火牛 誘以風馬 而不思自適其性哉?
인내하구이화우 유이풍마 이불사자적기성재?

293(後068): 사물에 얽매이지 말라

魚得水游而相忘乎水 鳥乘風飛而不知有風. 어득수유이상망호수 조승풍비이부지유풍.
識此可以超物累 可以樂天機. 식차가이초물루 가이낙천기.

294(後069): 흥망성쇠가 삶이다

狐眠敗砌 兔走荒臺 盡是當年歌舞之地; 호면패체 토주황대 진시당년가무지지;
露冷黃花 煙迷衰草 悉屬舊時爭戰之場. 노냉황화 연미쇠초 실속구시쟁전지장.
盛衰何常 强弱安在? 念此令人心灰! 성쇠하상 강약안재? 염차령인심회!

295(後070): 떠가고 머묾에 연연하지 말라

寵辱不驚 閒看庭前花開花落; 총욕불경 한간정전화개화락;

去留無意 漫隨天外雲卷雲舒. 거류무의 만수천외운권운서.

296(後071): 어리석은 부나비는 타 죽는다

晴空朗月 何天不可翶翔 而飛蛾獨投夜燭; 청공랑월 하천불가고상 이비아독투야촉;

淸泉綠卉 何物不可飮啄 而鴟鴞偏嗜腐鼠. 청천녹훼 하물불가음탁 이치효편기부서.

噫! 世之不爲飛蛾鴟鴞者 幾何人哉? 희! 세지불위비아치효자 기하인재?

297(後072): 강을 건너면 뗏목을 버려라

才就筏便思舍筏 方是無事道人; 재취벌변사사벌 방시무사도인;

若騎驢又復覓驢 終爲不了禪師. 약기려우부멱려 종위불료선사.

298(後073): 파리 떼 다툼 같은 권력투쟁

權貴龍驤 英雄虎戰 以冷眼視之 如蟻聚羶 如蠅競血; 권귀룡양 영웅호전 이랭안시지 여의취전 여승경혈;

是非蜂起 得失蝟興 以冷情當之 如冶化金 如湯消雪. 시비봉기 득실위흥 이냉정당지 여야화금 여탕소설.

299(後074): 얽매이지 말고 본성대로 살라

羈鎖於物慾 覺吾生之可哀; 夷猶於性眞 覺吾生之可樂. 기쇄어물욕 각오생지가애; 이유어성진 각오생지가락.

知其可哀 則塵情立破; 知其可樂 則聖境自臻. 지기가애 즉진정입파; 지기가낙 즉성경자진.

300(後075): 물욕을 줄이면 집착도 줄어든다

胸中旣無半點物欲 已如雪消爐焰氷消日; 흉중기무반점물욕 이여설소로염빙소일;

眼前自有一段空明 時見月在靑天影在波. 안전자유일단공명 시견월재청천영재파.

301(後076): 시적 영감은 자연에서 온다

詩思在灞陵橋上 微吟就 林岫便已浩然; 시사재파릉교상 미음취 임수변이호연;

野興在鏡湖曲邊 獨往時 山川自相映發. 야흥재경호곡변 독왕시 산천자상영발.

302(後077): 오래 기다린 새가 높이 난다

伏久者飛必高 開先者謝獨早. 복구자비필고 개선자사독조.

知此 可以免蹭蹬之憂 可以消躁之念. 지차 가이면층등지우 가이소조지념.

303(後078): 사람됨은 관 뚜껑 덮은 후 안다

樹木至歸根 而後知華萼枝葉之徒榮; 수목지귀근 이후지화악지엽지도영;

人事至蓋棺 而後知子女玉帛之無益. 인사지개관 이후지자녀옥백지무익.

304(後079): 세속에서 세상의 욕심을 버려라

眞空不空 執相非眞 破相亦非眞 問世尊如何發付?

진공불공 집상비진 파상역비진 문세존여하발부?

在世出世 徇欲是苦 絶欲亦是苦 聽吾儕善自修持.

재세출세 순욕시고 절욕역시고 청오제선자수지.

305(後080): 이기심은 누구나 가지고 있다

烈士讓千乘 貪夫爭一文 人品星淵也 而好名不殊好利;

열사양천승 탐부쟁일문 인품성연야 이호명불수호리;

天子營家國 乞人號饔飧 位分霄壤也 而焦思何異焦聲?

천자영가국 걸인호옹손 위분소양야 이초사하이초성?

306(後081): 이런들 어떻고 저런들 어떠랴

飽諳世味 一任覆雨飜雲 總慵開眼; 포암세미 일임복우번운 총용개안;

會盡人情 隨敎呼牛喚馬 只是點頭. 회진인정 수교호우환마 지시점두.

307(後082): 행복은 지금 이 자리에 있다

今人專求無念 而終不可無. 금인전구무념 이종불가무.

只是前念不滯 後念不迎 지시전념불체 후념불영

但將現在的隨緣打發得去 自然漸漸入無. 단장현재적수연타발득거 자연점점입무.

308(後083): 건드리면 참맛이 사라진다

意所偶會便成佳境 物出天然才見眞機 若加一分調停布置 趣味便減矣.

의소우회변성가경 물출천연재견진기 약가일분조정포치 취미변감의.

白氏云: "意隨無事適 風逐自然淸." 有味哉 其言之也!
백씨운: "의수무사적 풍축자연청." 유미재 기언지야!

309(後084): 천성이 맑으면 건강하다

性天澄徹 卽飢餐渴飮 無非康濟身心; 성천징철 즉기찬갈음 무비강제신심;
心地沈迷 縱談禪演偈 總是播弄精魂. 심지침미 종담선연게 총시파롱정혼.

310(後085): 향기로운 마음을 가져라

人心有個眞境 非絲非竹而自恬愉 不烟不茗而自淸芬.
인심유개진경 비사비죽이자념유 불연불명이자청분.
須念淨境空 慮忘形釋 才得以游衍其中. 수념정경공 여망형석 재득이유연기중.

311(後086): 금은 광석에서 나온다

金自鑛出 玉從石生 非幻無以求眞; 금자광출 옥종석생 비환무이구진;
道得酒中 仙遇花裡 雖雅不能離俗. 도득주중 선우화리 수아불능이속.

312(後087): 마음을 비우면 번뇌도 사라진다

天地中萬物 人倫中萬情 世界中萬事, 천지중만물 인륜중만정 세계중만사,
以俗眼觀 紛紛各異; 以道眼觀 種種是常. 이속안관 분분각이; 이도안관 종종시상.
何煩分別? 何用取捨? 하번분별? 하용취사?

313(후088): 소박한 삶 속에 즐거움이 있다

神酣布被窩中 得天地沖和之氣; 신감포피와중 득천지충화지기;
味足藜羹飯後 識人生澹泊之眞. 미족려갱반후 식인생담박지진.

314(後089): 깨달으면 낙원이다

纏脫只在自心 心了則屠肆糟塵 居然淨土. 전탈지재자심 심료즉도사조진 거연정토.
不然 縱一琴一鶴 一花一卉 嗜好雖淸 魔障終在.
불연 종일금일학 일화일훼 기호수청 마장종재.
語云: "能休塵境爲眞境 未了僧家是俗家." 信夫!
어운: "능휴진경위진경 미료승가시속가." 신부!

315(後090): 걱정이 병이 된다

斗室中萬慮都捐 說甚畵棟飛雲 珠簾捲雨; 두실중만려도연 설심화동비운 주렴권우;

三杯後一眞自得 唯知素琴橫月 短笛吟風. 삼배후일진자득 유지소금횡월 단적음풍.

316(後091): 천성은 메마른 적이 없다

萬籟寂廖中 忽聞一鳥弄聲 便喚起許多幽趣;

만뢰적료중 홀문일조롱성 변환기허다유취;

萬卉催剝後 忽見一枝擢秀 便觸動無限生機.

만훼최박후 홀견일지탁수 변촉동무한생기.

可見性天未常枯槁 機神最宜觸發. 가견성천미상고고 기신최의촉발.

317(後092): 하늘의 조화에 맡겨라

白氏云: "不如放身心 冥然任天造." 백씨운: "불여방신심 명연임천조."

晁氏云: "不如收身心 凝然歸寂定." 조씨운: "불여수신심 응연귀적정."

放者流爲猖狂 收者入於枯寂 唯善操身心的 把柄在手 收放自如.

방자유위창광 수자입어고적 유선조신심적 파병재수 수방자여.

318(後093): 온화한 마음은 자연에서 얻는다

當雪夜月天 心境便爾澄徹; 당설야월천 심경변이징철;

遇春風和氣 意界亦自冲融. 우춘풍화기 의계역자충융.

造化人心 混合無間. 조화인심 혼합무간.

319(後094): 순박하고 간결한 글이 좋다

文以拙進 道以拙成 一拙字有無限意味. 문이졸진 도이졸성 일'졸'자유무한의미.

如桃園犬吠 桑間鷄鳴 何等淳龐. 여도원견폐 상간계명 하등순방.

至於寒潭之月 古木之鴉 工巧中便覺有衰颯氣象矣.

지어한담지월 고목지아 공교중변각유쇠삽기상의.

320(後095): 자신의 북소리를 들어라

以我轉物者 得固不喜 失亦不憂 大地盡屬逍遙;

이아전물자 득고불희 실역불우 대지진속소요;

以物役我者 逆固生憎 順亦生愛 一毛便生纏縛.

이물역아자 역고생증 순역생애 일모변생전박.

321(後096): 마음을 비우면 집착이 사라진다

理寂則事寂 遣事執理者 似去影留形; 이적즉사적 견사집리자 사거영유형;

心空則境空 去境存心者 如聚羶却蚋. 심공즉경공 거경존심자 여취전각예.

322(後097): 줄 없는 거문고를 켜라

幽人淸事總在自適, 유인청사총재자적,

故酒以不勸爲歡 棋以不爭爲勝 笛以無腔爲適 琴以無弦爲高

고주이불권위환 기이부쟁위승 적이무강위적 금이무현위고

會以不期約爲眞率 客以不迎送爲坦夷.

회이불기약위진솔 객이불영송위탄이.

若一牽文泥跡 便落塵世苦海矣! 약일견문니적 변락진세고해의!

323(後098): 어디서 와서 어디로 가는가

試思未生之前有何象貌 又思旣死之後作何景色

시사미생지전유하상모 우사기사지후작하경색

則萬念灰冷 一性寂然 自可超物外游象先.

즉만념회랭 일성적연 자가초물외 유상선.

324(後099): 요행을 바라지 말라

遇病而後思强之爲寶 處難而後思平之爲福 非蚤智也;

우병이후사강지위보 처란이후사평지위복 비조지야;

倖福而先知其爲禍之本 貪生而先知其爲死之因 其卓見乎.

행복이선지기위화지본 탐생이선지기위사지인 기탁견호.

325(後100): 인생은 한 토막 연극이다

優人傅粉調味 效姸醜於毫端. 俄而歌殘場罷 姸醜何存?

우인부분조주 효연추어호단. 아이가잔장파 연추하존?

奕者爭先競後 較雌雄於著子 俄而局盡子收 雌雄安在?

혁자쟁선경후 교자웅어착자 아이국진자수 자웅안재?

326(後101): 고요한 마음으로 한가롭게 살아라

風花之瀟洒 雪月之空淸 唯靜者爲之主; 풍화지소쇄 설월지공청 유정자위지주;
水木之榮枯 竹石之消長 獨閒者操其權. 수목지영고 죽석지소장 독한자조기권.

327(後102): 소박한 천성을 지켜라

田父野叟 語以黃鷄白酒則欣然喜 問以鼎食則不知;
전부야수 어이황계백주즉흔연희 문이정식즉부지;
語以縕袍短褐則油然樂 問以袞服則不識. 어이온포단갈즉유연락 문이곤복즉불식.
其天全 故其欲淡 此是人生第一個境界. 기천전 고기욕담 차시인생제일개경계.

328(後103): 내가 바로 부처이다

心無其心 何有於觀? 釋氏曰'觀心'者 重增其障;
심무기심 하유어관? 석씨왈'관심'자 중증기장;
物本一物 何待於齊? 莊生曰'齊物'者 自剖其同.
물본일물 하대어제? 장생왈'제물'자 자부기동.

329(後104): 물러날 때를 알아라

笙歌正濃處 便自拂衣長往 羨達人撒手懸崖;
생가정농처 변자불의장왕 선달인철수현애;
更漏已殘時 猶然夜行不休 咲俗士沈身苦海.
경루이잔시 유연야행불휴 소속사침신고해.

330(後105): 외뿔소처럼 묵묵히 홀로 가라

把握未定 宜絶跡塵囂 使此心不見可欲而不亂 以澄吾靜體;
파악미정 의절적진효 사차심불견가욕이불란 이징오정체;
操持旣堅 又當混跡風塵 使此心見可欲而不亂 以養吾圓機.
조지기견 우당혼적풍진 사차심견가욕이불란 이양오원기.

331(後106): 지나친 겸손은 꾸밈이다

喜寂厭喧者 往往避人以求靜 不知意在無人 便成我相; 心著於靜 便是動根.
희적염훤자 왕왕피인이구정 불지의재무인 변성아상; 심착어정 변시동근.
如何到得人我一視 動靜兩忘的境界?

여하도득인아일시 동정양망적경계?

332(後107): 산에 있으면 마음이 맑아진다

山居胸次淸灑 觸物皆有佳思: 산거흉차청쇄 촉물개유가사:

見孤雲野鶴而起超絶之想 遇石澗流泉而動澡雪之思

견고운야학이기초절지상 우석간유천이동조설지사

撫老檜寒梅而勁節挺立 侶沙鷗麋鹿而機心頓忘.

무로회한매이경절정립 여사구미록이기심돈망.

若一走入塵寰 無論物不相關 卽此身亦屬贅旒矣.

약일주입진환 무론물불상관 즉차신역속췌류의.

333(後108): 좋아하면 닮아간다

興逐時來 芳草中撤履閒行 野鳥忘機時作伴;

흥축시래 방초중살리한행 야조망기시작반;

景與心會 落花下披襟兀坐 白雲無語漫相留.

경여심회 낙화하피금올좌 백운무어만상류.

334(後109): 행복의 샘터는 마음이다

人生福境禍區皆念想造成, 인생복경화구개념상조성,

故釋氏云: "利欲熾燃卽是火坑 貪愛沈溺便爲苦海 一念淸靜烈焰成池 一念警覺船登彼岸."

고석씨운: "이욕치연즉시화갱 탐애침닉변위고해 일념청정열염성지 일념경각선등피안."

念頭稍異 境界頓殊 可不愼哉! 염두초이 경계돈수 가불신재!

335(後110): 물방울이 돌도 뚫는다

繩鋸木斷 水滴石穿 學道者須加力索; 승거목단 수적석천 학도자수가력색;

水到渠成 瓜熟蒂落 得道者一任天機. 수도거성 과숙체락 득도자일임천기.

336(後111): 마음이 넓으면 세상이 조용하다

機息時便有月到風來 不必苦海人世; 기식시변유월도풍래 불필고해인세;

心遠處自無車塵馬跡 何須痼疾丘山? 심원처자무거진마적 하수고질구산?

337(後112): 자연의 생명력은 끝이 없다

草木才零落 便露萌穎於根底; 초목재영락 변로맹영어근저;

時序雖凝寒 終回陽氣於飛灰. 시서수응한 종회양기어비회.

肅殺之中 生生之意常爲之主 卽是可以見天地之心.

숙살지중 생생지의상위지주 즉시가이견천지지심.

338(後113): 비갠 뒤의 산은 더욱 선명하다

雨餘觀山色 景象便覺新姸; 우여관산색 경상변각신연;

夜靜聽鐘聲 音響尤爲淸越. 야정청종성 음향우위청월.

339(後114): 정상에서 세상을 보아라

登高使人心曠 臨流使人意遠. 등고사인심광 임류사인의원.

讀書於雨雪之夜 使人神淸; 독서어우설지야 사인신청;

舒嘯於丘阜之巓 使人興邁. 서소어구부지전 사인흥매.

340(後115): 황금 보기를 돌같이 하라

心曠則萬鐘如瓦缶 心隘則一髮似車輪. 심광즉만종여와부 심애즉일발사거륜.

341(後116): 주변 환경에 휘둘리지 말라

無風月花柳不成造化 無情欲嗜好不成心體. 무풍월화류불성조화 무정욕기호불성심체.

只以我轉物 不以物役我 則嗜欲莫非天機 塵情卽是理境矣.

지이아전물 불이물역아 즉기욕막비천기 진정즉시리경의.

342(後117): 만물을 그 본성에 내맡겨라

就一身了一身者 方能以萬物付萬物; 취일신료일신자 방능이만물부만물;

還天下於天下者 方能出世間於世間. 환천하어천하자 방능출세간어세간.

343(後118): 조급하면 자신을 잃기 쉽다

人生太閒 則別念竊生; 太忙 則眞性不現. 인생태한 즉별념절생 태망 즉진성불현.

故士君子不可不抱身心之憂 亦不可不耽風月之趣.

고사군자불가불포신심지우 역불가불탐풍월지취.

344(後119): 진리와 낙원은 어디에든 있다

人心多從動處失眞, 인심다종동처실진,

若一念不生 澄然靜坐 雲興而悠然共逝 雨滴而冷然俱淸 鳥啼而欣然有會 花落而瀟然自得.

약일념불생 징연정좌 운흥이유연공서 우적이랭연구청 조제이흔연유회 화락이소연자득.

何地非眞境? 何物無眞機? 하지비진경? 하물무진기?

345(後120): 기쁨과 슬픔은 둘이 아니다

子生而母危 鏹積而盜窺 何喜非憂也; 자생이모위 강적이도규 하희비우야;

貧可以節用 病可以保身 何憂非喜也. 빈가이절용 병가이보신 하우비희야.

故達人當順逆一視 而欣戚兩忘. 고달인당순역일시 이흔척양망.

346(後121): 시비를 마음에 담아두지 마라

耳根似飆谷投響 過而不留 則是非俱謝; 이근사표곡투향 과이불류 즉시비구사;

心境如月池浸色 空而不著 則物我兩忘. 심경여월지침색 공이불착 즉물아양망.

347(後122): 세상 자체가 티끌은 아니다

世人爲榮利纏縛 動曰塵世苦海. 세인위영리전박 동왈진세고해.

不知雲白山淸 川行石立 花迎鳥笑 谷答樵謳.

부지운백산청 천행석립 화영조소 곡답초구.

世亦不塵 海亦不苦 彼自塵苦其心爾. 세역불진 해역불고 피자진고기심이.

348(後123): 반쯤 핀 꽃이 더 아름답다

花看半開 酒飮微醉 此中大有佳趣. 화간반개 주음미취 차중대유가취.

若至爛漫酕醄 便成惡境矣. 履盈滿者 宜思之.

약지란만모도 변성악경의. 이영만자 의사지.

349(後124): 그 모습 그대로가 더 좋다

山肴不受世間灌漑 野禽不受世間豢養 其味皆香而且冽;

산효불수세간관개 야금불수세간환양 기미개향이차렬;

吾人能不爲世法所點染 其臭味不逈然別乎?

오인능불위세법소점염 기취미불형연별호?

350(後125): 형식에 얽매이면 뜻을 놓친다

栽花種竹 玩鶴觀魚 亦要有段自得處. 재화종죽 완학관어 역요유단자득처.

若徒留連光景 玩弄物華 亦吾儒之口耳 釋氏之頑空而已 有何佳趣? 약도류연광경 완농물화 역오유지구이 석씨지완공이이 유하가취?

351(後126): 옳은 길을 가라

山林之士 淸苦而逸趣自饒: 산림지사 청고이일취자요;

農野之夫 鄙略而天眞渾具. 농야지부 비략이천진혼구.

若一失身市井駔儈 不若轉死溝壑 神骨猶淸. 약일실신시정장쾌 불약전사구학 신골유청.

352(後127): 분수에 넘치는 복을 구하지 마라

非分之福 無故之獲 非造物之釣餌 卽人世之機阱. 비분지복 무고지획 비조물지조이 즉인세지기정.

此處著眼不高 鮮不墮彼術中矣. 차처착안불고 선불타피술중의.

353(後128): 인생은 꼭두각시놀음에 불과하다

人生原是一傀儡 인생원시일괴뢰

只要根蒂在手 一線不亂 券舒自由 行止在我 지요근체재수 일선불란 권서자유 행지재아

一毫不受他人提掇 便超出此場中矣. 일호불수타인제철 변초출차장중의.

354(後129): 아무 일 없음을 복으로 삼아라

一事起則一害生 故天下常以無事爲福. 일사기즉일해생 고천하상이무사위복.

讀前人詩云: "勸君莫話封候事 一將功成萬骨枯." 독전인시운: "권군막화봉후사 일장공성만골고"

又云: "天下常令萬事平 匣中不惜千年死." 우운: "천하상령만사평 갑중불석천 년사" 雖有雄心猛氣 不覺化爲冰霰矣. 수유웅심맹기 불각화위빙산의.

355(後130): 인간 세상은 모순으로 가득하다

淫奔之婦 矯而爲尼; 熱中之人 激而入道. 음분지부 교이위니; 열중지인 격이입도.

淸淨之門 常爲淫邪之淵藪也如此. 청정지문 상위음사지연수야여차.

356(後131): 매사에 객관적으로 판단하라

波浪兼天 舟中不知懼 而舟外者寒心; 파랑겸천 주중부지구 이주외자한심;

猖狂罵座 席上不知警 而席外者咋舌. 창광매좌 석상부지경 이석외자사설.

故君子身雖在事中 心要超事外也. 고군자신수재사중 심요초사외야.

357(後132): 날마다 덜고 또 덜어내라

人生減省一分 便超脫一分. 인생감생일분 변초탈일분.

如交游減 便免紛擾; 言語減 便寡愆尤; 思慮減 則精神不耗; 聰明減 則混沌可完. 여교유감 변면분요; 언어감 변과건우; 사려감 즉정신불모; 총명감 즉혼돈가완.

彼不求日減而求日增者 眞桎梏此生哉! 피불구일감이구일증자 진질곡차생재!

358(後133): 사랑과 화합이 나의 믿음이다

天運之寒暑易避 人世之炎凉難除; 천운지한서이피 인세지염량난제;

人世之炎凉易除 吾心之氷炭難去. 인세지염량이제 오심지빙탄난거.

去得此中之氷炭 則滿腔皆和氣 自隨地有春風矣. 거득차중지빙탄 즉만강개화기 자수지유춘풍의.

359(後134): 스스로 만족함이 최상의 행복이다

茶不求精而壺也不燥 酒不求冽而樽亦不空; 차불구정이호야불조 주불구열이준역불공;

素琴無弦而常調 短笛無腔而自適. 소금무현이상조 단적무강이자적.

縱難超越羲皇 亦可匹儔嵇阮. 종난초월희황 역가필주혜완.

360(後135): 인연에 따라 분수에 맞게 살아라

釋氏隨緣 吾儒素位 四字是渡海的浮囊. 석씨수연 오유소위 사자시도해적부낭.

蓋世路茫茫 一念求全則萬緖紛起 隨寓而安則無入不得矣. 개세로망망 일념구전즉만서분기 수우이안즉무입부득의.

* 한글 본문은 『한글판 개역성경전서』(대한성서공회 발행),
영어 각주는 『New International Version(Niv)』에서 발췌하였음.

001   A good name is more desirable than great riches; to be esteemed is better than silver or gold. (Pr 22:1)

003   And I saw that all labor and all achievement spring from man's envy of his neighbor. This too is meaningless, a chasing after the wind. (Ec 4:4)

004   The LORD abhors dishonest scales, but accurate weights are his delight. (Pr 11:1)

005   Listen to advice and accept instruction, and in the end you will be wise. (Pr 19:20)

006   Be joyful always. (1Th 5:16)

008   Therefore keep watch, because you do not know the day or the hour. (Mt 25:13)

011   Looking at his disciples, he said: "Blessed are you who are poor, for yours is the kingdom of God. (Lk 6:20)

014   Cast but a glance at riches, and they are gone, for they will surely sprout wings and fly off to the sky like an eagle. (Pr 23:5)

016   Such is the end of all who go after ill-gotten gain; it takes away the lives of those who get it. (Pr 1:19)

017   Let your gentleness be evident to all. The Lord is near. (Php 4:5)

021   If anyone does not provide for his relatives, and especially for his immediate family, he has denied the faith and is worse than an unbeliever. (1Tm 5:8)

023   Do not rebuke a mocker or he will hate you; rebuke a wise man and he will love you. (Pr 9:8)

024   Blessed is the man who perseveres under trial, because when he has stood the test, he will receive the crown of life that God has promised to those who love him. (Jms 1:12)

025   Pride goes before destruction, a haughty spirit before a fall. (Pr 16:18)

028   Do everything without complaining or arguing, (Php 2:14)

031   Before his downfall a man's heart is proud, but humility comes before honor. (Pr 18:12)

033   Above all else, guard your heart, for it is the wellspring of life. (Pr 4:23)

036   But I tell you: Love your enemies and pray for those who persecute you, (Mt 5:44)

038   See to it, then, that the light within you is not darkness. (Lk 11:35)

039   He who walks with the wise grows wise, but a companion of fools suffers harm. (Pr 13:20)

040   Enter through the narrow gate. For wide is the gate and broad is the road that leads to destruction, and many enter through it. But small is the gate and narrow the road that leads to life, and only a few find it. (Mt 7:1314)

041   Do not swerve to the right or the left; keep your foot from evil. (Pr 4:27)

045   Anyone, then, who knows the good he ought to do and doesn't do it, sins. (Jms 4:17)

048   The eyes of the LORD are everywhere, keeping watch on the wicked and the good. (Pr 15:3)

049   For with much wisdom comes much sorrow; the more knowledge, the more grief. (Ec 1:18)

056   Dear children, let us not love with words or tongue but with actions and in truth.
(1Jn 3:18)

058   I consider that our present sufferings are not worth comparing with the glory that
will be revealed in us. (Rm 8:18)

061   And he said: "I tell you the truth, unless you change and become like little children,
you will never enter the kingdom of heaven. (Mt 18:3)

064   Do not deceive yourselves. If any one of you thinks he is wise by the standards of
this age, he should become a "fool" so that he may become wise. (1Co 3:18)

066   If that is how God clothes the grass of the field, which is here today and tomorrow is
thrown into the fire, will he not much more clothe you, O you of little faith?
(Mt 6:3031)

069   Be kind and compassionate to one another, forgiving each other, just as in Christ
God forgave you. (Eph 4:32)

071   He who guards his lips guards his life, but he who speaks rashly will come to ruin.
(Pr 13:3)

073   So I say, live by the Spirit, and you will not gratify the desires of the sinful nature.
(Gl 5:16)

076   But when you are invited, take the lowest place, so that when your host comes, he
will say to you 'Friend, move up to a better place.' Then you will be honored in the
presence of all your fellow guests. For everyone who exalts himself will be humbled,
and he who humbles himself will be exalted. (Lk 14:1011)

078   All day long he craves for more, but the righteous give without sparing.(Pr 21:26)

082   Do not wear yourself out to get rich; have the wisdom to show restraint.(Pr 23:4)

084   Let us not become weary in doing good, for at the proper time we will reap a harvest
       if we do not give up. (Gl 6:9)

085   making the most of every opportunity, because the days are evil. (Eph 5:16)

088   Not only so, but we also rejoice in our sufferings, because we know that suffering
       produces perseverance; perseverance, character; and character, hope. (Rm 5:34)

089   But when you give to the needy, do not let your left hand know what your right
       hand is doing, so that your giving may be in secret. Then your Father, who sees what is
       done in secret, will reward you. (Mt 6:34)

090   Come to me, all you who are weary and burdened, and I will give you rest.
       (Mt 11:28)

091   Do not be wise in your own eyes; fear the LORD and shun evil. (Pr 3:7)

092   So watch yourself. If your brother sins, rebuke him, and if he repents, forgive him.
       (Lk 17:3)

093   A generous man will prosper; he who refreshes others will himself be refreshed.
       (Pr 11:25)

095   If anyone thinks he is something when he is nothing, he deceives himself. (Gl 6:3)

098   But he knows the way that I take; when he has tested me, I will come forth as gold.
       (Jb 23:10)

103   If one part suffers, every part suffers with it; if one part is honored, every part
       rejoices with it. (1Co 12:26)

105   He who covers over an offense promotes love, but whoever repeats the matter
       separates close friends. (Pr 17:9)

108   Be careful not to do your 'acts of righteousness' before men, to be seen by them.
If you do, you will have no reward from your Father in heaven. So when you give to
the needy, do not announce it with trumpets, as the hypocrites do in the synagogues
and on the streets, to be honored by men. I tell you the truth, they have received their
reward in full (Mt 6:12)

109   Remember your Creator in the days of your youth, before the days of trouble come
and the years approach when you will say, "I find no pleasure in them" before the sun
and the light and the moon and the stars grow dark, and the clouds return after the
rain; (Ec 12:12)

113   Greater love has no one than this, that he lay down his life for his friends. (Jn 15:13)

115   Do not be overrighteous, neither be overwisewhy destroy yourself? (Ec 7:16)

119   Better a patient man than a warrior, a man who controls his temper than one who
takes a city. (Pr 16:32)

121   How can you say to your brother, 'Brother, let me take the speck out of your eye,'
when you yourself fail to see the plank in your own eye? You hypocrite, first take the
plank out of your eye, and then you will see clearly to remove the speck from your
brother's eye. (Lk 6:42)

123   Above all else, guard your heart, for it is the wellspring of life. (Pr 4:23)

132   Whoever can be trusted with very little can also be trusted with much, and whoever
is dishonest with very little will also be dishonest with much.(Lk 16:10)

133   But I tell you that anyone who is angry with his brother will be subject to judgment.
Again, anyone who say to his brother, 'Raca,' is answerable to Sanhedrin. But anyone
who says, 'You fool!' will be in danger to the fire of hell. (Mt 5:22)

135   Only be careful, and watch yourselves closely so that you do not forget the things your eyes have seen or let them slip from your heart as long as you live. Teach them to your children and to their children after them. (Dt 4:9)

138   But when you give to the needy, do not let your left hand know what your right hand is doing, so that your giving may be in secret. (Mt 6:3~4)
        Then your Father, who sees what is done in secret, will reward you. (Mt 6:3~4)

142   The lips of the righteous know what is fitting, but the mouth of the wicked only what is perverse. (Pr 10:32)

146   Very early in the morning, while it was still dark, Jesus got up, left the house and went off to a solitary place, where he prayed. (Mk 1:35)

147   Be careful, or your hearts will be weighed down with dissipation, drunkenness and the anxieties of life, and that day will close on you unexpectedly like a trap. (Lk 21:34)

151   but the worries of this life, the deceitfulness of wealth and the desires for other things come in and choke the word, making it unfruitful. (Mk 4:19)

156   Whatever you did for one of the least of these brother of mine, you did for me.)
        (Mt 25:40)

160   Better a poor man whose walk is blameless than a rich man whose ways are perverse.
        (Pr 28:6)

163   Do not withhold good from those who deserve it, when it is in your power to act.
        (Pr 3:27)

166   I know that there is nothing better for men than to be happy and do good while they live. (Ec 3:12)

168   Then Peter came to Jesus and asked, "Lord, how many times shall I forgive my brother when he sins against me? Up to seven times?" Jesus answered, "I tell you, not seven times, but seventy-seven times." (Mt 18:21~22)

171   Who may ascend the hill of the LORD? Who may stand in his holy place? He who has clean hands and a pure heart, who does not lift up his soul to an idol or swear by what is false. (Ps 24:3~4)

173   And now these three remain: faith, hope and love. But the greatest of these is love. (1 Co 13:13)

176   A greedy man brings trouble to his family, but he who hates bribes will live. (Pr 15:27)

177   Do not make friends with a hottempered man, do not associate with one easily angered. (Pr 22:24)

180   Bear with each other and forgive whatever grievances you may have against one another. Forgive as the Lord forgave you. And over all these virtues put on love, which binds them all together in perfect unity. (Col 3:13~14)

182   Be still before the LORD and wait patiently for him; do not fret when men succeed in their ways, when they carry out their wicked schemes. (Ps 37:7)

188   Do not be overwicked, and do not be a foolwhy die before your time? (Ec 7:17)

191   Have nothing to do with godless myths and old wives' tales; rather, train yourself to be godly. (1Tm 4:7)

195   Whoever flatters his neighbor is spreading a net for his feet. (Pr 29:5)

198   Where there are no oxen, the manger is empty, but from the strength of an ox comes an abundant harvest. (Pr 14:4)

202   Who of you by worrying can add a single hour to his life? (Mt 6:27)

204   Perseverance must finish its work so that you may be mature and complete, not lacking anything. (Jms 1:4)

207   A wife of noble character is her husband's crown, but a disgraceful wife is like decay in his bones. (Pr 12:4)

208   A gossip betrays a confidence; so avoid a man who talks too much. (Pr 20:19)

212   A man's pride brings him low, but a man of lowly spirit gains honor. (Pr 29:23)

214   Show proper respect to everyone: Love the brotherhood of believers, fear God, honor the king. (1Pt 2:17)

218   For to everyone who has, more will be given and he will grow rich; but from the one who has not, even what he has will be taken away. (Mt 25:29)

220   The tongue has the power of life and death, and those who love it will eat its fruit. (Pr 18:21)

221   Brothers, if someone is caught in a sin, you who are spiritual should restore him gently. But watch yourself, or you also may be tempted. (Gl 6:1)

222   Train a child in the way he should go, and when he is old he will not turn from it. (Pr 22:6)

226   When words are many, sin is not absent, but he who holds his tongue is wise. (Pr 10:19)

231   But I have stilled and quieted my soul; like a weaned child with its mother, like a weaned child is my soul within me. (Ps 131:2)

235   Even in laughter the heart may ache, and joy may end in grief. (Pr 14:13)

237   for he knows how we are formed, he remembers that we are dust. (Ps 103:14)

241   A psalm of David. The LORD is my shepherd, I shall not be in want. He makes me lie down in green pastures, he leads me beside quiet waters. (Ps 23:12)

244   A cheerful heart is good medicine, but a crushed spirit dries up the bones. (Pr 17:22)

246   Keep your lives free from the love of money and be content with what you have, because God has said, "Never will I leave you; never will I forsake you." (Heb 13:5)

249   Then you will know the truth, and the truth will set you free. (Jn 8:32)

253   A happy heart makes the face cheerful, but heartache crushes the spirit. (Pr 15:13)

255   Whoever loves money never has money enough; whoever loves wealth is never satisfied with his income. This too is meaning less. (Ec 5:10)

257   and constant friction between men of corrupt mind, who have been robbed of the truth and who think that godliness is a means to financial gain. But godliness with contentment is great gain. (1Tm 6:5~6)

262   Then he said to them, "Watch out! Be on your guard against all kinds of greed; a man's life does not consist in the abundance of his possessions." (Lk 12:15)

264   Not that we are competent in ourselves to claim anything for ourselves, but our competence comes from God. (2Co 3:5)

267   Take my yoke upon you and learn from me, for I am gentle and humble in heart, and you will find rest for your souls. (Mt 11:29)

269   "Do not let your hearts be troubled. Trust in God; trust also in me." (Jn 14:1)

275   Stop judging by mere appearances, and make a right judgment. (Jn 7:24)

276　The glory of young men is their strength, gray hair the splendor of the old. (Pr 20:29)

277　Extortion turns a wise man into a fool, and a bribe corrupts the heart. (Ec 7:7)

281　The man who loves his life will lose it, while the man who hates his life in this world will keep it for eternal life. (Jn 12:25)

284　But rejoice that you participate in the sufferings of Christ, so that you may be overjoyed when his glory is revealed. (1Pt 4:13)

287　Why, you do not even know what will happen tomorrow. What is your life? You are a mist that appears for a little while and then vanishes. (Jms 4:14)

289　"You are worthy, our Lord and God, to receive glory and honor and power, for you created all things, and by your will they were created and have their being." (Rv 4:11)

291　Peace I leave with you; my peace I give you. I do not give to you as the world gives. Do not let your hearts be troubled and do not be afraid. (Jn 14:27)

296　A righteous man is cautious in friendship, but the way of the wicked leads them astray. (Pr 12:26)

300　People who want to get rich fall into temptation and a trap and into many foolish and harmful desires that plunge men into ruin and destruction. (1Tm 6:9)

303　But store up for yourselves treasures in heaven, where moth and rust do not destroy, and where thieves do not break in and steal. (Mt 6:20)

305　but each one is tempted when, by his own evil desire, he is dragged away and enticed. (Jms 1:14)

307   Therefore do not worry about tomorrow, for tomorrow will worry about itself. Each day has enough trouble of its own. (Mt 6:34)

310   Blessed are the pure in heart, for they will see God. (Mt 5:8)

312   For where your treasure is, there your heart will be also. (Mt 6:21)

313   Better a meal of vegetables where there is love than a fattened calf with hatred. (Pr 15:17)

315   Cast all your anxiety on him because he cares for you. (1Pt 5:7)

317   Let love and faithfulness never leave you; bind them around your neck, write them on the tablet of your heart. (Pr 3:3)

321   You brood of vipers, how can you who are evil say anything good? For out of the overflow of the heart the mouth speaks. (Mt 12:34)

324   Then, after desire has conceived, it gives birth to sin; and sin, when it is fullgrown, gives birth to death. (Jms 1:15)

327   Rejoice in the Lord always. I will say it again: Rejoice! (Php 4:4)

331   He answered: "'Love the Lord your God with all your heart and with all your soul and with all your strength and with all your mind'; and, 'Love your neighbor as yourself.'" (Lk 10:27)

334   A heart at peace gives life to the body, but envy rots the bones. (Pr 14:30)

343   Make it your ambition to lead a quiet life, to mind your own business and to work with your hands, just as we told you, (1Th 4:11)

346   but made himself nothing, taking the very nature of a servant, being made in human likeness. And being found in appearance as a man, he humbled himself and became obedient to deatheven death on a cross! (Php 2:58)

349   Look at the birds of the air; they do not sow or reap or store away in barns, and yet your heavenly Father feeds them. Are you not much more valuable than they? (Mt 6:26)

350   But the man who looks intently into the perfect law that gives freedom, and continues to do this, not forgetting what he has heard, but doing ithe will be blessed in what he does. (Jms 1:25)

355   The LORD saw how great man's wickedness on the earth had become, and that every inclination of the thoughts of his heart was only evil all the time. The LORD was grieved that he had made man on the earth, and his heart was filled with pain. So the LORD said, "I will wipe mankind, whom I have created, from the face of the earth men and animals, and creatures that move along the ground, and birds of the air-for I am grieved that I have made them." (Gn 6:5~7)

358   Make every effort to live in peace with all men and to be holy; without holiness no one will see the Lord. (Heb 12:14)

▪ 찾아보기

* 숫자(예: 96)는 본 채근담의 장(章)을 표시함(중국에서는 條라고 함).
* "후" 자는 후집(後集)으로 226장~360장에 해당됨.

■ 편자 약력

이병국 李炳國

경북 칠곡 출신으로 육군사관학교에서 중국어를 전공하고, 미국 하버드대 케네디 대학원에서 행정학 석사학위를 취득하였다. 판문점(JSA) 등에서 육군 장교로 근무한 후 중미, 아시아, 미국 및 아프리카 등에서 30여 년간 외교관 생활을 하였다. 최근에는 주수단대사 및 한국국제협력단(KOICA) 이사를 역임하고, 현재 국립외교원에서 근무하고 있다.

이태주 李泰柱

서울대 문리대 영문과를 졸업하고 동 대학원에서 석사학위를 취득했다. 이후 美 하와이대 및 조지타운대 대학원에서 수학하였다. 단국대학교 영문과 및 연극영화과 교수, 단국대학교 공연예술연구소장 및 대중문화예술대학원장과 한국연극학회 회장, 국립극장 운영위원, 국제 연극평론가협회(IATC) 집행위원 겸 아시아−태평양 지역센터 위원장, 한국 예술의 전당 이사, 한국연극평론가협회 회장 등을 역임하였다. 셰익스피어 관련 대표 저서로 『이웃사람 셰익스피어』, 『원어와 함께 읽는 셰익스피어 명언집』, 『셰익스피어 4대 비극』, 『셰익스피어 4대 희극』, 『셰익스피어 4대 사극』 등이 있다. 현재 연극평론가 및 동아방송예술대학 초빙교수로 활동 중이다.